U0957615

本书受兰州理工大学“教师走基层系列丛书出版计划”资助出版。
本书是教育部人文社科项目“西北农村贫困户精准脱贫后可持续生计研究”（17YJCZH216）阶段性成果。

绿色发展理念下精准脱贫可持续性研究：以甘肃省为例

杨文静◎著

人民日报出版社

图书在版编目（CIP）数据

绿色发展理念下精准脱贫可持续性研究：以甘肃省为例 / 杨文静著 .—北京：人民日报出版社，2018.9
ISBN 978-7-5115-2638-0

Ⅰ. ①绿… Ⅱ. ①杨… Ⅲ. ①扶贫—可持续性发展—研究—甘肃Ⅳ. ① F127. 42

中国版本图书馆 CIP 数据核字（2018）第 226600 号

书　　名：绿色发展理念下精准脱贫可持续性研究：以甘肃省为例
作　　者：杨文静

出 版 人：董　伟
责任编辑：刘　悦
封面设计：人文在线

出版发行：人民日报出版社
社　　址：北京金台西路 2 号
邮政编码：100733
发行热线：（010）65369509　65369527　65369846　65363528
邮购热线：（010）65369530　65363527
编辑热线：（010）65369511
网　　址：www.peopledailypress.com
经　　销：新华书店
印　　刷：北京市金星印务有限公司

开　　本：710mm × 1000mm　1/16
字　　数：245 千字
印　　张：17
印　　次：2019 年 4 月第 1 版　　2019 年 4 月第 1 次印刷

书　　号：ISBN 978-7-5115-2638-0
定　　价：68. 00 元

兰州理工大学“教师走基层系列丛书”编委会

主　任：饶旭鹏

编委会　饶旭鹏　　杨　莉　　叶　进
　　　　张铁军　　王海霞　　苟颖萍
　　　　马凤英　　吴宗铖　　刘海霞

总 序

教师“走基层”是兰州理工大学近年来开展的特色实践教学活动，旨在解决思想政治理论课教学中存在的理论与实际相脱节，用旧事例讲新理论、用老图片说新变化，脱离实际缺乏体验等问题。学校提出开展思想政治理论课教师“走基层”活动，通过组织思想政治理论课教师分期分批到基层去、到农村去、到精准扶贫的一线去、到企业一线去，到第一线去亲身感受、学习实践，挖掘书本上学不到的知识，学会到更大的图书馆“查阅资料”，接地气、开眼界，充实自己、提高能力，把思想政治理论课理论教学与我国社会主义建设伟大实践相结合，回答好同学们提出的各种实际问题，实现马克思主义理论和中华民族伟大复兴的实践紧密结合。

自 2011 年开展教师“走基层”活动以来，已组织 8 批教师分赴全国各地开展教师“走基层”活动。围绕“社会主义新农村建设”调查研究主题，学校在 2011 年 11 月到甘肃省平凉市灵台县，2012 年 5 月、12 月分别到庆阳市华池县和正宁县、兰州市榆中县，2015 年 10 月、11 月分别到武威市洪祥镇洪祥村和江苏省的华西村开展了教师“走基层”活动；围绕“甘肃省企业和高新科技开发区发展状况”调查研究主题，学校在 2013 年 6 月到兰州新区兰石厂、酒泉市高新技术开发区等地开展了教师“走基层”活动；围绕“甘肃省少数民族地区教育状况”调研主题，在 2014 年 12 月到东乡县开展了教师“走基层”活动；围绕“马克思主义生态研究和我省生态文明建设”调研主题，在2015年10月、2016年11月到民勤县石羊河流域的青土湖、邓马营湖水资源生态试验站等地开展了思想政治理论课教师“走基层”活动；围绕“甘肃省少数民族地区精准扶贫状况”调研主题，2017年7月到东乡县开展了教师“走基层”活动；围绕“精准脱贫可持续研究及甘肃地方经验”调研主题，2018年7月到甘肃省陇南市开展了教师“走基层”活动。通过教师“走基层”活动，让思想政治理论课教师走下讲台、走进农村、走进生产一线、走进重点街区开展学习实践和调研活动，与基层干部群众座谈，体察社情民意。调研见证了社会主义新农村建设成果和农村教育现状，考察了兰州新区建设和酒泉市高新技术开发区的风能太阳能发电等新技术，目睹了十八大提出生态文明建设以来甘肃省取得的新成果，见证了民勤沙漠中湖泊重现、梭梭成林、芦苇丛生的新景象，了解了甘肃省在精准扶贫方面取得的成就和面对的问题。同时，思想政治理论课教师也发挥学科专业优势，为当地干部群众举办了宣讲中国特色社会主义理论体系、社会主义核心价值观等内容的讲座和报告会，服务基层、服务社会。

通过学校组织的思想政治理论课教师“走基层”活动，思想政治理论课教师进一步开阔了视野，挖掘书本上没有的知识，广泛地收集了新故事、典型案例，形成图文并茂、生动鲜活的教学素材，丰富教学内容，形成的调查研究报告融入到思想政治理论课的教学中，课堂教学有了现实生动的案例，教师授课有了底气，教师的教学感情更真了、语言更新了、课堂更活了，进一步增强了教师理论教学联系实际的能力和深刻回答学生提出的各种现实问题的能力，使马克思主义理论教学更接地气，使思想政治理论课教育教学更具针对性、实效性，增强了课堂教学的说服力、吸引力和感染力。通过开展理论宣讲活动，把马克思主义的基本立场和党中央的声音传进千家万户，推进了马克思主义大众化。

教师“走基层”活动开展以来，受到社会各界密切关注和高度评价。2012年11月举行了全省公开示范课，教师“走基层”活动获得教育厅领导高度评价。2012年12月25日，《中国教育报》头版头条以《走基层“接地气”讲课“有底气”——兰州理工大学创新思想政治理论课教学模式见闻》为题，对兰州理工大学教师“走基层”活动做了报道，人民网、新华网、《甘肃日报》、甘肃电视台等媒体相继进行了深度报道，《新华内参》转发了我校教师“走基层”活动的开展情况。2014 年，“以教师‘走基层’破解思想政治理论课理论与实际脱节困境的实践探索”获甘肃省教学成果二等奖。2015 年，《教师“走基层”日记》由中国文史出版社出版。2016 年，我校马克思主义学院入选甘肃省首批重点建设马克思主义学院。

为了进一步贯彻落实全国高校思想政治工作会议精神和思想政治理论课建设体系创新计划，进一步加强马克思主义学院建设，把马克思主义学院建设成为马克思主义理论教学、研究、宣传和人才培养的坚强阵地，为坚定中国特色社会主义道路自信、理论自信、制度自信和文化自信提供坚实的学理支撑和人才支持，提高马克思主义学院学科建设、教学改革、人才培养和马克思主义理论的宣传普及水平，决定从 2017 年开始，启动了“教师走基层系列丛书”出版计划，持续资助思想政治理论课教师“走基层”活动成果出版，运用马克思主义理论进行分析教师“走基层”实践中的丰富感受和一手资料，形成系列研究成果。通过此项出版计划，把马克思主义的理论、立场和方法运用于分析和指导中国特色社会主义建设的伟大实践，研究中国问题、凝聚中国力量，为中华民族伟大复兴提供强大的精神动力和智力支撑。

“教师‘走基层’系列丛书”编委会

2018 年 7 月

目 录

前　言

消除贫穷，改善民生，实现共同富裕，是联合国千年发展目标的追求，也是全人类奋斗的目标。我国的扶贫开发工作自 20 世纪 80 年代中期开始实施，经过三十多年的风雨兼程，实现了从“救济”式扶贫向“开发”式扶贫方式的巨大转变，扶贫工作取得了卓越成效。2013 年 11 月，习近平总书记在湖南湘西进行扶贫攻坚调研时提出：“扶贫要实事求是，因地制宜。要精准扶贫，切忌喊口号。”[①] 这标志着精准扶贫理念在我国的提出。精准扶贫理念是我国对原有扶贫模式进行反思、完善、创新的结果，是新时期我国进行精准扶贫、精准脱贫的战略指导、行动指南，它的提出使我国的扶贫开发工作迈上了一个新台阶，对于“十三五”期间我国实现贫困人口全部脱贫，全面建成小康社会具有重要的指导意义。截至 2017 年年末，全国农村贫困人口从 2012 年年末的 9899 万人减少至 3046 万人，累计减少 6853 万人；贫困发生率从 2012 年年末的 10.2% 下降至 3.1%，累计下降 7.1 个百分点。[②]

精准扶贫的目标不仅在于贫困地区精准脱贫，更在于贫困地区的可持续发展。这一目标与绿色发展的理念是一脉相承的。党的十八届五中

---

① 曾伟．习近平的“扶贫观”：因地制宜“真扶贫，扶真贫”[EB/OL]．人民网，2014-10-17.

② 参见 2017 年国民经济和社会发展统计公报，2018-02-28.

全会提出的绿色发展理念，党的十九大报告形象地表述为“绿水青山就是金山银山”。这说明绿色发展理念不仅仅是一种新的发展理念和发展方式，更成为精准扶贫和全面建成小康社会的强大驱动力。因此，在我国扶贫攻坚和全面建成小康社会的决胜期，把绿色发展理念“注入”到精准扶贫的实践中，既能推动贫困地区实现精准脱贫，又能引领贫困地区走向绿色可持续发展。

本书通过对甘肃贫困地区扶贫开发进行深入研究，以绿色发展为视角分析精准脱贫可持续性问题，为贫困地区走出一条绿色、可持续的脱贫之路提供建议参考。本书由七章组成：

第一章，文献综述与理论基础。首先，阐述了国内外对于相关问题的研究现状；其次，阐释了绿色发展、精准脱贫、可持续性的概念界定、理论价值和时代意义，并在此基础上，阐释了绿色发展与精准脱贫之间的相互关系。

第二章，甘肃省贫困地区可持续发展环境。对甘肃省贫困现状、贫困人口生产生活情况、社会资本情况、生态资源情况做了基本概述。在此基础上，充分了解甘肃贫困地区可持续发展的基本环境。

第三章，甘肃省贫困地区精准扶贫战略实施举措。对国家精准扶贫战略和甘肃省精准扶贫方案设计做了系统梳理。在此基础上，深入分析甘肃省精准扶贫的创新与特色，并对甘肃省精准扶贫工作中的不足展开了深入研究。

第四章，甘肃省贫困地区精准脱贫可持续影响因素分析。本章从扶贫主体可持续性面临多重制约、脱贫主体可持续性面临多重制约，以及扶贫供体保障功能弱化和脱贫载体缺乏循环四个方面分析了甘肃省贫困地区精准脱贫可持续性影响因素。

第五章，甘肃省贫困地区实现精准脱贫可持续性的条件基础。本章从甘肃省贫困地区实现精准脱贫可持续性的历史条件、现实基础、制度支持三个方面深入分析了精准脱贫可持续性实现的条件基础。

第六章，绿色发展理念下甘肃精准脱贫可持续性实记研究——“陇南模式”。本章从陇南市贫困的多维原因及其扶贫成就分析，总结陇南脱贫攻坚的地方经验。

第七章，绿色发展理念下甘肃省精准脱贫可持续性政策建议。本章从树立绿色脱贫理念，全面推动精准脱贫可持续性的认识角度出发，从而提高农村贫困人口素质，实现人才发展可持续；创新基层组织制度建设，实现政治基础可持续；健全扶贫资源保障机制，实现扶贫资源可持续；建立绿色经济循环体系，实现经济发展可持续；保护和建设生态环境，实现生态资源可持续五个方面对绿色发展理念下甘肃省精准脱贫可持续性提出政策建议。

党的十九大报告强调，必须树立和践行“绿水青山就是金山银山”的理念，坚定走生产发展、生活富裕、生态良好的文明发展道路。这一思想非常深刻地指明了扶贫开发的新思路和新方向，即坚持扶贫开发与生态保护并重，实现贫困地区绿色、可持续发展。正是基于此，今后研究工作将以本书的研究基点为起点，对贫困地区绿色脱贫和可持续发展问题展开深入研究。

第一章
文献综述与理论基础

一、文献综述

（一）国外研究现状

人类对于贫困问题的关注和研究由来已久，国外对于贫困问题的认识由早期由于收入水平不高、消费能力不足、食物缺乏等引起的贫困现象逐渐深入。直至20世纪80年代中期，一种新的针对贫困问题的研究思路和方法应运而生，即可持续生计理论。可持续生计思想最先出现在20世纪80年代中期Chambers的研究工作中，在他看来，贫困绝不仅仅是收入低下，还有更深层次的原因。进入90年代，Chambers，Conway（1992）对可持续生计思想进行了较为详细的论述，他们认为生计是一种建立在能力、资产及活动基础之上的谋生方式[①]。评价一种生计方式是否可持续应重点关注两点：一是生计在遭受压力和打击的情况下能够自行

---

① Chambers R，Conway G R. Sustainable rural livelihoods：Practical concepts for the 21st century. IDS. Discussion Paper，Brighton UK：Institute of Development Studies，vol. 2，1992，p. 248.

得到恢复；二是生计的恢复不能以损坏自然资源基础为代价，并且在当前和未来长时期内生计能够继续保持并能随时间的推移而逐渐得到增强，只有这样的生计才是可持续的。由于生计涵盖内容广泛，既有器物层面，又有能力、权利层面，因而学者对于不同点的关注也就形成了众多可持续生计分析方法。"生计"在词典中被赋予"生活的手段或方式"这一含义，这种方式是人们能够进行选择的，是在特定的生产、生活环境中为了生存和发展而抉择的结果。目前，被大多数学者认可的定义是：（Chambers，Conway，1992）生计是建立在能力、资产及活动基础之上的一种谋生方式，而绝不仅仅是我们所理解的收入、工作、职业等表面概念，此种生计定义为我们更深入地理解贫困人口生存状态的复杂性提供了另一种视角和思路。Sconnes（1998）的生计含义不外乎也包括了贫困人口的能力、资产和行动三个方面[①]。Carney（1998）认为生计是由"包括能力（capacities）、资产（assets）及人们的活动（activities）[②]"所组成，他不仅关注人们收入水平提高这一结果，而且注重的是人们如何把自身所拥有的资产和他们进行策略选择之间进行联系，从而产生了生计结果的可持续。Ellis（2000）则对自己的生计定义进行了更为具体化的表述：他认为生计是由包括自然资本、物质资本、人力资本、金融资本和社会资本五种类型的资产、行动以及人们如何获得这些资产的途径构成，三者之间的有效组合和合理配置决定了贫困个体和农户生计资源的获取[③]。通过研究者对生计的认识和定义，绝大部分学者认为贫困问题的产生不是单一因素作用的结果，它既有微观层面贫困人口自身的能力不足所致，又有中观层面贫困家庭生计资源缺失和宏观层面制度和社会方面的制约等，从而压缩了贫困人口进行脱贫策略选择的空间。可持续生

① Sconnes L. Sustianable Rural Livelihoods. A Framework for Analysis. IDS Working Paper，Brighton. Institute of Development Studies，1998，p. 78.

② Carney D. Implement a Sustainable Livelihood Apprroach，London：Department for Inernational Development press，1998，pp. 52–69.

③ Ellis F. Rural Livelihoods and Diversity in Development Countries. New York：Oxofrd University press，2000，7p. 26.

计不能等同于生计分析。首先，可持续生计本身就是一种目标，以维系或提高资源的生产力，改进对贫困人口生计援助的效率，确保人们能够享有财产及资源。与以往扶贫、脱贫方式研究相比，它将关注的重点由收入提高转移到如何确保生计的可持续性[①]。其次，可持续生计本身作为一种生计获取的途径，贫困人口通过对生计资源进行选择从而满足其基本需求，使资源的生产率得以维持长时间的可持续性。

可持续生计理论和方法一经出现，就在国外的扶贫开发工作中得到了具体实践。在印度、巴基斯坦等南亚国家的扶贫开发工作中，可持续生计分析作为国家扶贫项目实施的规划指南，用来指导农户如何进行生计策略选择，进行扶贫开发项目的调查和评估。自然资源顾问会议（NRAC）在应用可持续生计方法发展项目过程中也积累了许多典型案例，形成了诸多可行方案[②]。此外，有关可持续生计的研究还涉及诸多方面，如生计的多样性问题（Smith，2001）、生计的脆弱性问题（Hahn，2009）、生计安全研究（Singh，2010）、农户生计与扶贫之间的关联（Ellis，2003）、能源消费和农户生计研究（Cherni，2009）、农户生计和土地资源开发及利用（Soini，2005）等方面，可持续生计理论在促进农村扶贫减贫工作和区域发展方面起了重要作用。

目前，世界上采用较多的可持续生计分析框架主要有三个：一是2000年由英国国际发展机构（DFID）建立的SLA框架，它以消除贫困作为基本目标，坚持以人为中心，通过贫困人口的广泛参与来消除贫困，主要适用于指导个体生计策略选择和家庭生计限制因素分析。此种分析框架主要涵盖脆弱性背景、生计资本、结构和制度转变、生计战略及生计输出五个组成部分；二是联合国开发计划署（UNDP）建立起来的一种整体性生计可持续发展观，它把人们家庭拥有的资产与所处的宏观制度

① 马志雄，张银银等. 可持续生计方法及其对中国扶贫开发实践的启示［J］. 农村经济与科技，2012（11）：34.

② Martha G. Roberts，杨国安. 可持续发展研究方法国际进展［J］. 地理科学进展，2003（1）.

环境联系起来，实现人们潜能的发挥；三是国际关怀（CARE）的农户生计安全框架，它与英国国际发展机构建立的SLA框架分析十分相似，认为生计是由能力、资产和某种生活方式所需要的活动组成，这三者之间的互动关系决定了农户如何进行生计策略的选择。与SLA框架不同的是农户生计安全框架立足于家庭，关注农户能够直接控制和有效利用的家庭资源基础，而且还包括家庭成员在公共社区中所获得的公共资源基础，不仅如此，它还具体分析了家庭内部成员的性别、角色分工与生育等对于生计可持续的影响。

（二）国内研究现状

新中国成立以来特别是实行改革开放以来，我国政府在推动经济发展和社会全面进步的过程中，始终把解决农村贫困人口的基本温饱问题作为重中之重，经过国家“八七扶贫攻坚计划”等一系列扶贫开发举措的实施，截至20世纪末，我国农村贫困人口由2. 5亿人降低到3000万人，贫困人口的比例由30. 7%下降到3%左右，基本解决了农村贫困人口的温饱问题[①]。经过了三十多年的扶贫开发工作，我国的贫困问题悄然发生了改变，自从精准扶贫思想提出以来，我国的扶贫开发工作就重新迈上了一个新台阶。

我国的贫困问题具有长期性、顽固性特征，重点和难点集中在连片特殊困难地区，贫困程度比较深，脱贫难度大，任务艰巨。甘肃省是我国西北片区扶贫工作的重点省份之一，进行脱贫攻坚时刻不能放松。甘肃农村贫困地区扶贫、脱贫工作一直以来都是学者关注和研究的重点，在CNKI输入“甘肃”与“扶贫”主题，共计显示出865条文献，且这些文献多集中于2013年以来，在2015—2017年呈现逐渐递增的状态，

---

① 柏振忠，李亮．连片特困山区可持续生计问题与协同发展机制研究［M］．北京：科学出版社，2014：67.

这与国家精准扶贫、精准脱贫思想的提出密不可分；而输入“脱贫持续性”主题，所呈现的文献则少之又少，同时输入“甘肃扶贫持续性”主题，呈现的有针对性的文献就寥寥无几，梳理目前已有的文献，研究主要集中在以下四个方面：

（1）甘肃贫困地区贫困现状及问题研究：（周雪瑛等，2015）甘肃贫困分布有贫困面广、贫困人口多、贫困度深，贫困人口收入水平低，贫困地区自然环境恶劣等特征[①]；（王振军，2014）甘肃当前的城乡绝对贫困标准都很低，相对于目前市场较高的生活必需品消费价格，城市居民月人均和农村居民年人均生活费用难以满足城乡居民维持最基本生活的需求[②]；（韩建民，2012）像甘肃省这样的西部欠发达省份，贫困问题成为制约全省经济社会发展的主要“瓶颈”。贫困原因错综复杂，是集“自然、生态、经济、社会和文化传统”于一体的综合性的深度贫困[③]。丁军、陈标平（2010）认为我国扶贫开发思想发展滞后，脱贫方式过于陈旧、传统，造成脱贫与返贫现象共存，区域发展和生态环境之间不可调和，缺乏可持续性[④]。

（2）甘肃贫困地区致贫原因研究：甘肃贫困不是单一因素作用的结果，汪晓文（2012）以甘肃农村为例，分析得出了甘肃农村贫困的影响因素，主要包括自然条件、人口素质、生产资金、农民工就业、贫困文化五个方面[⑤]。如自然条件恶劣、地质灾害频发，贫困人口居住及生活空间不断被压缩；受制于国家主体功能区定位和生态屏障建设，甘肃起着

---

① 周雪瑛，赵利．甘肃贫困人口的分布、成因及其扶贫对策［J］．生产力研究，2015（4）：97.

② 王振军．甘肃城乡统筹的贫困标准及贫困人口分析［J］．西安财经学院学报，2014（6）：90.

③ 韩建民．新时期甘肃省农村反贫困调查研究［J］．开发研究，2012（5）：34.

④ 丁军，陈标平．构建可持续扶贫模式治理农村返贫顽疾［J］．社会科学，2010（1）：52.

⑤ 汪晓文等，基于空间贫困视角的扶贫模式再选择——以甘肃为例［J］，甘肃社会科学，2012（6）：25.

重要的生态作用，这就造成了甘肃贫困地区资源与经济社会发展间存在悖论，反而在生态资源富足的地方出现了贫困聚集现象；再者，甘肃地区经济发展水平在地区之间、城乡之间二元性特征明显，区域城镇对周边的辐射带动能力较弱，加上高度同质性的社会结构，限制了甘肃贫困人口脱贫观念的转变和能力提升。

（3）促进甘肃贫困地区扶贫脱贫的对策研究：目前关于甘肃脱贫对策的探索，学者主要集中在以下方面进行研究：侧重某一专项扶贫举措，重点围绕基础设施建设、发展特色产业、加大教育收入、进行科技、技能培训、提供绿色金融服务、加强生态补贴及补偿、开展地区对口帮扶等方面。在基础设施和公共服务提升方面，汪三贵（2008）、鲍曙光（2014）等人认为，地区基本公共服务水平的高低对于贫困人口的发展至关重要，通过公共服务水平的提升能够显著提高地区发展机会，降低脆弱性，达到减贫效果。曾福生等（2013）研究证明了公共服务提升和贫困发生率之间存在密切关系，地区公共服务发展水平越高，贫困发生率就越低。还有学者利用熵值法测算西部不同县域的基本公共服务水平，研究发现，基本公共服务水平和贫困发生率之间呈负相关关系，基本公共服务的提升对减贫效果存在显著影响，但甘肃省区域经济发展对减贫的辐射、带动效应并不明显。在产业扶贫方面，主要立足于地区优势，发展特色农牧产品、蔬菜、林果、药材以及旅游等资源，但产业扶贫存在地区同质化现象，特色优势尚未得到充分挖掘；在提升贫困人口教育方面，主要加强九年义务教育普及，大力增加对职业教育的投入，同时注重加强对贫困人口的就业技能培训，增强脱贫能力；而在金融和科技扶贫方面，主要面向贫困农户提供小额信贷优惠支持，向贫困人口普及高效的种、养殖业技术，引导贫困地区人口将自身资源优势转化为经济优势，带动农户脱贫致富；在生态扶贫方面，立足于区域生态环境，保障载体的可持续性，充分利用地区生态屏障和主体功能区地位，实施生态保护+产业发展的新思路。还有学者在开展地区对口支援和帮扶等外部性扶贫、脱贫方面进行过相应探讨。

（4）可持续生计理论在我国的具体应用：可持续生计的思路和方法

在国外减贫中的成功应用给我国进行精准扶贫研究提供了具体的经验借鉴，目前可持续生计在我国脱贫工作中的应用主要集中在以下三个方面：

①农户生计资本与生计状况研究：杨云彦、赵锋（2009）对南水北调（中线）工程建设的库区农户生计资本开展调查，研究发现：库区移民农户生计资本整体呈现脆弱性，不同类型的生计资本融合程度较低。在外部因素的冲击下，农户生计状况的改善必须依托库区移民开发政策和生态补偿机制，它通过增强库区农户人力资本提升实现生计可持续[①]。李继刚、毛阳海（2012）对西藏农牧区贫困人口的生计状况进行了分析。研究发现，农牧区贫困人口生计资本之间互为因果，而且具有非线性关系，生计资本的限制导致农牧民生计策略选择狭窄，扶贫开发工作必须破解制约农牧民生计资本的约束条件，提高对农牧民可行能力的培养，促进农牧民脱贫致富[②]。李小云等（2004）系统地梳理和总结了有关可持续生计的概念、分析框架、进行生计策略选择的途径等内容，发现贫困农户生计资本具有天然的脆弱性，在面临外来风险时，往往不能够有效应对。

②生计风险、生计脆弱性研究：左停等（2005）揭示出农户贫困的根源，即脆弱性，这种脆弱性不仅包括外部的，还有农户自身内部的脆弱。黎洁等（2009）引入了分层模型，以此展开对西部山区贫困农户的脆弱性研究，她从社区和家庭两个方面出发，分析了贫困农户的人均消费水平状况，影响消费波动的因素等。闫建忠等（2011）对高原农牧民生计脆弱性进行定量研究，发现高原农牧民生计脆弱性要高于山原区和高原峡谷区。陈传波、丁士军（2003）利用风险与脆弱性两个概念，分析贫困地区农户风险的具体表现，如农户资产风险、收入风险及福利风险等，这些风险的多样性和交织复杂性，很容易使贫困农户陷入贫困的

---

① 杨云彦，赵锋．可持续生计分析框架下农户生计资本的调查与分析——以南水北调（中线）工程库区为例［J］．农业经济问题，2009（3）：58.

② 李继刚，毛阳海．可持续生计分析框架下西藏农牧区贫困人口生计状况分析［J］．西北人口，2012（1）：79.

恶性循环之中[①]。云南省生物多样性和传统知识研究会以云南农牧民作为研究对象，系统地分析了农牧户在不同时间和空间范围内面临的主要、次要制约因素，关注农牧户如何化解风险，利用家庭已有资源进行生计策略的选择。

③生计方式、生计策略研究：张丙乾等（2007）遵循了一种动态的时间研究思路，着重研究了赫哲族社区农户的生计方式变迁，认为解决当地社区的可持续发展应该采用一种“多元生计途径”思路[②]；张丽萍等（2008）利用定量研究方法，研究了金川县克尔马村农牧户生计类型及土地利用方式，指出进行以非农活动为主的生计选择才能实现可持续发展，也能使土地资源得到永续利用[③]；刘华民等（2012）以内蒙古鄂尔多斯市农牧户作为研究对象，进行一对一的家庭个案访谈，了解家庭基本的生计状况，研究了气候变化是如何影响农牧民的生计以及应该采取何种应对措施[④]。李斌（2005）选取宁夏盐池县作为调查区域，通过运用可持续生计理论、参与式途径对农户的生计行为、生计策略、生计资产之间的变动情况及动态发展趋势进行了深入研究[⑤]。除此之外，有关失地农民生计重建及退耕（草）还林（牧）等工程项目的建设过程中开始应用可持续生计分析框架。此外，还有学者从居民生计可持续实现所需的背景、参与动力、生计资本重构等方面进行了相关论证，丰富了可持续生计理论和方法在我国的具体应用。

---

① 陈传波，丁士军. 对农户风险及其处理策略的分析［J］. 中国农村经济，2003（11）：78.

② 张丙乾，汪力斌等. 多元生计途径：一个赫哲族社区发展的路径选择［J］. 农业经济问题，2007（8）：31.

③ 张丽萍等. 青藏高原东部山地农牧区生计与耕地利用模式［J］. 地理学报，2008（4）：377.

④ 刘华民，王立新等. 气候变化对农牧民生计影响及适应性研究——以鄂尔多斯市乌审旗为例［J］. 资源科学，2012（1）：255.

⑤ 李斌. 生态家园富民工程“三位一体”项目对宁夏盐池县农户生计影响的研究. 中国农业大学博士学位论文，2005：1.

（三）文献述评

通过对国内外有关贫困问题的文献梳理，我们不难看出，贫困问题的解决是一个长期、动态的变化过程，增强贫困人口内部、外部的可持续性才能从根本上保障脱贫持续性，实现精准脱贫。尤其是进入绿色发展的新时代，扶贫开发一定要满足绿色发展的要求，即实现贫困地区精准脱贫、绿色可持续发展。但是，当前，在绿色发展理念下审视甘肃精准扶贫研究还存在着很多不足之处：其一，对于贫困问题的认识尚不够深入，单就扶贫论扶贫，缺乏贫困人口持续脱贫与区域持续稳定发展相互统一、相互协调的整体发展观，造成微观层面研究与宏观层面研究呈现一定的割舍和断裂，两种研究维度之间存在脱节现象，不能有效地进行衔接和融合；其二，现有研究文献从脱贫整体性角度研究稍显不足，且在我国扶贫开发工作中，注重数字脱贫，忽视脱贫质量，尤其对于巩固脱贫效果，增强可持续性方面研究较为缺乏，现有的一些脱贫对策大多从某一专项扶贫入手，忽视全方位的脱贫主体—供体—载体三者之间的有效配合和互补效应分析，造成贫困人口脱贫不彻底，贫困地区发展不持续；其三，忽略贫困地区的生态问题，甘肃本土生态约束所形成的“生态型贫困”具有持续性、反复性和顽固性的特征。发展理念的变化最终会影响人们的思维模式和行为模式等微观领域。绿色发展理念将全面、系统地“渗入”精准扶贫的微观世界，进而影响贫困主体及扶贫主体的思维方式、生活方式及生产方式。鉴于此，本书以绿色发展为切入点，以实现贫困人口持续脱贫、贫困地区持续发展为最终目标，结合宏观与微观研究视角，构建脱贫主体—供体—载体“三位一体”的绿色可持续脱贫思路，为甘肃精准脱贫绿色可持续研究提供一种参考和经验借鉴。

二、理论基础

（一）绿色发展

1. 概念延伸

改革开放以来，我国经济持续高速增长，所取得的成就举世瞩目，但也带来资源环境方面的严峻挑战。一方面自然资源的稀缺性日益凸显，淡水资源、土地资源、矿物资源捉襟见肘，物种资源不断减少；另一方面环境风险日益加重，雾霾、酸雨、气候恶化、技术污染等环境问题和相关健康问题此起彼伏。“老百姓过去‘盼温饱’现在‘盼环保’，过去‘求生存’现在‘求生态’。”[①] 面对这种情形，传统的消耗高、污染高的粗放型非绿色发展已然步履维艰，必须有效地突破环境资源“瓶颈”的制约，转变经济发展方式，推行绿色发展，促进绿色资产的增值和人民群众绿色福利的提升。邓小平关于绿化祖国、造福后代，经济发展必须与人口、资源、环境相协调的思想，江泽民关于实施可持续发展的理念和战略举措，胡锦涛的科学发展观与推进绿色发展、建设生态文明的思想，习近平的绿水青山就是金山银山的绿色发展新论述、新理念、新要求，是马克思主义生态绿色思想中国化的一个里程碑，标志着中国马克思主义绿色发展观的形成与发展，同时内在地要求学界展示绿色发展基本理论研究的自觉。

现阶段，“绿色发展”已从单纯的经济学名词转化成人类社会发展的基本共识，由此引申出的绿色发展思想也得到了各国政要及学术界的高度关注。习近平总书记十分关注绿色发展问题，在多个场合就绿色发展问题发表了重要讲话，阐明了其绿色发展思想，认为推进绿色发展是生态文明建设的必由之路，必须大力推进绿色发展。正如党的十八大报

① 中共中央宣传部．习近平总书记系列重要讲话读本［M］．北京：人民出版社，2014：123.

告所指出，要“着力推进绿色发展、循环发展、低碳发展”①。中共中央、国务院发布的《关于加快推进生态文明建设的意见》也明确提出：“坚持把绿色发展、循环发展、低碳发展作为基本途径”②。“从根本上缓解经济发展与资源环境之间的矛盾，必须构建科技含量高、资源消耗低、环境污染少的产业结构，加快推动生产方式绿色化，大幅提高经济绿色化程度，有效降低发展的资源环境代价”③。十八届五中全会提出：“坚持绿色发展，必须坚持节约资源和保护环境的基本国策，坚持可持续发展，坚定走生产发展、生活富裕、生态良好的文明发展道路，加快建设资源节约型、环境友好型社会，形成人与自然和谐发展现代化建设新格局，推进美丽中国建设，为全球生态安全做出新贡献。”党的十九大报告进一步强调：“建设生态文明是中华民族永续发展的千年大计”。④由此可见，习近平总书记丰富和发展了马克思主义生态文明思想，并将生态文明建设作为执政党的行动纲领。可以说，习近平总书记强调和倡导的绿色发展理念，不仅是习近平总书记新时代中国特色社会主义思想的重要特色和突出亮点，同时也是我国未来发展的内在要求和建设社会主义生态文明的必由之途。

绿色发展是一种新的发展理念和发展方式。具体而言，就是实现经济社会经济结构与产业体系的革命性转变，实现生态效益、经济效益和社会效益的良性互动，破解经济社会发展面临的资源“瓶颈”。因此，绝不可将绿色发展简单理解为“新时期的新说法”。绿色发展理念的全面推进对各个领域提出了新要求，精准扶贫也不例外。精准扶贫要从扶贫思想、扶贫政策到扶贫机制以及具体扶贫举措全面体现绿色发展意识，既要注重贫困人口精准脱贫，又要体现贫困地区绿色可持续发展方向。

---

① 胡锦涛.坚定不移沿着中国特色社会主义道路前进为全面建设小康社会而奋斗——在中国共产党第十八次全国代表大会上的讲话［M］.北京：人民出版社，2012：39.

② 中共中央 国务院关于加快推进生态文明建设的意见［N］.人民日报，2015-05-06.

③ 中共中央 国务院关于加快推进生态文明建设的意见［N］.人民日报，2015-05-06.

④ 习近平.中国共产党第十九次全国代表大会报告［M］.北京：人民出版社，2017：50.

2. 理论基础

作为一种新的发展理念和发展方式，习近平总书记的绿色发展理念不仅有深刻的实践基础，还有深厚的理论基础，其中既包含着马克思主义生态文明思想的继承和发展，又有对中国传统生态文化的撷取吸收。

首先，习近平总书记的绿色发展理念继承并发展了马克思主义人与自然和谐发展的思想。马克思主义经典作家以辩证唯物主义的立场科学地阐明了人与自然和谐统一的关系。一方面，人类源于大自然，是自然界的重要组成部分。马克思强调在社会发展中，不能忽视人与自然的关系，要注重人与自然和谐发展。正如他所言："所谓人的肉体生活与精神生活同自然界相联系，不外是说自然界同自身相联系，因为人是自然界的一部分"[①]。另一方面，人类的生存发展也与自然界紧密相连，因为大自然为人类的生产生活提供了必需的物质条件，即"没有自然界，没有感性的外部世界，工人就什么也不能创造"[②]。所以，人类为了自身的生存发展在不断地"给自然界打上自己的印记"的时候，务必要始终谨记马克思的箴言："我们对自然界的整个统治，是在于我们比其他一切动物强，能够认识和正确运用自然规律。"[③]因为，"不以伟大的自然规律为依据的人类计划，只会带来灾难"[④]。恩格斯曾深刻明言："不要过分陶醉于我们对自然界的胜利，对于每一次这样的胜利，自然界都报复了我们。"[⑤]当生态环境灾难一旦降临，人类社会的发展和人类文明的进步也就难以为继。为了有效规避"生态环境灾难"惨剧的出现，就要去寻求内蕴人与自然和谐共处因子的绿色发展理念。习近平总书记对此情势有着清醒的认识，在他看来，人与自然的和谐发展是我国经济社会绿色发展的先决性前提。为此，他主张要在尊重自然规律、顺应自然规律的价

① 马克思.1844年经济学哲学手稿［M］.北京：人民出版社，2000：56.
② 马克思.1844年经济学哲学手稿［M］.北京：人民出版社，2000：53.
③ 马克思，恩格斯.马克思恩格斯选集（3）［M］.北京：人民出版社，2012：998.
④ 马克思，恩格斯.马克思恩格斯全集（31）［M］.北京：人民出版社，1972：251.
⑤ 马克思，恩格斯.马克思恩格斯选集（4）［M］.北京：人民出版社，1995：383.

值支点上，把生态文明建设融入经济建设、政治建设、文化建设、社会建设各个方面和全过程，以此为实现绿色发展开辟道路。由此可见，促进人与自然的和谐发展，不仅是马克思主义生态文明理论的逻辑蕴涵，同时也是习近平总书记的绿色发展理念一以贯之的价值导向。正如习近平主席在第七十届联合国大会的讲话中指出："我们要构筑尊崇自然、绿色发展的生态体系。人类可以利用自然、改造自然，但归根结底是自然的一部分，必须呵护自然，不能凌驾于自然之上。"①

其次，习近平总书记的绿色发展理念是在撷取和借鉴中华民族传统生态文化精华的基础上提出的。我国优秀传统文化中蕴含着丰富的绿色发展智慧，聚焦体现于历代圣贤先哲对可持续发展理念的阐述上。在久远的农耕文明时代，古人在从事农业劳作的活动中，始终提倡人类活动要遵循自然法则和规律，对自然资源取之有节且用之有度，从而促进人与自然的和谐统一，进而实现宇宙万物生生不息的可持续发展状态。正如孟子曾言："不违农时，谷不可胜食也；数罟不入洿池，鱼鳖不可胜食也；斧斤以时入山林，材木不可胜用也。"② 此后荀子也提出了和孟子较为相似的观点："草木荣华滋硕之时则斧斤不入山林，不夭其生，不绝其长也；鼋鼍、鱼鳖、鳅鳝孕别之时，罔罟、毒药不入泽，不夭其生，不绝其长也。春耕、夏耘、秋收、冬藏四者不失时，故五谷不绝而百姓有余食也；洿池、渊沼、川泽谨其时禁，故鱼鳖优多而百姓有余用也；斩伐养长不失其时，故山林不童而百姓有余材也。"③ 管仲也强调："山林虽近，草木虽美，宫室必有度，禁伐必有时。"④ 上述诸子倡导在农业、林业、牧业、渔业等行业领域中要严禁在植物生长期和动物繁殖期进行采伐和狩猎，以此保证自然资源的可持续开发利用，从而实现人类社会发

① 习近平．携手构建合作共赢新伙伴同心打造人类命运共同体［N］．人民日报，2015-09-29.

② 方勇译注．孟子［M］．北京：中华书局，2010：5.

③ 杨朝明译注．荀子［M］．开封：河南大学出版社，2008：151.

④ 谢浩范，朱迎平译注．管子（上）［M］．贵阳：贵州人民出版社，2008：158.

展的可持续性。除此之外，我国古代当政者也异常重视可持续发展。历朝历代中都会设有湖官、林官等专门管控生态环境的正式机构。同时，还会颁布保护生态环境和自然资源的相关律令，以期通过生态法律制度的强制性来规约人们的生活、生产行为，实现农业生产发展的可持续性运行。简言之，古人所秉持的可持续发展理念，无疑为习近平总书记的绿色发展理念的产生提供了有益的客观历史性借鉴。习近平总书记的绿色发展理念的产生源于中国传统生态文化的影响，这是习近平总书记的绿色发展理念得以提出的不可或缺的重要历史条件。

3. 时代价值

习近平总书记的绿色发展理念是中国共产党执政理念生态化的具体体现。既具有历史继承性，又兼顾与时俱进性；既具有理论指导性，又兼顾实践操作性，具有重要的时代价值。

（1）习近平总书记的绿色发展理念丰富和发展了马克思主义生态思想。

马克思在《资本论》中列举了大量的生产实例，论述了工业废物资源化等生态经济思想。马克思认为，科学技术是减少工业废物，并使工业废物资源化的有效手段。生活于19世纪的马克思，由于受当时的特殊历史实践所限制，没有也不可能使用“绿色发展”这样的术语。但是，他的工业废物资源化思想体现了绿色发展思想的实质，可以说，习近平总书记的绿色发展理念与马克思工业废物资源化思想是一脉相承、与时俱进的。习近平总书记的绿色发展理念丰富和发展了马克思主义生态思想。

（2）习近平总书记的绿色发展理念深化和发展了科学发展观理论。

20世纪中叶以来，资源环境污染日趋严重，已经从局部上升到全球范围，给人类带来了极大的挑战。人们在反思传统发展模式的过程中，提出了可持续发展思想和战略。面对世界范围可持续发展浪潮，以胡锦涛为总书记的党中央领导集体，提出了坚持以人为本、全面协调可持续的科学发展观。习近平总书记的绿色发展理念调要实现资源环境可持续发展、经济可持续发展，丰富和发展了中国共产党的可持续发展理论，将可持续发展理论提高到了新的高度，丰富和发展了科学发展观理论。

（3）习近平总书记的绿色发展理念深化和发展了中国特色社会主义生态文明理论。

中国共产党是一个具有强烈使命意识、勇于担当的马克思主义政党[①]。党的十七大报告正式提出建设生态文明的思想，将生态文明作为小康社会的奋斗目标之一。党的十八大报告提出要大力推进生态文明建设，首次将生态文明建设与经济建设、文化建设、政治建设和社会建设一起列入中国特色社会主义事业的总布局当中，提出要努力走向社会主义生态文明新时代。推进绿色发展是生态文明建设的重要组成部分，生态文明建设背景下的经济发展要求走绿色发展道路。习近平总书记的绿色发展理念是中国共产党人在新的历史时期，面对新的历史要求，提出的关于正确处理经济发展与环境保护关系的思想内容，为我国生态文明建设奠定了理论基础。习近平总书记的绿色发展理念是中国特色社会主义生态文明理论的重要组成部分，丰富和发展了中国特色社会主义生态文明观。

（4）习近平总书记的绿色发展理念为我国实现绿色发展和可持续发展指明了方向。

我国虽然在推进绿色发展方面取得了一些成就，环境污染和生态破坏问题在一定程度上得到了一定控制，但是，我国资源危机、环境污染和生态破坏问题仍然很严峻。我国推进绿色发展处于初步探索和起步阶段，一些企业缺乏推进绿色发展的积极性、主动性，同时，还存在绿色发展的政策支持有待强化、法律保障相对滞后等问题。习近平总书记的绿色发展理念符合我国经济社会发展趋势和规律，为我国发展绿色经济、循环经济、低碳经济提供了思想保障，为我国解决资源危机、环境恶化问题提供了重要的思想方法和工作方法，为我国推进绿色发展和可持续发展指明了道路。

（5）习近平总书记的绿色发展理念是我国正确处理好经济发展同生态环境保护关系的重要指导思想。

近年来，随着中国工业化、城镇化步伐加快，不可再生能源的开采已经严重超过自然承载能力，同时伴随着水污染、大气污染，垃圾处理

---

① 魏磊．社会稳定与社会控制的科学化．江西社会科学，2013（3）：56.

压力日益增大，绿地减少及生态风险的增加、能源短缺等，可以看到中国的高速经济增长是有相当大的代价的，这个代价就是所谓的生态赤字。随着“雾霾”一词在生活中出现频率的提升，大气污染已经严重影响了中国居民的日常生活。我国的经济发展与资源环境保护之间存在的矛盾，必须给予足够重视。习近平总书记发表多次讲话强调要在实现经济发展的同时注意节约资源和保护环境，实现绿色发展。其绿色发展理念为我国正确处理经济发展与生态环境保护的关系指明了方向，阐明了绿色发展是我国经济发展道路的必然选择。

（6）习近平总书记的绿色发展理念为我国生态文明建设指明了道路。

生态文明作为人类文明发展史上的一个新阶段，强调的是人与自然的和谐相处，其所对应的经济发展方式就是绿色发展。建设生态文明是当代与未来经济社会发展的主旋律。绿色发展是生态文明建设的重要内容，是生态文明建设的必然选择。党中央高度重视中国经济的绿色转型，“十二五”规划将绿色发展提升到国家战略计划中，为经济发展模式的转型提供了正确的指导方向。“十三五”规划提出必须牢固树立和贯彻落实创新、协调、绿色、开放、共享的新发展理念，其中绿色发展成为贯彻“十三五”规划的主基调，涉及经济社会发展的方方面面，在“十三五”经济社会发展的各个领域和环节中，无不体现绿色发展理念。“十三五”规划纲要中明确指出：绿色是永续发展的必要条件和人民对美好生活追求的重要体现。必须坚持节约资源和保护环境的基本国策，坚持可持续发展，坚定走生产发展、生活富裕、生态良好的文明发展道路，加快建设资源节约型、环境友好型社会，形成人与自然和谐发展现代化建设新格局，推进美丽中国建设，为全球生态安全做出新贡献。党的十九大报告中指出：“建设生态文明是中华民族永续发展的千年大计”。① 由此可见，习近平总书记丰富和发展了马克思主义生态文明思想，并将生态文明建设作为执政党的行动纲领。由此可见，习近平总书记的绿色发展理

① 习近平.中国共产党第十九次全国代表大会报告［M］.北京：人民出版社，2017：50.

念不仅体现在“十三五”规划纲要中，而且为正确处理好人与自然、经济发展与环境保护的关系，建设生态文明指明了道路。

（二）精准脱贫

1. 概念延伸

精准脱贫是从精准扶贫一词中延伸出来的，精准扶贫是为了精准脱贫，是精准扶贫的目标所在。2013 年 11 月，习近平总书记在湖南湘西考察时首次提出了精准扶贫：扶贫要实事求是，因地制宜。要精准扶贫，切忌喊口号，也不要定好高骛远的目标。从 2013 年 11 月习近平总书记在湘西考察时首次明确提出精准扶贫，到 2015 年 1 月习近平总书记在云南考察时强调深入实施精准扶贫、精准脱贫，再到 2015 年 11 月中共中央、国务院《关于打赢脱贫攻坚战的决定》提出精准扶贫、精准脱贫基本方略，以习近平同志为核心的党中央关于“精准扶贫、精准脱贫”的系列重要论述，从理论到实践形成了精准扶贫、精准脱贫思想。习近平总书记指出：“扶贫开发贵在精准，重在精准，成败之举在于精准。各地都要在扶持对象精准、项目安排精准、资金使用精准、措施到户精准、因村派人（第一书记）精准、脱贫成效精准上想办法、出实招、见真效。”①，这体现了精准扶贫精准脱贫方略的科学内涵。

与以往粗放式的扶贫方式不同，精准脱贫瞄准急需脱贫贫困人口，注重彻底脱贫、持续脱贫。我国三十多年的扶贫开发工作成效显著，但问题也接踵而至，贫困群体脱贫能力尚未得到持续提升，并未摆脱贫困的根源，面临巨大的返贫风险。新时期我国的扶贫开发工作绝不能仅仅停留在“数字脱贫”“表面脱贫”上，绝不能停留在“一超”（贫困人口人均可支配收入超过国家脱贫线）“两不愁”（不愁吃、穿）“三保障”

---

① 习近平．谋划“十三五”时期扶贫开发工作，确保农村贫困人口 2020 年如期脱贫［N］．人民日报，2015-06-20．

（保障义务教育、基本医疗、住房）等脱贫工具层面标准，而必须从根本上解决贫困户的生计和发展需求，防止贫困人口返贫。提升贫困群体生计能力和生计发展水平的稳定性和持续性，才是进行精准脱贫的目标所在和我们孜孜不倦的追求。

精准扶贫、精准脱贫是新时代脱贫攻坚的基本方略和目标。实现贫困人口如期脱贫，贫困县全部摘帽，必须实施精准扶贫精准脱贫基本方略，改革现行扶贫思路和方式，变大水漫灌为精准滴灌，变“输血”为“造血”，变重 GDP 为重脱贫成效，解决好“扶持谁”“谁来扶”“怎么扶”“如何退”的一系列问题。精准扶贫和精准脱贫的基本要求是做到六个精准，即扶贫对象精准、项目安排精准、资金使用精准、措施到户精准、因村派人精准、脱贫成效精准。主要途径是五个一批，即发展生产脱贫一批、易地扶贫搬迁脱贫一批、生态补偿脱贫一批、发展教育脱贫一批、社会保障兜底一批。总的来说，精准脱贫就是锁定农村贫困人口，建档立卡，分类施策，不留锅底。

2. 理论基础

精准扶贫是一种举措、一种机制。精准脱贫作为精准扶贫的目标实现，两者蕴含了丰富理论和理论创新的思想系统。

（1）精准脱贫是马克思主义发展观的具体体现。

马克思主义发展观强调人的全面发展是社会发展的最高目标，离开人的发展就没有社会的发展，社会发展最核心的就是实现人的发展。正如马克思所言，“历史不过是追求着自己目的的人的活动而已”①。同时，马克思主义也强调在社会发展进程中，不能忽视人与自然的关系，要注重人与自然和谐发展。恩格斯曾深刻明言：“不要过分陶醉于我们对自然界的胜利，对于每一次这样的胜利，自然界都报复了我们。”② 精准扶贫一方面满足人的全面发展，以实现贫困人口精准脱贫、全面发展为核心

① 马克思，恩格斯 . 马克思恩格斯全集（2）[M]. 北京：人民出版社，2005：118.

② 马克思，恩格斯 . 马克思恩格斯选集（4）[M]. 北京：人民出版社，1995：383.

目标；另一方面满足人与自然的和谐发展，以实现贫困地区绿色可持续发展为最高目标。由此可见，精准扶贫充分体现了以人为本的马克思主义发展思想，体现了人与自然和谐共存的马克思主义绿色发展思想，体现了中国特色社会主义共同富裕的价值取向。

（2）精准脱贫切合中国特色社会主义本质要求。

邓小平深刻揭示："社会主义的本质，是解放生产力，发展生产力，消灭剥削，消除两极分化，最终达到共同富裕。"[①]基于对社会实践的科学认识，习近平总书记不断丰富和提升社会主义本质论，指出"贫穷不是社会主义。如果贫困地区长期贫困，面貌长期得不到改变，群众生活长期得不到明显提高，那就没有体现我国社会主义制度的优越性，那也不是社会主义"[②]。习近平总书记强调："消除贫困、改善民生、逐步实现共同富裕，是社会主义的本质要求。"[③]由此可见，精准扶贫不仅要实现贫困地区精准脱贫进而消灭贫困，而且要推动贫困地区可持续发展进而改善民生，正如习近平总书记关于"绿水青山就是生产力"的论断，以绿色发展为宗旨推动贫困地区实现共同富裕。

（3）精准脱贫是全面建成小康社会的必然要求。

全面建成小康社会，既要实现全社会总体和总量上的小康，更要实现每个人、每个民族、每个地区的小康。现阶段，全面建成小康社会还存在着许多短板，农村尤其是最突出的短板。"小康不小康，关键看老乡"[④]，习近平总书记以生动的语言表明，农村贫困人口脱贫致富是判断我国全面建成小康社会的重要标志。为了尽快补齐这块"短板"，习近平总书记创新扶贫思路，提出了"精准扶贫"思想，指出"扶贫开发贵在

① 邓小平．邓小平文选（3）［M］．北京：人民出版社，1993：373．

② 刘永富．深入学习贯彻习近平同志系列重要讲话精神——以精准发力提高脱贫攻坚成效［N］．人民日报，2016-01-11．

③ 曾伟．习近平的"扶贫观"：因地制宜"真扶贫，扶真贫"［EB/OL］．人民网，2014-10-17．

④ 陈锡喜．平易近人——习近平的语言力量［M］．上海：上海交通大学出版社，2014：43．

精准，重在精准，成败之举在于精准”[①]。同时，全面建成小康社会不仅要以物质文明建设补齐“短板”，更要以生态文明建设补齐“短板中的短板”。因此，精准扶贫在物质脱贫的基础上更要实现生态脱贫，实现贫困地区绿色可持续发展，这才是全面建设小康社会对精准扶贫的内在要求。

3. 时代价值

精准扶贫、精准脱贫思想是指导我国扶贫工作的重要方针，为我国脱贫攻坚全面建成小康社会目标的实现奠定了思想基础，而且提升了关于社会主义共同富裕的思想认识，具有深远且广泛的时代价值。

（1）习近平总书记扶贫思想丰富和发展了社会主义本质认识。

社会主义本质论是习近平总书记扶贫思想形成的理论来源，反之，这一思想丰富和发展了社会主义本质认识。从毛泽东到邓小平，我们在实践中不断思考和解答“什么是社会主义”。邓小平深刻揭示：“贫穷不是社会主义，发展太慢也不是社会主义。”[②]同时明确“社会主义的本质，是解放生产力，发展生产力，消灭剥削，消除两极分化，最终达到共同富裕”[③]。历经几十年的发展，中国人走出了一条以“共同富裕”为目标的中国特色社会主义发展道路。实现共同富裕的战略目标，就要大力发展生产力，逐步消灭贫穷，这是社会主义本质规定。基于对扶贫实践的科学认识，习近平总书记不断丰富和提升社会主义本质论，指出“贫穷不是社会主义。如果贫困地区长期贫困，面貌长期得不到改变，群众生活长期得不到明显提高，那就没有体现我国社会主义制度的优越性，那也不是社会主义”[④]。习近平总书记强调：“消除贫困、改善民生、逐步实

---

① 王三运．扶贫开发贵在精准——学习贯彻习近平总书记扶贫开发重要思想［J］．求是，2015（19）．

② 邓小平．邓小平文选（3）［M］．北京：人民出版社，1993：116．

③ 邓小平．邓小平文选（3）［M］．北京：人民出版社，1993：373．

④ 刘永富．深入学习贯彻习近平同志系列重要讲话精神——以精准发力提高脱贫攻坚成效［N］．人民日报，2016-01-11．

现共同富裕，是社会主义的本质要求。”① 这是习近平总书记扶贫思想的核心所在，是社会主义本质论的最新发展，也是马克思主义中国化的又一重要成果。

（2）习近平总书记扶贫思想深化了全面建成小康社会的践行要求。

全面建成小康社会，强调的不仅是“小康”，而且更重要的也更难做到的是“全面”。也就是说，全面建成小康社会追求的是每一个领域、每一个地区、每一个人不断发展的“小康”。正是基于此认识，习近平总书记扶贫思想深化了全面建成小康社会的践行要求。从内容上看，习近平总书记在注重物质脱贫的基础上，更注重“扶贫先扶志”的精神脱贫，以及“扶贫必扶智”的教育脱贫和文化脱贫，强调贫困地区最终实现经济、文化、政治、社会、生态文明建设的五位一体的全面发展。从对象来看，习近平总书记扶贫思想强调每一个贫困地区、每一个贫困人口的脱贫发展，特别是农村贫困地区和贫困民族地区的发展。习近平总书记推行贫困精准识别入户到人，实施精准扶贫、精准脱贫，这也正是全面建成小康社会的现实要求。从发展方向来看，脱贫致富只是贫困地区经济社会发展的过渡时期，而不是终极目标。在这个目标实现后，贫困地区不仅要与全国其他地区共同进入小康社会，还要携手共建富强民主文明和谐的社会主义现代化国家。

（3）习近平总书记扶贫思想是我国今后一定时期扶贫攻坚的行动指南。

我国虽然在扶贫开发领域取得了举世公认的成就，有效降低了贫困人口数量，贫困发生率也得到了一定控制，但是，我们也意识到，随着扶贫开发进入攻坚拔寨的关键阶段，传统的扶贫方式难以满足贫困地区社会经济发展的需求，需要不断创新扶贫思路，调整扶贫策略。习近平总书记正是基于对我国扶贫实践的科学认识，以及对社会发展新阶段的现实考量，提出了精准扶贫、内源扶贫、合力扶贫等新思想，其中精准扶贫思想是核心。新时期扶贫开发要针对不同贫困原因和贫困类型，因

---

① 曾伟.习近平的“扶贫观”：因地制宜“真扶贫，扶真贫”[EB/OL].人民网，2014-10-17. http：//politics.people.com.cn/n/2014/1017/c1001-25854660.html.

地制宜、因人制宜地制定具体扶贫策略，科学回答“扶持谁”“谁来扶”以及“怎么扶”等现实问题，特别是在“怎么扶”的问题上要不断创新思想，避免传统扶贫方式“大水漫灌”造成的资源浪费。习近平总书记扶贫思想恰恰是回答了这一系列问题。例如：在扶贫开发过程中面临生态问题时，习近平总书记提出“我们既要绿水青山，也要金山银山。宁要绿水青山，不要金山银山，而且绿水青山就是金山银山”[①]。由此可见，习近平总书记扶贫思想遵循了社会发展的规律和趋势，满足了贫困地区经济社会发展的需求，也符合我国共同富裕的目标要求，是我国今后一定时期扶贫攻坚的思想保障和行动指南。

4. 习近平总书记扶贫思想对其他发展中国家摆脱贫困具有借鉴价值

作为世界上最大的发展中国家，中国一直致力于自身贫困的消除，并积累了丰富的实践经验，走出了一条中国特色的扶贫开发之路。习近平总书记扶贫思想正是我国扶贫开发实践的理论成果。理论的指导性适用于社会条件相似的国家。对于其他发展中国家而言，习近平总书记扶贫思想，以及中国丰富的扶贫开发经验具有重要的借鉴价值。不仅提供了价值观和方法论，甚至提供了具体路径举措。习近平总书记扶贫思想是建立在辩证唯物主义基础之上的，将“一把钥匙开一把锁”的哲学方法论运用到扶贫开发实践中，强调“真扶贫，扶真贫”。因此，以习近平总书记扶贫思想及中国扶贫经验为鉴，发展中国家应以人的全面发展为价值取向，立足本国实际，依托社会制度的优势和力量，不断创新扶贫机制，建构多元扶贫主体相融的社会扶贫体系。这也是我国扶贫开发取得突出成就的重要智慧。“共建一个没有贫困、共同发展的人类命运共同体”是中国对发展中国家特别是最不发达国家消除贫困的庄重承诺。习近平总书记扶贫思想的实用性及适用性就是对此承诺最好的践行，对其他发展中国家摆脱贫困具有极其重要的借鉴价值。

① 习近平．绿水青山就是金山银山［R］．人民日报，2014-07-11.

（三）可持续性

可持续性是举世公认的人类社会的未来走向和目标，但它却为人们留下一个广阔的辩论空间。可持续性的概念只是一个模糊的界定，其中包含了许多不同的观点，这是一个处于动态演化中的概念，一个辩证性的概念。随着1987年布伦特兰《我们共同的未来》出版后，又经过1992年的里约热内卢“联合国环境与发展大会”的阐释，可持续性发展成为国际社会公认的环境政策的总体目标。“布伦特兰报告”关于可持续性发展的观点成为现今主流观点，即“可持续发展是既满足当代人的需要，又不对后代人满足其需要的能力构成危害的发展”[①]。因此，可持续性是指一种可以长久维持的发展过程或状态。人类社会的持续性由生态可持续性、经济可持续性和社会可持续性三个相互联系不可分割的部分组成。

精准脱贫的可持续性是指脱贫效果的可持续性。习近平总书记指出：“脱贫攻坚一定要扭住精准，更加注重提高脱贫效果的可持续性。”可持续性脱贫是新时期抑制返贫现象的重要手段。可持续性脱贫是指原有贫困人口稳定离开既定贫困标准线以后所处的相对稳定的状态，是指对贫困人口身份的改变而成为非贫困人口。可持续脱贫不会出现返贫现象，它是对返贫的一种彻底消除，是稳定的脱贫和脱贫成果的彻底巩固。也就是“造血”式扶贫。无论是政策支持还是社会资金投入，最重要的是构建一个可持续的循环体系，增强农村贫困人口的灾害抵御能力、自身的发展能力，在这个体系之中实现农村可持续性脱贫。从目前来看，可持续性脱贫是贫困地区扶贫工作中首先需要注意的一个核心问题，是增强扶贫效果和抑制返贫的重要内容。

精准脱贫的可持续性，就是要保障脱贫的效果连续不断。持续永远，绝不是为赶上脱贫的时间节点而进行的“数字脱贫”“表面脱贫”，以及

---

① 王之佳，柯金良等译．世界环境与发展委员会．我们共同的未来［M］．吉林：吉林人民出版社，2004：52.

由此导致的脱贫基础不牢固，可持续性不强。首先，主体的可持续性，即贫困人口拥有摆脱贫困或避免再次陷入贫困的可行能力，实现脱贫能力持续和稳定；其次，供体的可持续性，主要涉及诸多扶贫政策的连续性和衔接性，地区公共服务的均衡性和保障性，为贫困人口创造出永不干涸的源泉，保证脱贫效果的持续性；最后，载体的可持续性，主要涉及贫困地区生态资源的合理开发、及时恢复和永续利用，绝不能出现竭泽而渔的片面脱贫方式，使精准脱贫工作走上恶性循环道路。因此进行精准脱贫持续性探讨，必须全方位地打牢脱贫根基，真正做到脱贫一户，致富一家，让贫困人口能够稳步脱贫、避免返贫，保障脱贫效果长久和可持续。

三、绿色发展与精准脱贫的相互影响

绿色发展是一种新的发展理念和发展方式。具体而言，就是实现经济社会经济结构与产业体系的革命性转变，实现生态效益、经济效益和社会效益的良性互动，破解经济社会发展面临的资源“瓶颈”，要求“必须构建科技含量高、资源消耗低、环境污染少的产业结构，加快推动生产方式绿色化，大幅提高经济绿色化程度，有效降低发展的资源环境代价”[①]。因此，绝不可将绿色发展简单理解为“新时期的新说法”。绿色发展理念的全面推进对各个领域提出了新要求，精准扶贫也不例外。精准扶贫要从扶贫思想、扶贫政策到扶贫机制以及具体扶贫举措全面体现绿色发展意识，既要注重贫困人口精准脱贫，又要体现贫困地区绿色可持续发展方向。

① 中共中央 国务院关于加快推进生态文明建设的意见［N］. 人民日报，2015-05-06.

（一）绿色发展为精准脱贫带来新契机

绿色发展理念不仅对精准脱贫提出了新要求，而且也同时带来了新契机。

（1）日益趋紧的生态约束促成新契机。生态环境问题是目前我国社会发展面临的重大问题，其所形成的生态约束严重制约经济社会发展。贫困地区的生态问题也不容忽视，生态约束所形成的“生态型贫困”具有持续性、反复性和顽固性的特征。因此，日益趋紧的生态约束客观上促使社会全面关注生态环境，尤其是生态环境问题和贫困问题高度重合的地区。在这样一个大环境下，贫困地区实施精准扶贫会得到更多支持，获得推进新契机。

（2）绿色发展体系建设带来的新契机。“创新、协调、绿色、开放、共享”是十八届五中全会提出的五大新发展理念，其中绿色发展是基本理念之一。在绿色发展理念下，贫困地区精准脱贫面临着新契机，尤其是生态资源相对富足的地区。一是生态产品市场化趋势。绿色发展推行下，市场对于生态产品的需求日趋增大。生态资源富足地区可以凭借生态优势推行生态产品及生态项目，满足市场需求的同时也可以脱贫致富。二是日益凸显的政策红利。绿色发展必须要以严格的政策制度保驾护航。目前，我国已经实行最严格的生态保护机制和生态损害责任追究机制，推行以绿色 GDP 为核心的经济社会评价体系。这些制度的改革与创新，对于生态资源相对富足的贫困地区而言，产生了巨大的政策红利。

（二）绿色发展对于精准脱贫的现实影响

（1）宏观影响。宏观影响可以从两个方面来分析。首先，绿色发展理念促使精准脱贫思想更具生命力。绿色发展就是要求用绿色的视角构架扶贫战略，用发展的办法解决脱贫问题，实现贫困地区的绿色可持续发展。对于精准脱贫来说，这是宏观层面发展方向性的变化，而且是精准性的变化。一方面，精准脱贫思路更丰富，更具生命力；另一方面，贫困地区发展方向更精准、目标更清晰。二者共同作用，为精准脱贫带来新思路和新契机。其次，绿色发展理念促使精准扶贫体系设计更科学、更规范。绿色发展理念作为科学发展理论，可以为精准扶贫体系设计提供科学、规范的思路支持。具体而言，就是将绿色发展理念贯穿到精准扶贫战略设计中，抛弃传统单一、粗放的扶贫思路，制定科学的、系统的扶贫工作方案，提高精准脱贫的实效性和可持续性。

（2）中观影响。中观影响也可以从两个方面来分析。首先是对贫困区、贫困片精准脱贫的影响。在绿色发展理念下，贫困区域必须立足自身生态环境，借助本地资源优势，一是对本区域的精准扶贫设计、方案、重点、方式进行调整和优化，实现因地制宜、绿色扶贫；二是将相连或相近的贫困区域整合为一个新的发展共同体，实施以精准脱贫为主题的绿色发展战略，实现区域脱贫和持续发展的双重效果。其次，绿色发展促动生态产业助阵精准脱贫。绿色发展理念会带动一大批生态产业的兴起，这些新兴生态产业将成为精准脱贫的又一推动力。通过精准脱贫实现贫困地区绿色可持续发展是扶贫开发的最终目的，也是绿色发展理念的必然要求。因此，精准脱贫一定要遵循绿色、环保、生态的发展新标准，不能延续以牺牲生态环境为代价的传统工业扶贫模式，要通过新型生态产业、生态项目、生态科技助阵精准脱贫，实现贫困地区生态优美、生活富裕的发展之路。

（3）微观影响。发展理念的变化最终会影响人们的思维模式和行为模式等微观领域。绿色发展理念将全面、系统地“渗入”精准脱贫的微观世界，进而影响贫困主体及扶贫主体的思维方式、生活方式及生产方式。首先，对思维方式的影响表现为由“一方水土养一方人”的传统生态思维逐渐向“一方人保一方水土”的生态意识转变，并且生存理念也逐渐由“自然索取式”向“生态共生式”转变，更会突破“穷自在”“等、靠、要”的脱贫思维模式，实现以追求自我发展为核心的自发性脱贫思维。其次，对于生活方式而言，绿色生活方式逐渐取代传统物质型生活方式。贫困地区往往是经济落后、资源贫乏地区，传统生活方式以“竭泽而渔”的方式消费自然资源，导致贫困问题顽固化和代际化。绿色发展理念势必会引导人们逐渐形成健康、绿色、环保的生活方式。最后，对于生产方式而言，传统的高污染、高消耗、粗放型工业生产方式将被无污染、低消耗、集约型生态生产方式所取代，实现“先污后富”的传统扶贫路径向“只富不污”的新型扶贫路径转变。由此可见，贫困主体及扶贫主体思维方式、生活方式及生产方式的一系列转变，正是绿色发展理念在社会领域中的现实回应，更是绿色理念渗透到精准脱贫微观世界的集中体现。

（三）绿色发展对精准脱贫的目标要求

消除贫困和生态环境是世界可持续发展领域的两大核心问题①。精准脱贫与绿色发展就是中国为解决这两大问题提供的战略方案。认识清楚这两个问题的联系与特点是非常重要的。2015 年 11 月中央召开扶贫开发工作会议，把坚持保护生态、实现绿色发展作为打赢脱贫攻坚战的六大基本原则之一，要求牢固树立“绿水青山就是金山银山”的理念。这为如何解决好精准扶贫过程中坚持绿色发展指明了方向，也提出了精准脱贫新的明确要求。

1. 精准脱贫是绿色发展理念新时期的现实目标

精准脱贫是绿色发展理念落实的现实目标之一，即将贫困地区生态保护有效地纳入扶贫开发中，将扶贫开发合理置于绿色发展战略中，突破了以往扶贫开发与生态保护“两条平行线”的运行模式，以绿色发展将二者有机结合，既满足了自然生态保护的需求，也满足了人们脱贫致

① 陈吉宁. 扶贫攻坚要走出经济发展与环境改善的双赢之路［N］. 中国环境报，2016-04-11.

富的愿望。绿色发展补齐了过去扶贫开发以生态环境为代价的这块“短板”，不以单纯的经济脱贫、物质致富为扶贫目标，强调人与自然的和谐发展，坚持走以生态保护为前提的绿色、可持续发展道路。这也是精准脱贫的核心所在。精准脱贫是绿色发展理念在扶贫开发领域中的现实要求，也是帮助贫困地区实现生态效益和经济效益良性互动的有效途径。

2. 绿色发展意识是精准脱贫的必然要求

精准扶贫与精准脱贫明确了脱贫时间表和任务书，让贫困人口与全国人民在2020年共同全面建成小康社会。精准脱贫的战略任务细化精准到各地、各级干部身上，扶贫干部责任精准到位前所未有。因此，能否将精准扶贫、精准脱贫真正置于绿色发展的大趋势中，扶贫干部的绿色意识和素养是至关重要的因素。精准脱贫要求树立绿色发展意识，不是简单地仅指脱贫主体的绿色素养，更主要的是依靠扶贫主体的知识与素质中拥有的基本绿色素养来引导。伴随生态文明建设、绿色发展的宣传深入，如何在精准脱贫的具体活动中体现绿色要求，做绿色发展的实践者，绿色优势的发挥者，绿色潜力的发掘者便成为精准脱贫的关键所在。尽管绿色发展的理念逐渐深入人心，但真正做到能够付诸实践，扶贫开发的方方面面都做到绿色化，实践的困难远比想象的要艰难复杂。而要改变这种状况，必须大力培养和全面强化扶贫主体的绿色发展素质，切实从增强扶贫主体绿色发展要求的意识与能力，以确保在精准脱贫的过程中，一方面要将生态绿色资源转化为精准脱贫的资源；另一方面将绿色生态资源培育为可持续发展的优势资源。

3. 绿色生产力和绿色竞争力是精准脱贫的内在发展力

绿色发展是未来社会发展的主流模式，也是贫困地区进入主流社会系统最具有竞争力与独特性的不可替代的资源。依靠这种资源才能够在绿色发展模式中形成自身的造血功能，才能够在融入社会主流系统之后牢牢把握住绿色发展的主题，才能够拥有绿色、可持续发展的基础与核心竞争力。习近平总书记说，“保护生态环境就是保护生产力，改善生态环境就是发展生产力”[①]。这实际上就是明确了绿色生产力和绿色竞争力的概念、内涵与功能。精准扶贫的目的是精准脱贫，精准脱贫是实现可持续发展的重要手段。绿色生产力、绿色竞争力就是贫困地区实现精准脱贫的内在发展力。然而，绿色生产力、绿色竞争力都是通过具体载体来培育和实现的。因此，在精准脱贫工作中，要更加认真分析贫困地区的绿色要素、绿色机制、绿色系统、绿色项目，真正实现精准脱贫的绿色化，这主要包括两个方面的内容与要求。一是精准脱贫的目标与标准符合绿色发展的规定与要求；二是脱贫之后具有符合绿色化发展的可持续发展的能力，即不仅具有造血功能，可以实现可持续发展，而且要能够符合和体现绿色发展的要求。只有符合绿色发展要求的精准脱贫，才能形成更加坚实的可持续发展。

4. 绿色减贫思想是绿色发展和精准脱贫的发展产物

绿色发展理念和精准扶贫思想是党中央治国理政的新理念、新思想、新战略，也是扶贫开发和可持续发展的重要遵循和方向指引。在社会实践中，逐渐形成的绿色减贫思想秉承绿色发展理念，走绿色减贫、精准脱贫之路，这是贫困地区发展的必然要求，是实现可持续发展的必然要求，是丰富发展中国特色扶贫开发道路的必然要求。习近平总书记指出，“我们既要绿水青山，也要金山银山。宁要绿水青山，不要金山银山，而且绿水青山就是金山银山”[②]。这很形象地表述了习近平总书记的绿色减贫思想，更为扶贫开发政策和制度制定提供了遵循原则。绿色减贫思想就是绿色发展与精准脱贫相融合，从而形成了递进的绿色减贫理论新体系和框架。首先，我们既要绿水青山，也要金山银山，即绿色减贫的两条底线“坚守论”。其次，“宁要绿水青山，不要金山银山”是绿色减贫

① 中共中央宣传部. 习近平总书记系列重要讲话读本［M］. 北京：人民出版社，2016：48.

② 习近平 . 绿水青山就是金山银山［R］. 人民日报，2014-07-11.

的基础和前提，即打造贫困地区“金山银山”的脱贫致富目标的同时，更注重贫困地区“绿水青山”的保护延存与可持续发展。最后，“绿水青山就是金山银山”是贫困地区推进绿色、精准、持续减贫的目标。因此，在绿色发展理念下推行精准扶贫战略必然产生绿色减贫思想，即绿色减贫思想是绿色发展理念与精准脱贫思想相结合的创新点，是贫困地区实现绿色可持续发展的必经之路。

第二章
甘肃省贫困地区可持续发展环境

甘肃省作为西部欠发达地区，经济落后，财政困难，是全国脱贫攻坚的主战场之一。习近平总书记在视察甘肃时指出，“甘肃贫困面大、贫困程度深，在全国都是典型的”，明确要求“连片特困地区党委和政府要把主要精力放在扶贫开发上”。“十二五”期间，甘肃扶贫对象人均收入年均增长 14. 8%，高于全省农民人均收入增幅 2 个百分点；贫困人口由 2011 年年底的 842 万人减少到 2015 年年底的 295 万人，累计减贫 547 万人，年均减贫 109 万人；贫困发生率由 40. 5% 下降到 14. 2%，年均降低 6 个百分点以上。贫困群众的获得感和幸福感明显增强，生产生活条件显著改善。但甘肃贫困面大、贫困人口多、贫困程度深的状况尚未根本改变。2015 年年底，甘肃贫困人口规模仍然位居全国第七，贫困发生率位居全国第二，农民人均可支配收入位居全国倒数第一，剩余贫困人口的减贫成本更高、脱贫难度更大，贫困面大、贫困人口多、贫困程度深的状况尚未根本改变。

一、甘肃省贫困地区现状分析

（一）甘肃省经济社会发展概况

甘肃，古属雍州，地处黄河上游，它东接陕西，南控巴蜀青海，西倚新疆，北扼内蒙古、宁夏，是古丝绸之路的锁匙之地和黄金路段。甘肃海拔大多在1000米以上，四周为群山峻岭所环抱。甘肃东南部的天水市和陇南地区，是历史悠久、山川锦绣、物产丰富、气候宜人、民俗奇特的天然膏沃之地，有“小江南”之称。和天水、陇南相邻的甘南、临夏两自治州，是藏、回、东乡、保安、撒拉等少数民族的集聚地，有独具一格的民情和风俗。甘肃东部的庆阳、平凉地区，是具有悠久革命历史的老区。河西走廊是甘肃著名的粮仓，也是昔日铁马金戈的古战场和古丝绸之路的交通要道。

2016年甘肃省生产总值7152.04亿元，比上年增长7.6%。其中：第一产业增加值973.47亿元，增长5.5%，第二产业增加值2491.53亿元，增长6.8%，第三产业增加值3687.04亿元，增长8.9%。2016年甘肃省生产总值排在全国31个省市自治区的第27位，发展水平远远落后于全国平均水平。如表2—1所示，城镇居民与农村居民人均可支配收入仅占全国比重的6.43%和0.32%，居民消费价格指数的比重为负数，表明整体经济发展水平低是甘肃贫困问题的现状之一。以农村居民人均可支配收入为例，如表2—2显示甘肃地区经济社会发展极度不平衡，甘南州、临夏州、陇南市、定西市等地区远远落后于兰州市、嘉峪关市等地区，这些地区也是甘肃贫困问题比较集中的区域。总体而言，甘肃省是一个发展潜力和困难都比较突出、优势和劣势都比较明显的省份。

表 2—1 2016 年甘肃省主要指标占全国的比重

指　标	甘　肃	占全国的比重（%）
生产总值（亿元）	7152.04	0.96
第一产业	973.47	1.53
第二产业	2491.53	0.84
工业	1729.00	0.70
建筑业	776.35	1.57
第三产业	3687.04	0.96
固定资产投资（亿元）	9534.10	1.60
房地产开发	850.03	0.83
社会消费品零售总额（亿元）	3184.39	0.96
粮食产量（万吨）	1140.59	1.85
天然原油产量（万吨）	801.24	4.01
天然气产量（亿立方米）	1.05	0.08
发电量（亿千瓦小时）	1214.33	1.98
粗钢产量（万吨）	628.36	0.78
十种有色金属产量（万吨）	374.59	7.05
城镇居民人均可支配收入（元）	25693.57	6.43
农村居民人均可支配收入（元）	7456.96	0.32
居民消费价格指数（上年＝100）	101.3	-0.7
工业生产者出厂价格指数（上年＝100）	94.9	-3.7
工业生产者购进价格指数（上年＝100）	94.6	-3.4

表 2—2　地区农村居民人均可支配收入

地　区	2016 年（元）	比上年增长（%）
兰州市	10390. 7	8. 0
嘉峪关市	16462. 3	7. 1
金昌市	12284. 1	7. 2
白银市	7623. 1	7. 9
天水市	6499. 2	8. 2
武威市	9783. 9	7. 5
张掖市	11645. 6	7. 6
平凉市	7008. 1	7. 8
酒泉市	14596. 0	7. 3
庆阳市	7479. 8	7. 7
定西市	6288. 8	8. 0
陇南市	5858. 6	8. 4
临夏州	5680. 4	8. 3
甘南州	6414. 1	8. 2

（二）甘肃省贫困地区分布及分析

甘肃全省共有 12 个市、2 个自治州，86 个县（市、区），其中 4 个县级市、59 个县、7 个民族自治县、16 个市辖区。在 86 个县（市、区）中有 58 个县是国列和省列贫困县，其中国家扶贫开发重点县（不含市辖区）41 个，占全国扶贫开发县的 6. 93%（国家扶贫开发重点县 592 个），占甘肃全省县（市、区）的 47. 67%。如表 2—3 所示，甘肃实施精准扶贫以 58 个片区县为主战场，兼顾 17 个“插花型”贫困县，对 225 个特困带和 6220 个贫困村、97 万贫困户、417 万贫困人口统一识别、精准管理。甘肃省贫困县、贫困村、贫困人口分布情况如表 2—4 所示，从中我们可以看出，贫困人口的分布呈现为全省分散、区域集中的格局，分布于全省各地。天水市、定西市、陇南市、甘南州和临夏州集中了全省大

表 2—3　甘肃省贫困县分类统计表

市州（县区）	所辖县市区(86 个)	其中贫困县（75 个）国家集中连片特殊困难地区贫困县(58 个)		插花型贫困县（省扶县）（17 个）
		国家扶贫工作重点县(43 个)	仅是国家片区县(15 个)	
临夏州（8 个）	临夏市、临夏县、康乐县、永靖县、广河县、和政县、东乡县、积石山县	临夏县、康乐县、永靖县、广河县、和政县、东乡县、积石山县	临夏市	
定西市（7 个）	安定区、通渭县、陇西县、渭源县、临洮县、漳县、岷县	安定区、通渭县、陇西县、渭源县、临洮县、漳县、岷县		
庆阳市（8 个）	西峰区、庆城县、正宁县、环县、华池县、合水县、宁县、镇原县	环县、华池县、合水县、宁县、镇原县	庆城县、正宁县	西峰区
天水市（7 个）	秦州区、麦积区、清水县、秦安县、甘谷县、武山县、张家川县	清水县、秦安县、甘谷县、武山县、麦积区、张家川县		秦州区
平凉市（7 个）	崆峒区、泾川县、灵台县、庄浪县、静宁县、崇信县、华亭县	庄浪县、静宁县	崆峒区、泾川县、灵台县	华亭县、崇信县
兰州市（8 个）	城关区、七里河区、安宁区、西固区、红古区、永登县、皋兰县、榆中县	榆中县	永登县、皋兰县	七里河区
白银市（5 个）	白银区、平川区、靖远县、景泰县、会宁县	会宁县	靖远县、景泰县	白银区、平川区
武威市（4 个）	凉州区、民勤县、古浪县、天祝县	古浪县、天祝县		民勤县、凉州区
陇南市（9 个）	武都区、成县、徽县、宕昌县、西和县、两当县、文县、康县、礼县	武都区、宕昌县、西和县、两当县、文县、康县、礼县	成县、徽县	
甘南州（8 个）	迭部县、碌曲县、玛曲县、临潭县、舟曲县、卓尼县、夏河县、合作市	临潭县、舟曲县、卓尼县、夏河县、合作市	迭部县、碌曲县、玛曲县	
张掖市（6 个）	甘州区、肃南县、山丹县、民乐县、高台县、临泽县			甘州区、肃南县、山丹县、民乐县、高台县
酒泉市（7 个）	玉门市、敦煌市、肃州区、瓜州县、金塔县、肃北县、阿克塞县			玉门市、瓜州县
金昌市（2 个）	永昌县、金川区			永昌县
嘉峪关市	—	—	—	

数据来源：甘肃省扶贫开发办公室 2016 年信息公开。

部分的贫困人口，是甘肃扶贫攻坚的重点地区。国家确定的41个贫困县中有16个县在陇南、甘南和临夏地区，甘肃省确定的8个攻坚县中有7个县也在这一区域，所以“两州一市”成了扶贫建设的重中之重。随着扶贫攻坚的不断推进，深度贫困地区成为社会发展短板中的短板，成为扶贫开发最硬的骨头，直接关系到全面建成小康共同目标能否实现。如表2—5所示，甘肃23个深度贫困县是甘肃精准扶贫的坚中之坚、重中之重。

表2—4　甘肃省贫困县、贫困村、贫困人口统计表

县村户	贫困县（个）		贫困村（个）	贫困人口		贫困发生率
行政区划	片区县	插花县		户（万）	人（万）	
合计	58	17	6220	100. 39	417. 47	224. 42%
陇南	9	0	1365	15. 82	64. 55	26. 01%
定西	7	0	869	15. 13	63. 4	23. 89%
甘南	8	0	284	2. 91	12. 44	21. 93%
临夏	8	0	560	9. 65	43. 26	24. 77%
庆阳	7	1	537	11. 82	47. 93	20. 87%
平凉	5	2	594	10. 04	40. 62	20. 86%
天水	6	1	1034	14. 95	67. 76	22. 08%
白银	3	2	295	6. 66	28. 7	21. 29%
武威	2	2	322	6. 7	25. 83	17. 53%
兰州	3	1	256	3. 79	13. 65	10. 86%
张掖	0	5	65	1. 17	3. 42	3. 41%
酒泉	0	2	24	1. 55	5. 28	8. 29%
金昌	0	1	15	0. 2	0. 63	2. 63%

注：贫困人口及贫困发生率为2014年年底数据，数据来源于精准扶贫大数据管理平台，数据截至2016年11月5日。

表 2—5 甘肃省深度贫困县统计表

行政区划	贫困县数量（个）	深度贫困县数量（个）	深度贫困县名单
全省	75	23	—
陇南市	9	5	宕昌县、西和县、礼县、文县、武都区
临夏州	8	3	东乡县、积石山县、永靖县
天水市	7	3	张家川县、秦安县、麦积区
定西市	7	3	通渭县、岷县、渭源县
甘南州	8	2	临潭县、舟曲县
庆阳市	8	2	环县、镇原县
平凉市	7	2	庄浪县、静宁县
白银市	5	2	会宁县、靖远县
武威市	4	1	古浪县
兰州市	4	0	—
张掖市	5	0	—
酒泉市	2	0	—
金昌市	1	0	—
嘉峪关市	—	—	—
说明：全省 23 个深度贫困县全部为 2011 年国家确定的集中连片特殊困难地区贫困县（简称片区县），除靖远县外其他 22 个深度贫困县均为 2002 年国家确定的扶贫开发工作重点县（简称重点县）。			

（三）甘肃省贫困特点和原因分析

近年来，从甘肃省农业发展和民生改善等方面来看，甘肃省农村贫困问题得到一定的缓解，农村人口收入水平增速稳定，医疗卫生环境以及住房条件等方面有了明显的改善。但同时也存在新的问题，需要不断挖掘和分析致贫原因。

1. 甘肃省贫困特点

（1）贫困人口多，贫困程度深，扶贫攻坚任务艰巨。我省是全国脱贫攻坚的主战场之一，是全国唯一地处青藏、黄土和内蒙古三大高原交会处的省份，是典型的“十年九旱”省份，70% 以上都是山地、沙漠和高原，一些地方甚至不具备人类生存的基本条件。截至 2015 年年底，全省贫困人口规模仍然位居全国第七，贫困发生率位居全国第二，农民人均可支配收入位居全国倒数第一，剩余贫困人口的减贫成本更高、脱贫难度更大，贫困面大、贫困人口多、贫困程度深的状况尚未根本改变。同时，扶贫开发投入和需求的矛盾异常突出，到“十三五”末实现整体脱贫的任务十分艰巨。

（2）基础设施欠账大，扶贫成本高。贫困人口绝大多数集中在自然条件差、生存环境恶劣的边远贫困山区，位置偏僻，居住分散，扶贫成本高、难度大。由于长期投入不足，全省贫困地区基础设施建设和社会事业发展严重滞后。截至“十二五”末，全省还有 18% 的建制村没有通沥青（水泥）路，16. 6 万农户危房需要改造。农村劳动力平均受教育年限低于全国平均水平，9% 的贫困村没有标准化卫生室，45. 9% 的贫困村没有综合性文化活动中心，基础设施和公共服务成为脱贫攻坚的两大短板。

（3）社会事业发展严重滞后，自我发展能力较低。教育、文化、医疗卫生等社会事业发展严重滞后，贫困群众受教育程度偏低，在贫困乡村的 132. 5 万劳动力中，高中及以上文化程度的占 11. 7%，初中文化程度的占 30. 3%，小学文化程度的占 44. 3%，劳动力素质整体低下，技能型劳动力十分短缺，群众自我发展能力不足，能力性贫困问题突出。

（4）自然灾害频发，扶贫成果巩固难度大。我国的贫困地区与生态环境脆弱地带多半高度相关，贫困人口分布与生态环境脆弱区地理空间分布高度一致，自然灾害与农村贫困呈正相关关系。甘肃贫困地区主要集中在大山、高原、沙漠、戈壁、冰川以及永久性积雪地域，自然环境比较恶劣，自然灾害具有种类多、分布广、频率高等特点。近年来，甘肃贫困地区暴雨、山洪、泥石流和干旱、雹灾、低温、霜冻等自然灾害日益频繁。平均每年因自然灾害造成的经济损失要占本区域 GDP 的 10%—20%。2010 年 8 月 8 日，甘肃舟曲地区因强降雨引发滑坡泥石流，造成 1447 人伤亡，多人失踪，电力、交通、通信中断。灾区的大量房屋倒塌，基础设施遭到严重的破坏，此次灾害造成交通设施损失超过 20 亿元，恢复交通重建所需资金超过 120 亿元。

加之基础设施薄弱，农业生产条件并无根本性改变，一旦遇自然灾害后返贫率急剧上升。即便是实现了脱贫的家庭，也只是刚刚脱离绝对的生存性贫困，家庭收入仅跨过贫困线而已。由于自身尚未形成抵御任何风险的积蓄和能力，每年因天灾人祸、市场变化等因素影响，“返贫”现象难以避免。临夏回族自治州正常年景返贫率 15%，灾害年景返贫率 45%①。

（5）县域经济发展滞后，扶贫资金缺口大。甘肃省工业基础薄弱，城镇化水平低，城乡二元结构特征十分明显，尚不具备工业反哺农业、城镇支持农村的大环境。贫困地区市县两级财政自给能力弱，对基础设施建设和扶贫开发的投入十分有限。到 2015 年年底，片区 1365 个建档立卡贫困村中还有 927 个村尚未实施整村推进项目。“十二五”期间，片区年均财政专项扶贫投入仅 3. 84 亿元，扶贫攻坚任务重与扶贫投入不足的矛盾仍很突出。

2. 甘肃省致贫原因分析

导致甘肃贫困的因素主要包括自然、经济、文化、政策因素四个方面。

（1）自然因素。甘肃农村贫困最直接的原因在于自然条件恶劣，生态环境脆弱，生存环境严酷。以定西为代表的中部干旱地区，属于黄土高原干旱半干旱气候类型，突出特征是严重干旱缺水，植被稀少，水土流失严重，是黄河流域乃至全国水土流失最严重、干旱程度最深的地区之一。以陇南、临夏、甘南等市州为主的南部高寒阴湿及少数民族地区，是黄土高原、青藏高原、西秦岭山地的交汇地带，山大沟深坡陡，土地

① 中国西部旱码头——临夏回族自治州［EB/OL］.http：//www.mzb.com.cn/html/folder/160139017-1.htm，2015-07-20.

贫瘠，气候寒冷阴湿，冻、旱、涝、雹和滑坡泥石流等灾害频繁，地形条件恶劣，交通极为不便，是全省贫困程度最深、剩余贫困人口最多的地区。甘肃贫困地区还面临着水资源严重匮乏的威胁，如甘肃陇中经济区的会宁县，当地就存在着“十年九旱”“水贵如油”的说法。贫困地区也是自然灾害发生率最高的地区，一般常见的有洪、旱、霜、雹、震、病等多种自然灾害，而且受灾程度非常严重，有时会出现粮食绝收的现象，严重制约了当地经济的发展。

（2）经济因素。经济基础薄弱，基础设施差。陇南、甘南、临夏农村地区经济基础薄弱，基础设施落后，特别是与农业生产息息相关的水利设施、能源、交通、信息条件等远远不能满足农业生产发展的需求。农业生产水平低，非农产业发展落后，地方财政入不敷出，经济发展的启动力严重不足。教育落后，卫生条件差，人口增长过快，劳动力素质低下，农民的人力资本投入不足，导致农民文化素质偏低，严重地影响了对先进的农业技术的接受能力，科学技术转化为现实生产能力的效率不高，最终影响了农民收入的增长。产业结构单一，农民增收难度大。贫困地区，尤其是特困地区，第一产业的增加值在GDP中的比重通常是居高不下，呈现出一种超稳定的产业结构。农村贫困地区产业结构单一，在农业与非农产业上，农业比重偏高，非农产业比例偏低；在农业生产内部，粮食生产占主导地位，经济作物生产比例极低。而现阶段，贫困地区农民收入主要来自两个方面：一方面是家庭种植、养殖业收入；另一方面是打工劳务收入。

（3）文化因素。贫困地区的普遍特征主要表现在两个方面：一方面是农村人口尤其是农村劳动力人口文化程度低。与此同时，综合素质较高的青壮年农民由于大批外出打工，致使留在农村的老、弱、妇、幼人口所占比例较大，从而使长期滞留于乡村的农民整体素质下降，在接受、理解、掌握及推广应用新的科学技术和新工艺方面有很大局限性，要使这部分人综合素质有明显提高较为困难。另外，民族地区人口居住分散，不易集中，开展各项教育活动客观上难度较大。这些实实在在的困难与问题，都严重制约着农民素质的提高，进而制约着新农村建设的步伐。另一方面，农村劳动力普遍缺少必要的技术培训，从而造成农业产出水平和经济效益较低，也使剩余劳动力在向非农业部门转移的时候，很难进入技术含量高、收益好的就业领域，无法获得较高的劳动收入，这些又最终影响到农村剩余劳动力的转移。

（4）政策因素。与传统的非农偏好政策相对应，中国实行的是城乡分离的二元体制，这是农民非农就业和增收的最大阻碍。城乡分离的二元体制阻碍了农民非农就业。中国农村存在大量剩余劳动力，其顺利转移成为农民增加收入、摆脱贫困的重要手段。然而，二元分割的城乡结构阻碍了这种转移。城乡分离的户籍制度限制农村剩余劳动力只能做不规则转移，只能作为城市就业的一个补充。农村剩余劳动力不能有效进入统一的劳动力大市场，歧视甚至排斥农民工的现象十分突出，农民在就业问题上始终处在一个弱势地位，只能停滞在一些脏、累、差、技术含量极低的岗位上，成为在城市的夹缝中求生存的“边缘群体”和“弱势群体”，农民工作为劳动力的基本权益常常难以保障。中国在公共服务方面实行的是城乡分离的二元体制，即城市公共产品供给主体是国家，而农村公共产品供给主体则是农民自己。中国农村公共产品供给体制最大的弊端是加重了农民负担，以制度外筹资为主的农村公共产品供给体制使地方具有不断增加农民负担的压力。因此，中国农民负担问题实质上是农村公共产品供给体制的问题。

二、甘肃省贫困地区生产生活状况

（一）贫困人口年龄结构与贫困现状

甘肃省14个市、州，65岁及以上人口比重在10%以上的有7个，老年人口抚养比超过甘肃平均水平的有7个，其中定西、临夏、陇南分别为14.43%、14.5%、14.73%。由此可见，甘肃省贫困地区劳动力老龄化程度也是显著的。年龄是进行人口学分析的基本指标，在家庭内部，成员之间年龄结构分布的均衡与否对于家庭发展至关重要。一个家庭非劳动人口即被抚养的儿童人口数和赡养的丧失劳动能力的老年人口数越多，对于家庭发展越不利。“十二五”期间，人口结构不断变化，出生人口性别比连续下降，60岁及以上老年人口占比达到16.1%，15—59岁劳动年龄人口于2011年达到峰值后持续下降，家庭户均人口规模减小，劳动年龄人口平均受教育年限达到10.23年。相对比人口发展平均水平，人口老龄化问题严重制约了社会可持续发展，是一个亟待面对的严肃课题。2015年年底，全省60岁以上老年人389.35万人，占常住人口的14.99%。预计到2020年，全省60岁以上老年人将超过435万人，人口老龄化程度将进一步加深。同比，甘肃农村贫困地区人口年龄结构失衡严重，极大地制约了扶贫攻坚工作的推进。不断增长的劳动人口老龄化问题，如果没有相关配套体制必将拖累扶贫开发的成效。贫困地区劳动力转移所造成的人力资源短缺的矛盾将长期存在，人口老龄化的增长对扶贫发展造成巨大压力。

（二）农业发展与农村贫困现状

甘肃是一个农业大省，全省有70%以上的人口从事农业生产，足见作为第一产业的农业对甘肃省经济社会发展担负着重要作用，特别是对农村贫困人口摆脱贫困起着重要支撑作用。在从事农业生产的人口中，有80%的农业人口分布在生态环境脆弱、自然资源紧缺、自然灾害频繁发作的深度贫困地区。这些地区不仅自然灾害频繁发作，而且灾损率高，农业发展水平低，严重地影响了当地贫困问题的解决和农民收入水平的不断提高。表2—6显示可见，2016年甘肃省第一产业农业增加值973.5亿元，在全国31个省（市、自治区）中位列第23位，比2015年增长5.5%，增幅排名为第4。由此可见，甘肃作为农业大省，但农业发展水平远远落后于其他省份，成为甘肃农村贫困落后的一个重要原因。在发展投资过程中，甘肃在第一产业的固定投资方面呈现逐年递增的趋势，但远远低于第二产业和第三产业的投资力度（见图2—1）。

表 2—6　2016 年全国第一产业增加值

地区	第一产业（亿元）	位次	比上年增长（%）	位次
全国	63671		3.3	
北京	129.6	29	-8.8	31
天津	220.2	28	3.0	23
河北	3492.8	8	3.5	19
山西	784.6	25	2.9	25
内蒙古	1628.7	20	3.0	23
辽宁	2173.0	14	-4.6	29
吉林	1498.5	21	3.8	16
黑龙江	2670.5	10	5.3	6
上海	109.5	30	-6.6	30
江苏	4078.5	3	0.7	28
浙江	1966.5	15	27	26
安徽	2567.7	11	2.7	26
福建	2344.1	12	3.6	18
江西	1904.5	16	4.1	10
山东	4929.1	1	3.9	14
河南	4286.3	2	4.2	9
湖北	3499.3	7	3.9	14
湖南	3578.4	6	3.3	21
广东	3693.6	5	3.1	22
广西	2798.6	9	3.4	20
海南	970.9	24	4.1	10
重庆	1303.2	22	4.6	7
四川	3924.1	4	3.8	16
贵州	1846.5	17	6.0	1
云南	2195.0	13	5.6	3
西藏	105.0	31	4.0	12
陕西	1693.8	18	4.0	12
甘肃	973.5	23	5.5	4
青海	221.2	27	5.4	5

续表

地区	第一产业（亿元）	位次	比上年增长（%）	位次
宁夏	240.0	26	4.5	8
新疆	1649.0	19	5.8	2

数据来源：甘肃省 2016 年国民经济和社会发展统计公报。

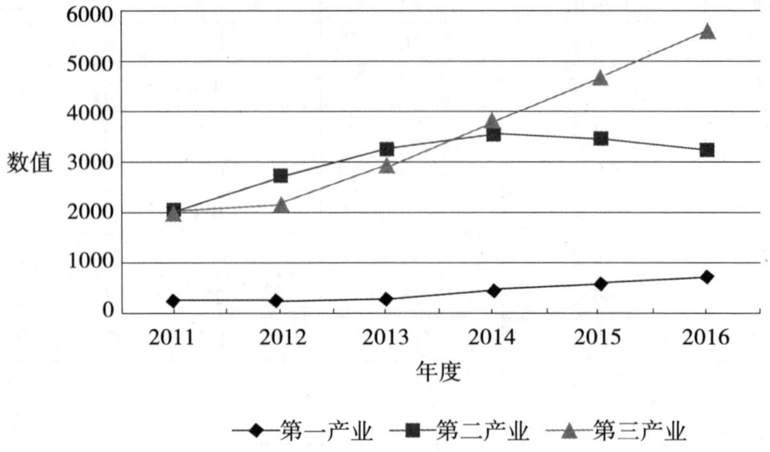

图 2—1　2011—2016 年甘肃省三产固定投资（单位：亿元）

数据来源：甘肃省 2015 年、2016 年国民经济和社会发展统计公报。

（三）农村居民人均可支配收入与农村贫困现状

根据图 2—2、图 2—3 所示，2016 年甘肃省农村居民人均可支配收入为 7456.9 元，而且从 2011 年以来，甘肃省农村居民人均可支配收入逐年增加，尤其在 2015 年增长率达到 21%，但 2016 年增速开始放缓。甘肃省统计数据显示，2016 年甘肃省农村居民人均可支配收入增长率仅为 7.5%，甘肃位列全国排位末尾，这也反映出甘肃农村的贫困现状的深度和广度。与属于六盘山连片特困地区的青海、宁夏、陕西相比，甘肃省农村居民人均可支配收入分别约低 1208 元、2395 元和 1940 元，与经济发达的江苏省、浙江省和山东省相比，收入仅占三省的 42.3%、32.6%

和 53. 4%。显然与经济发达省份的收入差距十分巨大，农村居民人均可支配收入直接反映出甘肃农村贫困问题的严峻性。

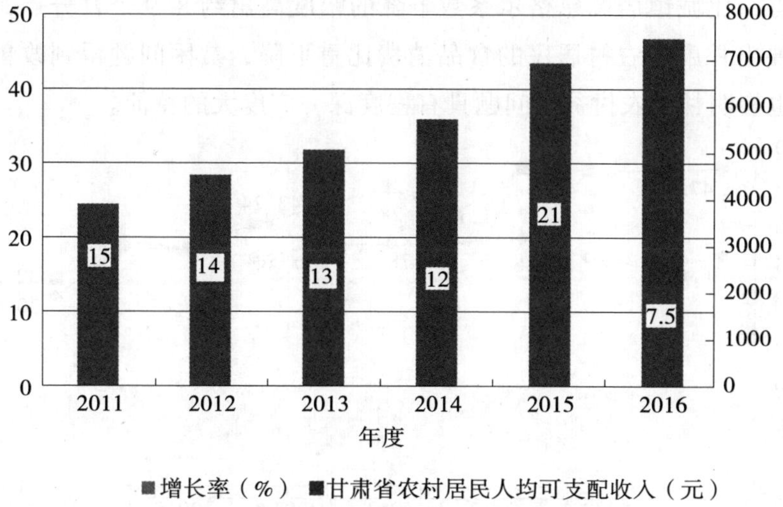

图 2—2 2011—2016 年甘肃省农村居民人均可支配收入

数据来源：甘肃省 2015 年、2016 年国民经济和社会发展统计公报。

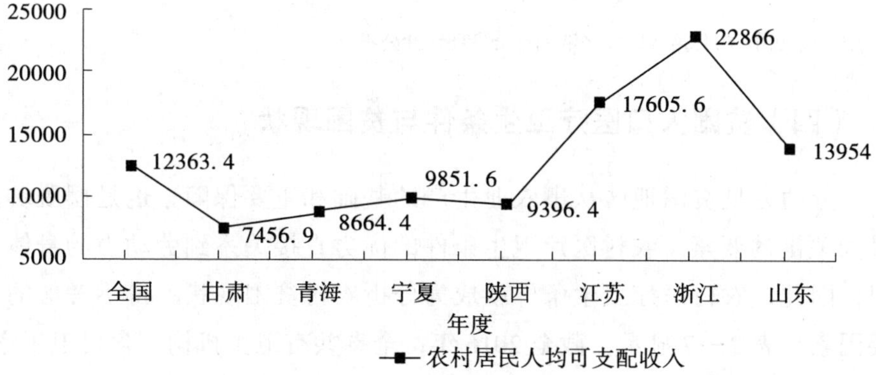

图 2—3 2016 年部分省份农村居民人均可支配收入对比（单位：元）

数据来源：甘肃省 2016 年国民经济和社会发展统计公报。

从 2008 年开始，甘肃省农村居民恩格尔系数递减趋势明显，但农村居民恩格尔系数一直高于城镇居民恩格尔系数。从图 2—4 可见，在 2005—2015 年的 10 年间，甘肃省农村居民恩格尔系数下降了约 14. 4 个百分点，比城镇居民恩格尔系数下降的幅度高出约 8. 9 个百分点，从侧面反映出甘肃省农村居民的食品消费比重下降，贫困问题得到改善，但同时也表明甘肃农村贫困问题具有程度深、广度大的特征。

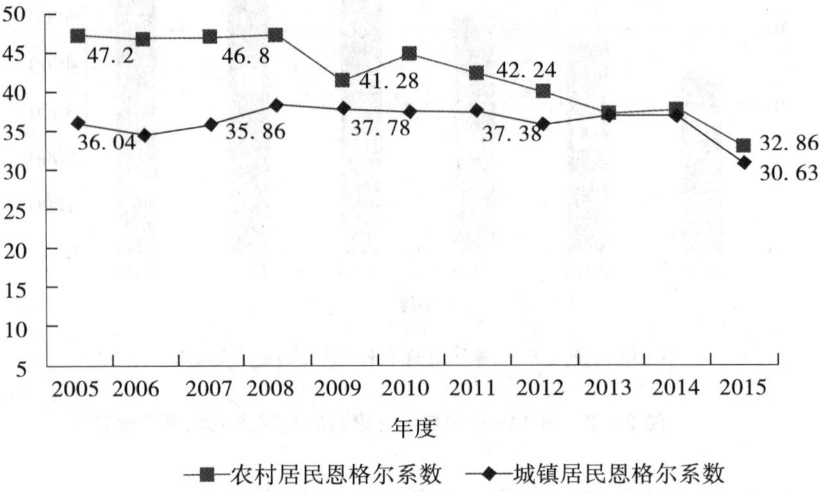

图 2—4　甘肃省城乡居民恩格尔系数变化趋势图

数据来源：2016 年甘肃省国民经济和社会发展统计公报。

（四）贫困人口医疗卫生条件与贫困现状

劳动力是贫困地区从事农业生产的基础和重要保障，也是摆脱贫困最为关键的要素。农村医疗卫生条件的优劣直接关系到劳动力的身体状况，因此，农村医疗卫生条件就成为分析农村贫困现状不得不考虑的重要因素。表 2—7 显示，截至 2016 年，全省共有卫生机构（含村卫生室）28144 个，医院 446 个，卫生院 1376 个。另外，社会卫生服务中心 582 个，诊所、卫生所、医务室合计 7004 个，卫生技术人员达 13. 5 万人[①]。在

① 数据来源：据甘肃省统计局《甘肃发展年鉴 2017》相关数据整理而来 .http://www.gstj.gov.cn/tjnj/2017/index.asp?classid=70.

陇南市、临夏州、定西市、甘南州等农村贫困人口集中地区，卫生医疗机构数得到了相当一部分保证，尤其是乡镇卫生院的数量有所增加，确保了一部分农村贫困人口有地方看病，充分享受社会医疗服务的权利。

表 2—7 2016 年甘肃省各地区卫生机构基本情况

地区	卫生机构数（个）		
	总数	医院	卫生院
兰州市	2371	93	67
嘉峪关市	118	5	3
金昌市	558	13	12
白银市	1385	33	74
天水市	3576	37	132
武威市	2065	20	107
张掖市	1588	40	91
平凉市	2700	38	108
酒泉市	956	30	75
庆阳市	1946	28	125
定西市	2787	37	138
陇南市	5163	27	216
临夏州	2035	26	128
甘南州	899	19	100
合计	28144	446	1376

数据来源：2016 年甘肃省国民经济和社会发展统计公报。

到 2016 年年末，甘肃省所有地区包括各级县市区，实现了新型农村合作医疗的全面覆盖，参合率达 99. 7%，已经基本做到“无人不参合”。表 2—8 显示，2016 年全省共筹集资金 107. 20 元，共有 4517 万人次从中受益。同时，2016 年新型农村合作医疗基金支出 99. 77 亿元，占年度新农合筹资总额的 93. 07%[①]。对比发现，在贫困比较集中的天水市、庆阳市、定西市、陇南市等贫困地区，参加新农村合作医疗的人数比较多，而且补

① 数据来源：据甘肃省统计局《甘肃发展年鉴 2017》相关数据整理而来 .http://www.gstj.gov.cn/tjnj/2017/index.asp?classid=70.

偿受益的人次数量比较大。可见，新型农村合作医疗制度确保了一部分农村贫困人口有条件看病，保障了贫困人口的医疗卫生的权利需求。

表 2—8　2016 年甘肃省各地区新型农村合作医疗基本情况

地　区	开展新农合县（市、区）（个）	参加新农合人数（万人）	补偿受益人次（万人次）	本年度筹资总额（万元）
甘肃省	86	1897. 85	4712. 76	1071953
兰州市	7	113. 04	123. 07	63991
嘉峪关市	1	1. 98	6. 48	1235
金昌市	2	22. 27	17. 72	12491
白银市	5	122. 01	383. 60	68038
天水市	7	284. 72	996. 15	160978
武威市	4	139. 71	536. 86	78923
张掖市	6	94. 46	307. 20	52918
平凉市	7	173. 82	457. 25	97851
酒泉市	7	62. 25	141. 40	34985
庆阳市	8	214. 40	401. 43	121993
定西市	7	233. 83	432. 87	132074
陇南市	9	225. 00	429. 10	128882
临夏州	8	157. 63	307. 27	87924
甘南州	8	52. 72	64. 37	29672

数据来源：2016 年甘肃省国民经济和社会发展统计公报。

（五）贫困人口教育文化水平与贫困现状

教育程度的高低是衡量一个人人力资本积累的重要指标。通常来说，教育程度越高，人力资本积累越丰富，越能在生产中从事相对较高水平的工作，获取收入的能力也较强，在面临风险时，防范和化解风险的能力也越强。数据显示，贫困人口的家庭受教育程度普遍偏低，首先集中在小学及文盲水平的，占贫困人口总体的 77. 1%，其次是初中文化程度的，占 14. 3%，高中（高职）的仅有 2 人，占比 5. 7%，学龄前儿童有 1 人，本科及以上高层次人才缺失。不仅如此，绝大部分家庭劳动人口由于自身受教育水平较低，对于外来信息获取渠道狭窄，消化吸收能力弱，因此，造成有岗位却无人能够胜任现象。政府虽有进行相应的技能培训，但大多围绕种植业、养殖业等领域，培训层次较低，对一些技术要求较高的工种依旧不能胜任，虽有进行培训，但大多培训时间短、缺乏系统的学习和实践操作，造成技能不足，持续性不强；此外，由于一些贫困户文化水平低，看问题的目光短浅，缺乏主动脱贫、发展进取的意识，认为进行扶贫帮扶是政府理所应当的事情，完不成任务影响政府政绩考核，“等、靠、要”的脱贫思想在一定程度上加大了政府工作难度，也造成了贫困户与非贫困户间矛盾重重。

在“十三五”期间，对于甘肃，一个重要问题就是如何进一步提高人口素质，改变教育发展中的结构性缺失问题，通过提高贫困人口教育文化水平改善甘肃的贫困现状。根据相关年鉴资料整理（表 2—9），作为经济欠发达省份的甘肃，广播人口覆盖率和电视人口覆盖率已经达到 98% 以上，学龄儿童入学率实现 99. 8%。2016 年农村居民家庭人均投入在教育文化方面达 965. 5 元，比 2015 年提高 13. 1%。

表 2—9　甘肃省人民文化教育基本情况

项　目	年　度					
	2011	2012	2013	2014	2015	2016
文化						
城镇每百户有彩色电视机（台）	110. 0	106. 7	108. 2	100. 6	102. 2	104. 6
农村每百户有彩色电视机（台）	104. 0	104. 4	106. 3	105. 9	109. 8	109. 0
广播人口覆盖率（%）	93. 47	93. 70	96. 89	97. 69	97. 89	98. 01
电视人口覆盖率（%）	93. 72	94. 05	97. 56	98. 04	98. 35	98. 47
教育						
学龄儿童入学率（%）	99. 46	99. 56	99. 68	99. 78	99. 80	99. 83
每万人口中在校学生数（人）	149	158	168	172	175	173

数据来源：2016 年甘肃省国民经济和社会发展统计公报。

一般来说，教育水平凹地必然也是经济贫困地区，反之亦然。摆脱经济贫困的必经途径就是提升贫困地区的教育文化水平。“十二五”期间，甘肃贫困地区的教育资源得到大幅提升。农村学前教育基本实现全省乡镇，58个贫困县1500人以上行政村，17个插花型贫困县行政村、革命老区和藏区有需求的行政村幼儿园“五个全覆盖”。另外，通过表2—10可见，地区的文化事业与社会经济发展状况息息相关。甘肃贫困集中地区临夏州、陇南市、甘南州的文化事业单位近几年有所增加，公共图书馆的数量居于省内领先，但图书馆的藏书量却远远低于其他相对发达的地区，这也从侧面反映出经济贫困现状对于文化事业的影响。

表2—10　2016年甘肃省各地区文化事业基本情况

地　区	文化事业机构数（个）	文化事业人员数（人）	文化部门事业单位数（个）						公共图书馆藏书量（万册、件）
			合计	文化馆、艺术馆	公共图书馆	博物馆	艺术表演场所	艺术表演团体	
兰州市	685	5464	45	9	8	11	1	4	74.65
嘉峪关市	104	1101	2	1	2	5	1		22.31
金昌市	109	937	31	3	4	5			54.56
白银市	381	4261	9	6	6	9		1	63.75
天水市	384	3435	67	8	8	9	2	4	61.75
武威市	344	2507	24	5	5	10	1	1	27.00
张掖市	395	2554	3	8	7	12		2	47.25
平凉市	372	3076	48	8	8	12	4	3	58.31
酒泉市	445	2871	36	8	8	9	4	4	44.90
庆阳市	475	5949	54	9	9	16		4	43.42
定西市	423	3706	55	8	8	12	1	4	57.60

续表

地区	文化事业机构数(个)	文化事业人员数(人)	文化部门事业单位数(个)						公共图书馆藏书量(万册、件)
			合计	文化馆、艺术馆	公共图书馆	博物馆	艺术表演场所	艺术表演团体	
陇南市	574	3878	45	10	10	11	2	6	67.97
临夏州	390	2402	65	9	9	13	1	1	31.16
甘南州	266	1774	27	9	9	13		8	30.7

数据来源：2016年甘肃省国民经济和社会发展统计公报。

三、甘肃省贫困地区耕地资源与社会资本情况

对于贫困人口而言，可持续脱贫的发挥离不开外部资源的扶持性和社会资本的保障性，主要涵盖贫困地区自然资源占有及利用情况、公共服务供给和分配状况、扶贫项目衔接及实施情况等。

（一）贫困地区耕地资源及利用方式状况

耕地是农业发展必不可少的条件之一，也是大多数农民取得收入的主要途径。由于贫困人口居住区域存在特殊性，多位于土壤条件相对较差，可供开发利用的耕地面积狭小的地区，有的地区人均耕地面积尚不足1亩，而且农作物种植结构较单一，土地易遭受洪涝等自然灾害侵袭，导致人均耕地粮食产量并不高。根据第二次全国土地调查数据显示，甘肃省耕地共541.02万公顷（8115.35万亩），其中，全省基本农田面积381.67万公顷（5725万亩）。由图2—5可见，甘肃省耕地面积比例仅占12.62%。全省耕地按区位划分，陇中黄土高原区耕地308.01万公顷（4620.29万亩），占56.93%；陇南山区耕地87.67万公顷（1314.99

万亩），占16. 21%；甘南高原区耕地19. 43万公顷（291. 48万亩），占3. 59%；河西区耕地125. 91万公顷（1888. 59万亩），占23. 27%。根据表2—11可见，甘肃各地的耕地面积分布不均匀，在贫困相对集中的市县，如定西市耕地的流失量与耕地增加量的比率最高达1∶9。

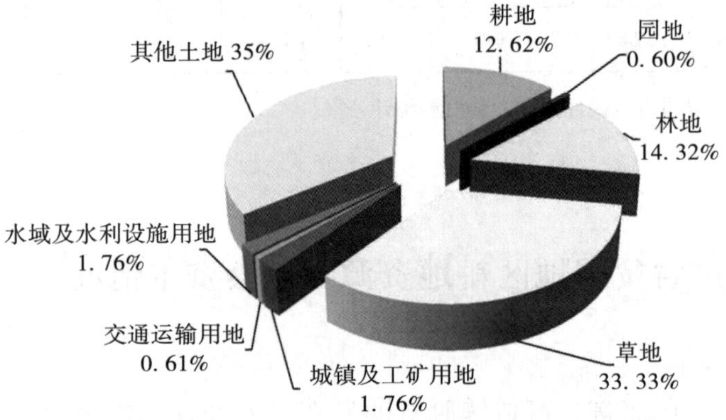

图2—5　2016年甘肃省要地类构成情况

数据来源：甘肃省国土资源厅2016年信息公开数据统计。

甘肃虽然人均耕地较多，但大部分耕地肥力不足，缺乏水源，生产条件恶劣，平均亩产量低。生产条件较好的大部分耕地主要分布在河谷川区和比较平坦的地带，但这些地带的耕地又是城镇、工矿建设主要用地。在23个深度贫困县中，低肥旱地占全县承包经营耕地总面积的74%，绝大部分旱地坡度均大于15度。耕地绝大部分主要用于种植小麦、玉米等粮食作物，经济作物的种植面积比例较小，有些地区甚至没有更多的开发。从耕地种植分类情况不难看出，贫困程度越深的地区农作物种植结构越单一，更易遭受自然灾害侵袭，进而表明家庭抵御风险的能力较弱。

表 2—11 2016 年甘肃省各地区耕地面积（公顷）

地 区	年初耕地面积	当年增加耕地面积	当年减少耕地面积	年末耕地面积
兰州市	206936	205	1877	205244
嘉峪关市	2976	—	—	2976
金昌市	67529	3340	—	70869
白银市	307600	542	6	308136
天水市	378761	201	375	378586
武威市	253915	245	87	254073
张掖市	267414	7911	2816	272509
平凉市	370571	184	386	370370
酒泉市	160949	138	587	160500
庆阳市	453333	1933	846	454420
定西市	513608	17	153	513471
陇南市	286463	99	541	286021
临夏州	144228	62	233	144057
甘南州	66562	361	167	6675

数据来源：甘肃省国土资源厅 2016 年信息公开数据统计。

（二）贫困地区农户收入与支出情况

收入和支出是反映农村农户经济条件好坏的“晴雨表”，收入来源的多样性和稳定性是生产经营等各项活动开展的基础，收入减去支出的剩余则是农户财产积累的重要衡量标准。通过对贫困地区农户收入与支出情况的调查如表 2—12 所示，不难发现：贫困户家庭年收入整体不高，在主要收入来源方面，排在前 3 位的依次是：就近或外出务工的劳务性收入；政府各项补贴带来的财政性收入；出售蔬菜、水果等农产品的生产性收入。而贫困户所拥有的财产性收入几乎没有，收入来源的外部性特征明显；在农户支出方面，排在前 3 位的依次是就医、盖房子和子女教育花费方面。尽管对于住房困难户有相应的财政拨款，但建房资金主要还是靠自家筹集和向亲朋好友借款，这种情况反而给农户带来了沉重的负担，不少农户都背负外债。收入来源的外部依赖性大，缺乏稳定的内生性机制，因此，造成扶贫成效具有不可持续性。稳定性缺乏，返贫反弹性高。

表 2—12　2016 年甘肃省农户主要收入、支出来源情况（%）

家庭主要收入来源			
出售粮食	出售蔬菜、水果等农产品	务工收入	政府补贴
8.1	12.4	35.8	16.77
家庭主要支出来源			
看病	盖房子	子女教育	生产费用
25.63	22.17	20.8	18.59

数据来源：农基调研数据和 2016 年甘肃省国民经济和社会发展统计公报。

（三）贫困地区养老、医疗等社会保障状况

公共服务的完善程度是衡量地区发展的重要指标，也是实现可持续扶贫的必要条件。它的有效供给和平等分配对贫困地区的经济社会全面发展起着不可替代的作用。甘肃社会保障基本涵盖养老、医疗、教育、就业、生育等方面，但覆盖的广度和深度难以满足贫困地区的实际需求，这在一定程度上造成了贫困现状的维持。以基本养老保险为例，2016 年甘肃省参加基本养老保险总人数为 1253.73 万人。如图 2—6 所示，其中参保人数比例最高的市州为天水市、庆阳市、陇南市，而甘南州和临夏州参保人数比例仅有 3% 和 8%。除去各市州人口基数差异和经济发展不平衡等因素外，贫困地区占有较少的基本社会保障资源也是造成各市州参保人数比例差异的重要因素。可见贫困问题越严重的地区所占的养老等基本社会保障资源越少，进而导致贫困问题不断加剧和深化。同时，针对贫困人口最需要的养老、医疗、教育等社会保障资源占有量太少，尤其是对患有重大疾病的贫困户而言，巨额的医疗支出占据了家庭支出的绝大部分，贫困人口的社会保障仅限于最低层次的养老保险、医疗保险，而一些大病保险、商业保险普及程度低，涵盖面狭窄，这恰恰是造成“因病致贫”“因病返贫”的重要根源。

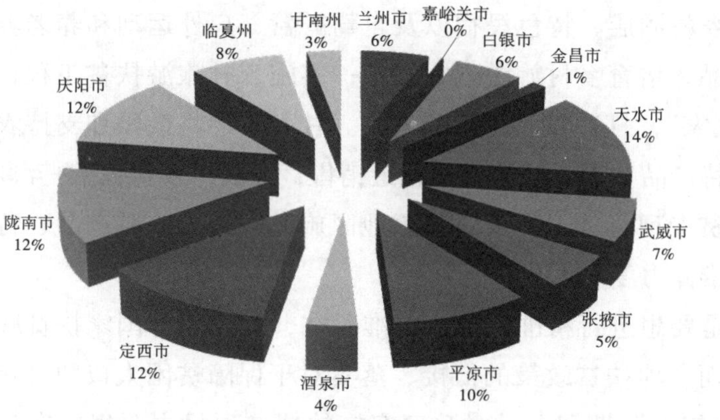

图 2—6 2016 年甘肃省各地区年末参加城乡居民基本养老保险人数比例

数据来源：2016 年甘肃省国民经济和社会发展统计公报。

（四）贫困地区扶贫项目参与及效果情况

党的十八大以来，甘肃省在“四个全面”理论的指导下，认真贯彻习近平总书记的精准扶贫思想，各级政府部门以由“输血”式减贫向“造血”式减贫的重大转变为己任，关注省内连片特困地区的精准扶贫问题，坚持扶贫开发项目与保护生态政策两手抓，努力实现扶贫开发政策与社会保障措施双管齐下，使社会、政府、市场一体化，理论创新、制度创新相结合，打赢这场扶贫攻坚战。甘肃省各级政府本着以党组织成员为核心，以政府为主导，以可持续发展与统筹兼顾为指导思想，根据各区块农村的贫困问题实际，因地制宜、创新发展扶贫新路子、新模式，鼓励农村贫困人口自力更生、艰苦创业，进而实现精准扶贫、精准脱贫。

“十三五”期间，甘肃将实施旅游扶贫工程、电商扶贫工程、光伏扶贫工程、资产收益扶贫试点工程、农村小水电扶贫工程五项新型产业扶贫项目，以拓展贫困人口增收途径，加快脱贫步伐。同时，甘肃省将对乡村旅游经营户实施改厨、改厕、改院落、整治周边环境工程，支持贫困村周边 10 千米范围内具备条件的重点景区基础设施建设；鼓励各类资本和大学生、返乡农民工等参与贫困村旅游开发；鼓励开发建设休闲农庄、乡村酒店、特色民宿以及自驾露营、户外运动和养老养生等乡村旅游产品，培育乡村旅游创客基地；实施森林旅游扶贫工程，鼓励发展“森林人家”，打造多元化旅游产品。甘肃省还将鼓励和支持农民将当地农副土特产品、手工艺品就地就近销售，开展“乡村旅游+互联网”万村千店扶贫专项行动，加大对贫困地区旅游线路、旅游产品、特色农产品等宣传推介力度。

但是要想进行精准扶贫、精准脱贫，就离不开国家扶贫政策的强力支撑，而各项扶贫政策的衔接、落实对于保障贫困人口脱贫有着重要作用。“十二五”期间，甘肃政府实施的扶贫项目主要集中在对贫困人口进行技术、技能培训；直接的资金帮扶；种子、农具补贴等方面，此外，还有开发农家乐和其他等扶贫项目。农家乐和生态游项目在甘肃扶贫项目中最具优势。以甘肃庄浪县为例，庄浪是国家扶贫开发工作重点县，也是全省 18 个干旱县之一。“十山九坡头，耕地滚了牛，麦子长得像马毛，亩产难过百斤”，曾经是当地农业生产的真实写照。目前，庄浪县坚持绿色发展理念，推进生态建设与产业富民、环境优化、旅游开发深度融合，走出了一条山青水碧、民富县强并行的科学发展道路。庄浪是农业部划定的全国为数不多的几个苹果优势产区。凭借这一优势，庄浪县将发展苹果主导产业，作为精准扶贫的主攻方向，作为推动县域经济发展的主引擎，同时衍生出山水生态游、乡村文化游等，如今已形成亮点。采摘园、农家乐、休闲农庄不断涌现，绿色产业已为当地带来生态红利。庄浪是甘肃众多贫困县探寻精准脱贫的一个缩影，但同时也存在项目效果的差异特性。纵观甘肃扶贫项目，由于贫困人口文化水平较低，扶贫项目主要围绕基础技能提升为主，扶贫项目在实施之初效果明显，特别是对于实施易地扶贫搬迁贫困农户而言，住房条件得到明显改善。但扶贫项目实施过程中，由于缺乏专门的房屋技术监管和评估，工程延期现象比较明显，而且在新居建成以后，贫困农户的家庭后续持续发展得不到保障，缺乏对于贫困户的脱贫情况跟踪，造成扶贫“新政策”不断出现，但贫困“老问题”依旧得不到解决的情况。

四、甘肃省贫困地区生态环境与生态形势

最贫困的人口往往生活在自然恢复能力最低、环境破坏最为严重的地区。生态环境的脆弱直接关乎贫困人口赖以生存的生计发展，关乎地区人口与经济、社会、环境的可持续发展。2011 年 11 月，国务院颁布的《中国农村扶贫开发纲要（2011—2020 年）》中明确提出，“坚持扶贫开发与生态建设、环境保护相结合，促进经济社会与人口环境相协调”①。贫困地区往往面临生态环境脆弱和贫困的双重压力，由于在我国自然条件恶劣、自然资源匮乏和生态环境脆弱并且遭受严重破坏的地区居住着大多数贫困人口，因此，贫困问题也是个生态环境问题。政府与学者在实现贫困地区的可持续发展，把扶贫和生态环境保护作为重要组成部分这一问题上已达成共识。② 分析贫困地区脆弱生态环境与贫困之间的关系，是统筹地区扶贫开发与生态环境保护，实现贫困地区经济可持续发展的重要前提。

（一）甘肃省地区生态概况及生态定位

1. 生态概况

甘肃地处黄土高原、青藏高原、内蒙古高原三大高原交会处，是亚欧大陆桥的战略通道和沟通西南、西北的交通枢纽，介于北纬 32° 11'~ 42° 57' 与东经 92° 13' ~108° 46' 之间，是我国唯一一个地处东部季风区、西北干旱区和青藏高原三大自然地理区的省份，地形复杂多样，山地和高原约占全省土地总面积的 70% 以上，生态环境十分脆

① 曹诗颂等. 秦巴特困连片区生态资产与经济贫困的耦合关系［J］. 地理研究，2015（7）：129.

② Lélé S M. Sustainable development：A critical review. World Development，1991，19（6）：607–621.

弱。从自然生态环境特点上看，甘肃可以划分为四大生态类型区，即陇中黄土高原区、河西地区、甘南高原区和陇南山区。陇中黄土高原地处甘肃省中东部，有着全省70%以上的耕地，但耕地主要为坡耕地，川塬地面积不到10%，过度开垦以及农林牧用地结构不合理，加之降水强度偏大，致使水土流失相当严重。极端脆弱的生态环境和严酷的自然条件，导致农业生产大起大落，粮食产量低而不稳，使甘肃成为多灾、低产的贫困地区。河西地区兼有三大自然区，即河东湿润、半湿润生态系统大区，河西有干旱、半干旱生态系统大区，青藏高原东北即高寒生态大区，具有自然生态环境条件总体上较差、水土流失和沙漠化较为严重等特点。由此可见，甘肃贫困地区的重要特征之一便是地区生态环境具有脆弱性，如表2—13所示，易遭受自然灾害的侵蚀。加之贫困地区交通不便，信息交流不对称，落后的生产、生活方式给地区生态带来巨大的压力，一旦扶贫载体失去承载能力，扶贫开发很容易陷入“贫困—生态破坏—自然灾害—返贫”的贫困怪圈之中，因此减缓了脱贫进程，加大了脱贫成本。

表2—13 甘肃省各区域生态环境脆弱度

地　区	脆弱度	地　区	脆弱度
兰州市	–0. 0095	陇南市	–0. 1932
嘉峪关市	0. 1249	张掖市	–0.1274
金昌市	–0. 0374	平凉市	–0. 3115
白银市	0. 6677	酒泉市	0. 4677
天水市	–0. 1780	庆阳市	0. 2417
武威市	–0. 2207	定西市	0. 5160
临夏州	0. 3102	甘南州	0. 5247

注：生态环境的脆弱性是各种生态因子之间交互作用、相互影响、彼此叠加的结果。数据越大，说明生态越脆弱。表中的白银市和定西市以及甘南州等均为正值，即这些地区的生态环境非常脆弱。

资料来源：甘肃科学院可持续发展研究组，《甘肃区域可持续发展报告》，甘肃出版社，2010。

根据《中国农村扶贫开发纲要（2011—2020年）》精神，按照“集中连片、突出重点、全国统筹、区划完整”的原则，国家在全国共划分了14个集中连片特殊困难地区。其中，六盘山片区涵盖甘肃47个县市区，秦巴山片区涵盖陇南市1区8县，这些区域是甘肃贫困地区主要的集中区域，也是研究甘肃贫困地区自然环境和生态特征的主要区域。六盘山片区内山地、平原、丘陵、河谷、盆地交错，地势起伏较大，海拔780—4636米，属冷温带半湿润气候向冷温带半干旱气候过渡区，年均降水量110—700毫米，年均蒸发量1300—2500毫米，年平均气温5.2℃—10.4℃，年无霜期130—230天。植被稀疏，森林覆盖率仅为18.38%，是黄河中上游水土流失严重区，也是地质灾害高发区。黄河干流及洮河、渭河、泾河等重要支流流经本区，水能蕴藏量大。矿产资源丰富、种类多，铜、铁、铅、锌、金、钒、钛、钼等有色金属矿产和煤炭、石油、天然气、石英石、石灰石等非金属矿产资源储量大。旅游资源和文化资源独特，具有较大开发潜力。秦巴山片区位于秦巴山区西北部、甘肃南部，东邻陕西，南接四川，地处中国大陆二级阶梯向三级阶梯的过渡地带，是秦巴山区、青藏高原、黄土高原三大地形交汇区域，西向青藏高原边缘过渡，北向陇中黄土高原过渡，南向四川盆地过渡，东部与西秦岭和汉中盆地连接。整个地形西北高东南低，西秦岭和岷山两大山系分别从东西两侧伸入全境，形成了高山峻岭与峡谷盆地相间的复杂地形，是甘肃省唯一的长江流域地区。片区气候属北亚热带向暖温带的过渡带，垂直分布明显，年平均气温10℃—15℃，年降雨量400—1000毫米，无霜期120—260天；海拔在550—4187米。境内地貌俊秀、气候宜人，雨量充沛、光照充足，森林覆盖率高，生物、矿产、水力、旅游等自然资源丰富，素有“陇上江南”之美称。

2. 生态定位

甘肃地处长江、黄河上游，是全国水土流失治理和防沙治沙的重点区域，其生态建设是确保补给黄河水源、根治长江水患、实现下游地区经济社会可持续发展的有效保障；是阻止沙尘暴等恶劣气候环境、促进北方地区经济社会发展的前沿阵地；也是《全国主体功能区规划》确定的“两屏三带”全国生态安全战略格局中“青藏高原生态屏障”“黄土高原—川滇生态屏障”和“北方防沙带”的重要组成部分。甘肃连同其他西北省份一并构成了全国重要的“生态源头”，对保障国家生态安全和下游社会经济发展、促进民族团结具有不可替代的重要作用，是西北乃至全国的重要生态安全屏障。

甘南高原是黄河上游重要的水源补给区。甘南高原降水量大，水资源丰富，大面积的湿地、草地和森林孕育了众多河流，每年向黄河补水65.9亿立方米，占黄河源区年径流量的35.8%、黄河总径流量的11.4%。该区域是黄河重要水源补给区，直接影响到黄河径流的稳定。

甘肃“两江一水”流域（白龙江、白水江、西汉水）是长江上游重要的水源涵养和生物多样性保护区。该流域气候温润、雨量充沛、森林面积较大，是长江主要支流嘉陵江重要的水源涵养和补给区；区域内滑坡、泥石流等自然灾害多发，水土流失严重，是长江上游主要的水土流失防治区。此外，该区域生物多样性丰富，是国宝大熊猫的主要栖息地之一，是重要的生物多样性保存区。

陇东陇中黄土高原是我国黄土高原水土保持重点区域。黄土高原是全国水土保持重点区域。甘肃陇东陇中黄土高原总面积近11万平方千米，占全国黄土高原总面积（64.87万平方千米）的16.9%，每年流入黄河的泥沙达4.92亿吨，占黄河年均输沙量的30.8%。特别是泾河上游1万平方千米的多沙粗沙区水土流失强度大，是黄河流域年输沙量最大的水系。

河西走廊北部是防风固沙生态屏障区。甘肃省沙化土地（包括沙漠、戈壁）总面积11.92万平方千米，占全省土地总面积的28%，位列全国第五。沙化土地绝大部分分布在河西走廊北部地区（占98%），风沙线长1600千米，主要风沙口846处，全国八大沙漠中的腾格里、巴丹吉林、库姆塔格三大沙漠在此均有分布。该地区是我国沙尘暴主要策源区之一，也是全国防沙治沙的重点区域。

祁连山是内陆河水源涵养和补给区。祁连山位于我国一级阶梯和二级阶梯的过渡带和青藏、黄土、内蒙古三大高原交汇地带。海拔2500—3500米有森林分布，3600米以上为多年冻土，4400米以上终年积雪，

5000米以上发育有现代冰川。祁连山冰雪、降水和地下水所形成的径流汇成56条河流，形成石羊河、黑河、疏勒河三大水系，每年75亿立方米的水资源支撑着该省河西地区及黑河下游内蒙古地区经济社会的可持续发展，对阻止巴丹吉林、腾格里、库姆塔格三大沙漠合拢和抵御风沙东扩发挥着重要作用，其特殊的复合生态系统，对确保河西走廊及内蒙古西部生态安全具有重要意义。

（二）贫困地区生态脆弱性分析

甘肃地域狭长，地质地貌、气候类型复杂多样，生态环境具有干旱范围广、水土资源不匹配、植被少而不均、承载力低、修复能力弱等基本特征。其中，贫困地区的重要特征是生态环境具有脆弱性。生态脆弱性是由自然条件的原生脆弱性和人为干扰的次生脆弱性叠加形成的。

甘肃生态脆弱是社会、环境和经济等因素综合作用的结果，水土流失治理力度的加大、降水量的适度增加、人口自然增长率的降低及农民人均纯收入的增加等成为驱动甘肃生态脆弱度降低的主要动力。但同时，草原及森林面积的缩减、贫困人数的增加、荒漠化程度的加剧、城镇化速度加快、人均工业产值的增加等，加大了区域生态系统的压力，成为降低区域生态脆弱度的阻力，如表2—14所示。

表2—14　指标与生态脆弱度的关联度

指　标	关联度
贫困人数（人）	0.7383
荒漠化面积占比（%）	0.7252
年均沙尘暴天数（天）	0.7013
水土流失治理面积（$1\times10^3hm^2$）	0.7002
垦殖率（%）	0.6976
人口密度（人／km^2）	0.6848

续表

指　标	关联度
人口自然增长率（‰）	0.6836
人均工业产值（元/人）	0.6747
农民人均纯收入（元）	0.6719
人均粮食产量（kg/人）	0.6705
第一产业产值占GDP份额（%）	0.6694
人均GDP（元）	0.6666
城镇化率（%）	0.6633
恩格尔系数（%）	0.6580
蒸降比	0.6553
年均气温（℃）	0.655
人均水资源量（m^3/人）	0.6483
森林覆盖率（%）	0.6417
生态用水总量（$1\times10^8m^3$）	0.6399
草原面积占比（%）	0.6341

资料来源：甘肃科学院可持续发展研究组，《甘肃区域可持续发展报告》，2010。

从甘肃省生态脆弱度与各指标的关联度来看，生态脆弱度与贫困人数、荒漠化程度、水土流失治理面积、垦殖率等高度相关。贫困人口越多，人们在经济上越无力支撑生态保护和建设，生态环境也就越脆弱；沙漠化程度越高，水土流失面积越大，垦殖率就越高，从而导致了甘肃省生态系统严重失调，环境趋于恶化，严重威胁社会经济发展和生态环境建设。另外，人口的增加需占用更多的土地用于生产建设，这就给周边生态环境造成了压力，导致城镇化"摊大饼"式的发展。此关联度同时也表明，甘肃省生态环境越脆弱，在社会经济方面的反馈越明显。主要表现为贫困人数的增加，其次是人均工业产值降低、农民人均纯收入减少以及人均粮食产量减少。换言之，生态脆弱会影响农业生产能力，限制工业现代化发展，导致经济贫困。由此可见，经济的可持续发展与生态环境之间存在着协调统一的关系，经济发展以保护生态环境为基础，保护生态环境需要以经济发展为支撑。只有积极应对，才能弥补扶贫开发实施过程中人类活动消极影响对生态环境所造成的干扰。

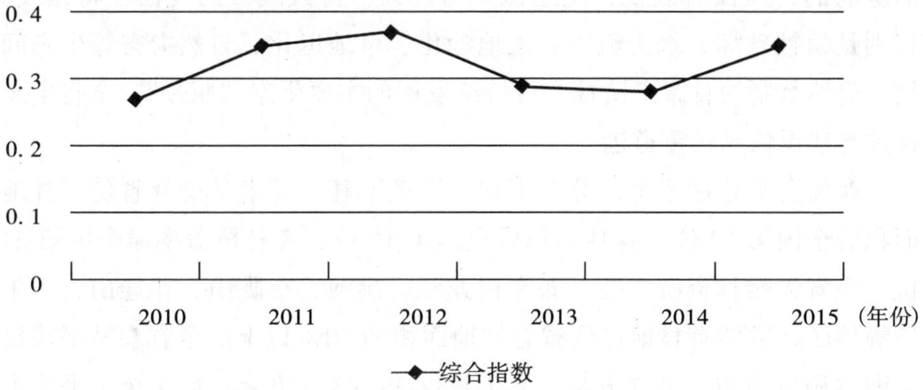

图 2—7　甘肃省生态脆弱度变化趋势

资料来源：甘肃科学院可持续发展研究组，《甘肃区域可持续发展报告》，2010。

从总体变化趋势来看，甘肃省生态稳定性较弱，如图 2—7 所示。这意味着，甘肃要进一步加大扶贫项目建设力度，加快新型城镇化进程，积极承接东中部产业转移。但在脆弱的生态环境、有限的环境容量下，进一步加大开发建设的力度，对资源环境承载能力将是一次严峻的考验。

（三）生态环境发展形势

经过多年实践，甘肃生态建设取得了前所未有的成就。但受地理位置和自然条件制约、人口增长和经济规模扩张以及全球气候变化的大环境影响，加之经济发展方式转变滞后，资源开发依赖程度强，生态环境的压力持续增加，在短期内难以改变。尤其是在当前经济下行压力加大、环境承载力有限的情况下，面对实现中央“五位一体”战略布局目标，全省生态保护与建设面临着更为严峻的形势和挑战。从治理难度和区域上看，生态保护和治理难度越来越大，区域上更为分散。从生态演变特性和阶段特征上看，全省生态演变总体上依然呈现“面上向好、局点恶化、博弈相持、尚未扭转”的特点，生态问题“边治理、边发生”“已治理、又复发”的现象存在，生态恶化的形势尚未得到根本遏制，生态依旧脆弱的特质没有改变，生态保护与建设“持久战”的局面还将延续。特别是植被破坏、水土流失、土地沙化、草地退化、自然灾害等生态问题，仍然是制约甘肃经济社会可持续发展的主要生态“瓶颈”，全省生态保护与建设依然任重道远。

森林资源总量不足，分布不均，质量不高。甘肃是少林省份，林地面积居全国第 12 位、森林面积居全国第 18 位、森林覆盖率居全国第 27 位。全省天然林资源主要分布在白龙江、洮河、小陇山、祁连山、子午岭等林区，区域有林地占全省有林地面积的 70% 以上。全省森林平均每公顷蓄积量为 86. 79 立方米，人工林仅 35. 93 立方米，低于全国平均水平（89. 79 立方米 / 公顷）和世界平均水平（128. 3 立方米 / 公顷）。林分结构不合理，中幼林比例高。

草地退化较为普遍。甘肃草原平均超载率仍然较高，中度以上明显退化的草原面积接近 50%。受多重因素影响，全省草原生态“局部好转，总体恶化”的趋势依然没有得到根本遏制，全省 90% 的可利用草原出现了不同程度的退化，退化草原面积达 1468 万公顷，鼠虫害发生面积 573 万公顷，草地沙化、盐碱化现象仍较严重，草场退化导致生态功能弱化，生态系统趋向脆弱。

土地沙化问题突出。目前，全省沙化土地面积 1192 万公顷，占全省土地总面积的 28%，其中中度以上沙化土地面积比例超过 95%。沙化土地主要分布在河西地区，仅河西风沙线长度就有 1600 千米。全省 8 市（州）24 县（市、区）有 125. 73 万公顷耕地、454. 74 万公顷草地、417. 92 万公顷林地受到荒漠化和沙化威胁，河西地区有 4370 千米灌渠受到风沙威胁、256 千米经常被流沙淤积或掩埋。土地沙化问题已对区域社会经济的可持续发展和国家生态安全构成了重大威胁，向人们的生存权和发展权发出了严峻挑战。

湿地功能退化。湿地开垦、泥沙淤积、水电开发、污染加剧等造成部分地区自然湿地面积缩减，河湖生态退化、湿地景观丧失、生物多样性衰退、湿地生态功能下降。湿地过度利用、盐碱化加剧、生物侵害处于高发态势。甘南高原湿地面积萎缩，水源涵养和调蓄功能有所下降。河西内陆河干旱荒漠地区湿地面积减少，部分干涸，生态功能减退。

农田生态面临诸多威胁。长期重用地、轻养地，重化肥、轻有机肥，对耕地保护不够，过度开发利用导致耕地地力退化，质量有逐年下降趋势。同时，不当的耕地利用方式也引起自然灾害频发，造成水土流失加剧。部分灌区出现土壤次生盐渍化，农药、化肥、地膜等大量施用以及工业“三废”等日益成为产生耕地污染的新因素。河西农田防护林退化严重，功能下降。农田涵养水源、保持水土生态功能降低。

水土流失形势依旧严峻。甘肃省有水土流失面积 28. 13 万平方千米，目前已完成初步治理的面积仅 7. 18 万平方千米，还有 75%、20. 95 万平方千米水土流失面积亟须整治。黄土高原长度在 1 千米以上的沟道达 5 万多条，泾河上游 1. 1 万平方千米的多沙粗沙区，渭河、泾河等重点支流水土流失综合治理程度普遍较低。水土流失导致土壤肥力减弱，生产能力降低，农业生产条件恶化，严重影响农业生产发展。水土流失还导致江河湖库淤积，全省水库淤积总量达 4. 65 亿立方米，占总库容的 21. 4%，致使防洪压力加大。

生态灾害多发。甘肃是泥石流、滑坡、洪涝、冰雹、沙尘暴等自然灾害的高发区，全省 14 个市（州）均有地质灾害分布，危害范围广、程度重，其中仅长江流域就有 1. 2 万处滑坡体和 6000 多条泥石流沟道直接威胁 400 多万人的生命和财产安全，这给全省经济社会发展造成了严重影响和制约。

当前，甘肃正处于黄金发展期、难得机遇期、政策叠加期和奋力爬坡期，也是生态问题的凸显期，实现经济转型跨越发展、社会和谐稳定发展、民族共同繁荣发展的任务艰巨。全省又处在建设全国生态安全屏障综合试验区、华夏文明传承创新区、全国循环经济示范区和打造丝绸之路经济带黄金段的关键时期，迫切需要加强生态保护与建设，改善和优化发展环境，为与全国同步进入小康社会和实现中华民族伟大复兴的“中国梦”创造更好的生态条件。

特别是随着《甘肃省加快转型发展建设国家生态安全屏障综合试验区总体方案》《祁连山生态保护与建设综合治理规划》《甘肃“两江一水”区域综合治理规划》和《甘肃渭河源区生态保护与综合治理规划》等重大生态规划的相继获批，甘肃省生态保护与建设事业迎来了难得的历史机遇和重大政策利好，为我们做好全省生态保护与建设工作提供了更加有利的环境。

（四）贫困地区生态扶贫必然选择

1. 生态扶贫是贫困地区生态形势下的扶贫新思路

党的十九大对实现“两个一百年”奋斗目标做出了重大战略安排，这既是符合实际的战略部署，又是催人奋进的宏伟蓝图。对甘肃来说，与全国一道全面建成小康社会，最大短板就是脱贫攻坚和生态保护。全省目前还有贫困人口 227 万人，排在全国第 8 位；贫困发生率为 10. 9%，排在全国第 4 位，比 5 年前全国平均水平还高。甘肃也是西北地区重要的生态安全屏障，生态地位极其重要但生态基础极其脆弱，生态问题、贫困问题、发展问题相互交织叠加，实现经济持续发展与生态环境保护的统筹协调难度很大。一面是国家越来越高、越来越严的环境保护约束性指标，一面是与全国一道全面建成小康社会的最后“期限”。对于中国典型的贫困省份甘肃而言，如何正确处理和化解发展问题与环境保护的矛盾，是未来几年需要适应和引领新常态的发展“大逻辑”。生态扶贫的战略思路正是在这样的发展逻辑下的选择，甘肃的现实条件有利于生态扶贫战略的推行。生态扶贫战略是符合生态保护和脱贫的发展要求，是协调内部区域综合发展差异的必然选择。也就是说，生态扶贫战略既是加快贫困地区脱贫发展，实现人民共同富裕的必然，也是协调区域平衡发展的必需。同时，协调推进区域协调发展，也要特别注重开发贫困区域内部的生态资源优势，合理利用开发生态产品资源，研究制定符合自身发展的生态扶贫路径，实现甘肃贫困地区绿色、可持续发展。

从甘肃省的情况来看，生态脆弱是最大的自然特点，贫困落后是最大的社会问题。“三分山、三分草、二分沙、一分林、一分田”是甘肃基本生态格局，“一方水土难养一方人”是甘肃贫困地区的真实写照，生态问题和贫困问题交织度极高。贫困地区往往是生态环境恶化严重的地区。以多年的实践来看，扶贫开发要实现可持续目标就必须抓好环境保护，解决环境问题离不开经济的快速发展。因此，如何实现生态建设和扶贫开发齐头并进、共同发展，是甘肃全面建成小康社会的目标任务，也是特色生态文明建设的应然要求。同时，甘肃特殊的生态环境，传统工业扶贫模式不利于贫困地区绿色可持续发展。生态扶贫作为精准扶贫的有益补充，摸准了甘肃绿色发展的脉搏，确保扶贫扶到根上，让贫困地区和贫困群众真正脱贫致富奔小康。生态扶贫一方面可以夯实甘肃精准扶贫基础，实现贫困地区可持续脱贫；另一方面可以满足甘肃特色生态文明建设的需求，实现生产发展、生活富裕和生态良好的可持续发展。因此，生态扶贫是甘肃贫困地区精准扶贫、精准脱贫可持续性的战略选择。

2. 甘肃省生态扶贫基本措施

加强贫困地区生态扶贫力度，发展生态旅游业，推进生态农业产业化进程；发展特色经济，加强劳动力培训，调整农村贫困人口收入结构，保障贫困人口收入增长的可持续性，减轻生态保护压力；结合易地扶贫搬迁推进重点生态保护区域的生态移民，实施牧民定居安置，结合实施退耕还林和退牧还草，改善环境，平衡生态。继续推进生态文明示范试点和生态文明先行示范区建设。现阶段，甘肃实施生态扶贫的重点工程主要有以下几个方面：

（1）易地扶贫搬迁。对生活在集中连片特困地区的 58 个县市区水土资源匮乏、自然条件恶劣、基础设施薄弱的地区就地脱贫无望的农牧民，在水源涵养林区、省级以上自然保护区、风沙沿线受荒漠化威胁严重地区、退牧还草工程禁牧区等生态位置重要、生态环境脆弱地区的农牧民以及生活在地质灾害频发、生命财产受到严重威胁地区且需要避险搬迁的农牧民进行易地搬迁，共6万户约30万人。

（2）引洮供水工程。作为甘肃重点水利工程，引洮供水工程为甘肃中部扶贫攻坚带来绿色引擎。2015年8月，引洮供水一期工程经过8年艰苦鏖战终于建成通水运行。从此，陇中干旱地区定西、白银、兰州3市7县（区）232. 5万人民生产和生活用水问题得到彻底解决。二期工程设计调水量3. 13亿立方米，受益区包括定西、白银、天水、平凉4市的安定、陇西、通渭、会宁、武山、甘谷、秦安、静宁8县区，受益人口268万人，发展灌溉面积29. 2万亩。作为脱贫攻坚的重要基础设施，引洮供水工程不仅是陇中群众用水的“绿色生命线”，更是加快当地农业综合开发，推进区域性贫困地区精准脱贫的重要支撑。

（3）白龙江调水工程。从迭部县境内的白龙江干流自流引水至庆阳市西峰区，解决天水、平凉和庆阳3市缺水问题，工程设计年调水量9. 6亿立方米，输水线路全长462千米，沿线规划新建调蓄水库供水。

（4）甘肃中部生态移民扶贫开发供水工程。工程从平川区水泉镇园洞闸黄河右岸取水，布设总干渠1条、干渠3条、分干渠4条，年总取水量1. 28亿立方米，发展灌溉面积36万亩，建成后直接受益人口26. 5万人，其中安置扶贫开发人口14. 75万人。

（5）生态文明试点及先行示范区建设工程。在张掖市、陇南市、甘南州、定西市、永靖县、渭源县、天祝县继续实施生态文明示范工程试点、生态文明先行示范区建设工程，初步形成以循环经济理念为指导的生态经济体系、可持续利用的资源保障体系、山川秀美的生态环境体系、支撑可持续发展的生态安全体系和体现现代文明的生态文化体系。

（6）贫困村整村推进和富民产业发展。通过梯田、水地、引水工程、人畜饮水、村组道路硬化、沼气池等设施建设，结合推广日光温室、蔬菜大棚、全膜双垄沟播技术、高原夏菜、枸杞大枣、舍饲养殖等特色产业，加强集中连片特困地区扶贫攻坚，夯实农业和农村发展基础，对2500个贫困村进行整村推进扶贫开发工程建设，解决重点生态功能区和贫困地区的发展问题。

（7）美丽乡村旅游扶贫工程。从全国扶贫开发重点县和集中连片特困地区贫困县中选择具备一定条件的行政村，加强基础设施建设、改善重点村旅游接待条件，发展乡村旅游、带动重点村脱贫致富。至2020年分两批完成464个村的建设任务。

（8）农村劳动力培训阳光工程。开展农民生产技能培训、返乡农民工再就业培训、农民合作社发展培训和农民创业培训，提高农民就地就近就业能力、创业能力和辐射带动能力，引导农民转变就业观念，促进农业劳动力向农业产业延长链转移，推动城乡统筹协调发展和社会主义新农村建设。

（9）农村小水电代燃料工程。在永昌县、凉州区、天祝县、甘州区、舟曲县、碌曲县、东乡县、崇信县、两当县9个县区实施农村小水电代燃料项目14个（两当县为整县推进县，建设2个小水电代燃料项目），解决5万户、25万人的生活用能问题，更好地保护项目区的生态环境。

第三章
甘肃省贫困地区精准扶贫战略实施举措

实施精准扶贫，打赢脱贫攻坚战，是促进全体人民共享改革发展成果、实现共同富裕的重大举措，是体现中国特色社会主义制度优越性的重要标志。2015年11月，习近平总书记在中央扶贫开发工作会议中提出，“坚决打赢脱贫攻坚战，确保到2020年所有贫困地区和贫困人口一道迈入全面小康社会”。2016年3月，《中华人民共和国国民经济和社会发展第十三个五年规划纲要》指出：“到2020年，确保我国现行标准下农村贫困人口实现脱贫，贫困县全部摘帽，解决区域性整体贫困。”甘肃贫困地区具有人口集中、贫困程度深、脱贫难度大等特点，尤其深度贫困地区是甘肃精准扶贫的难点和重点地区，也成为脱贫成本最高的“硬骨头”地带。深入贯彻落实国家精准扶贫战略思想，解决区域性整体贫困，对甘肃全面发展具有重大理论与实践意义。

一、国家精准扶贫战略的提出

（一）救济式扶贫阶段（1949—1977年）

新中国成立之初，农村和农民处在普遍的贫困状况中，而我国的整体经济状况也处于较低水平，党和政府没有能力对贫困人口展开大规模的扶贫救助，只能通过小规模的、单纯的救济式扶贫手段来开展救助。救济形式主要表现为政府提供的社会救济、自然灾害救济、优抚安置等，以实物的生活救济为主；救济对象主要是丧失劳动能力、无人抚养或赡养的农村“五保户”、特困户和其他生活困难群体。但这种救济方式带有明显的单一性和分散性，可以直接定义为一种道义性的、慈善性的“输血”式救济行为。国家先后开展了土地改革、合作化、人民公社化等一系列旨在保障农村居民的基本生活，减少贫困的社会主义运动。这个时期扶贫主要通过以下途径进行：一是扩大农民对土地（自然资源）的占有和使用权，1949 年以后，我国在全国范围内开展了土地改革，将地主拥有的土地分配给广大少地、无地的贫雇农，土地改革让全体农民获得了土地所有权。从 20 世纪 50 年代中后期开始，农民对土地的占有转变为合作社所有，后来又演变成人民公社时期的三级所有。二是改善农村基础设施。在全国范围内开展了大规模的农村基础设施建设，改善农村的水利设施和交通条件。在此期间，全国公路通车里程增加了 9 倍，灌溉面积增加了 125%。三是初步建立农村社会保障体系。发展了农村基础教育和农村基本医疗卫生事业，初步建立了以社区“五保”制度和农村特困人口救济为主的社会基本保障体系。

（二）带动式扶贫阶段（1978—1985 年）

1978 年以前，我国农村处于普遍的绝对贫困状态，按当时中国所确定的贫困标准，农村贫困人口为 2. 5 亿人，占农村总人口的 30. 7%。改革开放以后，我国启动了大规模的经济体制改革，市场经济体制取代计划经济体制成为主导中国经济增长的基本动力，同时调整国民经济结构，确立了优先发展消费品工业的经济发展战略。逐步改革农村经济体制，包括解散人民公社、建立家庭联产承包责任制、取消统购统销、提高农产品价格等。同时实行对外开放，并将其作为一项基本国策。这种体制使得全国经济释放出了巨大的活力，1978—1985 年中国经济建设取得了巨大成就。人均国内生产总值由1979年的353元上升到1985年的584元，7年增长1.65倍，年增长速度保持在8.75%。农村居民消费水平由1979年的158元增加到347元[①]。

随着国家从农村的逐步退出，十一届三中全会通过的《中共中央关于加快农业发展若干问题的决定》中，第一次明确提出中国存在较大规模的贫困人口。1984年9月，国务院发布《关于帮助贫困地区尽快改变面貌的通知》，初步确定了扶持贫困地区加快发展的方针政策。在此期间，国家还开展了一些有计划的扶贫工程，包括以工代赈、"三西"建设，极大地改善了部分贫困地区的生产生活条件，为当地的经济发展奠定了基础。这一阶段贫困人口数量大量减少，由1978年的2.5亿减少到1985年的1.25亿。减贫的主要动力来源于经济体制改革带来的经济快速增长，国家针对农村地区的经济社会政策及开展的扶贫项目对反贫困也起到了一定的作用。从后来的减贫历程来看，这一阶段是至关重要的承上启下期。中国政府在调整经济发展政策、把握经济发展方向的同时，首次将贫困问题作为一个重要问题提出来，出台了一系列相关政策，采取了一些有针对性的措施。

（三）开发式扶贫阶段（1986—1993年）

进入20世纪80年代中期后，我国农村经济体制改革的减贫效益逐渐下降，部分地区和农村经济发展十分缓慢。针对这种情况，国家从1986年起实施了以促进区域经济发展推动区域脱贫的开发式扶贫战略和政策。国务院在1986年6月成立了"贫困地区经济开发领导小组"，该小组作为国家的扶贫机构，专门负责组织、领导、协调、监督、检查全国贫困地区经济开发工作，统一规划和指导全国的农村扶贫工作。根据当时农村贫困人口的经济特征和分布特征，中国政府安排专项资金，制

① 张磊.中国扶贫开发政策演变（1949—2005）[M].北京：中国财政经济出版社，2007：5.

定专门的优惠政策，并对传统的救济式扶贫进行彻底改革，制定了实施大规模开发式扶贫战略。将扶贫开发作为政府主要工作纳入“七五”和“八五”国民经济和社会发展计划，选定328个国家级贫困县和370个省级贫困县，通过区域瞄准确定扶贫对象，采取专项扶贫贷款、以工代赈和财政发展资金等特殊优惠政策，对贫困地区采取有针对性、有组织、大规模的农村扶贫开发，确立了“开发式扶贫”的方针，开启了中国历史上规模最大的反贫困计划。这个阶段是我国农村贫困人口稳定下降的阶段，全国农村贫困人口由1.25亿人减少到1993年的8000万人，年均减少640万人，年均递减6.2%，贫困人口占农村人口的比重，即贫困发生率由14.8%进一步下降到8.7%。[①]

（四）攻坚式扶贫阶段（1994—2000年）

进入20世纪90年代后，我国贫困呈现明显的区域性变化。1993年年底，全国仍有8000万左右的贫困人口没有解决基本的温饱问题，这8000万贫困人口主要集中在国家重点扶持的592个贫困县，其中大多为“老少边穷”地区，重点包括西南大石山区、西北黄土高原区、秦巴贫困山区以及青藏高寒区等几类地区，这些地区自然条件恶劣、地理位置偏远、基础设施薄弱、生态环境失调、社会发展落后。尽管在这些地区的贫困人口只占全国农村总人口的8.87%，但扶贫开发的任务却十分艰巨。因此，国务院1994年制订了《国家八七扶贫攻坚计划》。明确要求集中人力、物力、财力，凝聚社会各界力量，力争用七年左右的时间基本解决8000万农村贫困人口的温饱问题，同时，提出到20世纪末，绝大多数贫困户年均纯收入达到500元以上（按1990年价格计算），并形成稳定解决温饱、减少返贫的基础条件；加强基础设施建设，基本解决人畜饮水困难；使绝大多数贫困乡和有农贸市场、商品基地的地方通公路、通电；改变文化、教育、卫生的落后状态，普及初等教育，基本扫

① 龚晓宽．中国农村扶贫模式创新研究［D］．成都：四川大学博士学位论文，2006.

除青壮年文盲现象，开展成年人职业教育，防治和减少地方病，把人口自然增长率控制在国家规定的范围之内。在这一阶段，国家为了加强扶贫资金管理和使用，实行“资金到省、权力到省、责任到省”，加大了对种养殖业的投入，极大提高了扶贫资金使用效率。同时，注重发挥政府非专职扶贫部门、非政府组织及国际发展援助机构的作用，初步形成了财政扶贫、信贷扶贫、以工代赈、部门扶贫、对口帮扶、国内外非政府组织扶贫等多元化扶贫政策体系。到2000年，“八七扶贫攻坚计划”目标基本实现，全国农村贫困人口减少到3000万人，年均减少贫困人口680万人，农村贫困发生率下降到3%。

（五）综合扶贫阶段（2001—2013年）

进入21世纪以来，全国总体实现了基本小康，但仍有3000万农村人口尚未解决温饱问题，加上6000多万的低收入人口，全国仍然有近9000万的扶贫基本对象。同时，这部分贫困人口的分布更加分散，居住地区的自然环境更为恶劣，经济社会发展程度更低，扶贫工作难度进一步加大。为了确保到2020年全面建成小康社会、消除绝对贫困现象的目标，继《国家八七扶贫攻坚计划》之后，国家制定出台了《中国农村扶贫开发纲要（2001—2010年）》，这是21世纪指导中国农村扶贫开发工作的纲领性文件，明确提出“尽快解决少数贫困人口温饱问题，进一步改善贫困地区的基本生产生活条件，巩固温饱成果”的目标。同时，明确将开发式扶贫作为扶贫开发长期坚持的基本方针，引导贫困地区群众在国家必要的帮助和扶持下，大力发展生产提高贫困农户自我积累、自我发展能力。[①]

该阶段实施的扶贫政策与《国家八七扶贫攻坚计划》时期存在明显不同：一是瞄准机制进一步精准化，将扶贫开发对象扩大到农村低收入群体，同时，将扶贫单元从贫困县调整为贫困村；二是实行整村推进的

① 中共中央 国务院．中国农村扶贫开发纲要（2001—2010年），2011.

参与式扶贫，对扶贫项目采取“公示制度”，加强对扶贫资金利用的监督；三是产业化开发扶贫，扶持龙头企业；四是实施劳动力转移培训计划；五是自愿开发式移民；六是采取一系列针对农村地区和农村贫困人口的“惠农政策”，整村推进、移民搬迁、产业扶贫等专项扶贫成效明显，交通、水利、农业等行业扶贫全面推进，定点扶贫、东西协作等社会扶贫作用进一步发挥，“三位一体”的大扶贫格局不断巩固。截至2010年，按照人均收入1274元的农村贫困线标准，全国农村贫困人口已经减少到2688万人。

（六）精准扶贫阶段（2014年至今）

1949—2014年，我国扶贫工作先后经历了区域性救济式扶贫、全国性经济开发式扶贫、参与性综合开发式扶贫、多元性可持续发展式扶贫四个不同阶段，贫困人口的生产生活状况得到较大改善，扶贫开发战略的重点也从以解决温饱为主要任务的阶段转入巩固温饱成果、加快脱贫致富、改善生态环境、提高发展能力、缩小发展差距的新阶段。“十三五”时期的脱贫攻坚已经进入啃硬骨头、攻坚拔寨的冲刺期，以往“大水漫灌”式的扶贫方式存在底数不清、目标不准、效果不佳、扶贫对象偏离和扶贫资源渗漏等问题，很难将经济发展成果通过涓流机制滴落到所有贫困人口身上，切实做到“真扶贫、扶真贫”。

面对我国扶贫开发的新情况、新任务，以习近平同志为核心的党中央，胸怀强烈的历史责任感和使命感，站在实现中国梦的战略高度，深入实际、把握全局，推进扶贫开发工作不断走向深入，提出了精准脱贫的战略新思想，走出了一条精准脱贫的新路子。

从2013年11月习近平总书记在湖南湘西十八洞村考察时首次提出“精准扶贫”概念，到2015年5月发表“6·18讲话”，提出“六个精准”（扶持对象精准、项目安排精准、资金使用精准、措施到户精准、因村派人精准、脱贫成效精准）、“四个一批”（扶持生产和就业发展一批、移民搬迁安置一批、低保政策兜底一批、医疗救助扶持一批）；从2015年10

月减贫与发展高层论坛主旨演讲中习近平主席提出“五个一批”（通过扶持生产和就业发展一批、通过易地搬迁安置一批、通过生态保护脱贫一批、通过教育扶贫脱贫一批、通过低保政策兜底一批），到2015年11月中央扶贫开发工作会议上再次深入阐述“五个一批”精准扶贫措施，再到《中共中央 国务院关于打赢脱贫攻坚战的决定》进一步将其完善为通过“六项措施”（产业扶持、转移就业、易地搬迁、教育支持、医疗救助、社保政策兜底）和“九条路径”（发展特色产业脱贫，引导劳务输出脱贫，实施易地搬迁脱贫，结合生态保护脱贫，着力加强教育脱贫，开展医疗保险和医疗救助脱贫，实行农村最低生活保障制度兜底脱贫，探索资产收益扶贫，健全留守儿童、留守妇女、留守老人和残疾人关爱服务体系）来实现精准扶贫、精准脱贫。[①]2016年7月20日，在银川召开的东西部扶贫协作座谈会上，习近平总书记发出总攻令：“扶贫开发到了攻克最后堡垒的阶段。”由此看来，扶贫攻坚是一个不断“找穷根”“调靶向”的过程，体现了精准扶贫战略思想的不断拓展、深化和完善。与此同时，精准扶贫的政策措施也在不断地丰富和发展。国家基于对以往扶贫工作中贫困人口识别、扶贫资金与资源使用、扶贫工作考核和扶贫资源分配等的反思，以及片区瞄准和贫困个体瞄准相结合的精准扶贫要求，逐步构建了精准扶贫战略体系。

二、甘肃省精准扶贫方案与措施的推出

（一）联村联户，双联行动

2012年，甘肃省委领导班子下定“全面小康绝不拖全国后腿”的

① 中共中央 国务院关于打赢脱贫攻坚战的决定（中发〔2015〕4号）[EB/OL]. http://politics.people.com.cn/n/2015/1208/c1001-27898134.html，2015-11-29.

坚定决心，在全省组织开展以“单位联系贫困村、干部联系特困户”为主要内容的“联村联户、为民富民”行动，探索“精准扶贫”的实施路径。有1.4万个单位，40多万名干部，与1.6万多个行政村、492万农户结成对子，以全省58个贫困县、8790个贫困村、40多万特困户为重点，实施对口定向帮扶，并明确规定“贫困村、贫困户不脱贫，双联不脱钩”。这项行动是号召广大干部要深入农村，深入贫困群众，真心实意为基层、为困难群众排忧解难，在扶贫解困中加强干群感情，并以此推动农村经济社会的发展。四年来，双联行动取得了显著成效，得到广大群众和社会各界的广泛好评，现已成为甘肃精准扶贫、全面小康最有力的载体平台。

甘肃省双联行动的特点体现在以下几点：

（1）紧扣“重在联”——汇集全面建成小康社会的新动力。具体表现：一是领导干部“带头联”。领导带头，是带领广大干部群众推动各项工作的强劲动力。省委常委会坚持每年专题研究部署，连续3年召开全省双联行动大会8次、协调推进会12次。探索建立牵头领导、组长单位、联席会议等12项工作制度，确保双联工作扎实推进。省委常委和其他省级领导干部率先垂范，带头联系58个集中连片贫困县和17个插花贫困县，省委主要负责同志多次深入联系村户，与农民群众同吃同住同劳动，共商全面小康大计。二是四级干部“结对联”。省委建立四级党员干部联动工作机制，提出“不脱贫不脱钩、不实现全面小康不罢休”的要求，组织省市县乡四级1.5万个机关单位联系1.56万个行政村、40.8万名党员干部结对帮扶67.1万个贫困户。三是社会力量“助力联”。集众人之智、筹众人之力、圆众人之梦。全省各级深入开展“人大代表在行动”“政协委员助推双联”“民企陇上行”等活动，先后有8万多名人大代表、1万多名政协委员和许多非公经济组织、社会团体主动参与双联行动。建立内引外联工作机制，对内把由乡镇联系的613个贫困村调整为由省市两级有实力的单位联系，强化帮扶贫困村的力量；对外拓展定点帮扶、社会帮扶、东西协作等模式，引进发达地区企业和爱心人士开展帮扶，先后有福建、广东、江苏、浙江、山东、四川等省209家省外单位联系 61 个县的贫困村进行帮扶。

（2）紧扣“贵在为”——走出全面建成小康社会的新路子。甘肃力促双联行动与扶贫攻坚深度融合，突出“为”是双联行动的要旨所在，着力增强农村发展后劲、提升自我发展能力、破解制约发展难题，加快推进全面建成小康社会进程。具体作用：一是农村发展后劲明显增强。自然条件严酷、发展基础差、历史欠账大是甘肃最大的省情实际。针对贫困地区基础设施建设严重滞后的现状，坚持把改善“三农”基本条件作为着力点，从农村发展最薄弱环节和群众生活最急迫的事情入手，组织实施“八个全覆盖”、做好“五件实事”，集中解决了多年想解决而没有解决的一大批民生问题。二是自我发展能力明显提升。对甘肃来讲，农村发展是全面小康的“短腿”，农民增收是“三农”工作的难题。全省紧紧围绕壮大富民产业这一核心，大力实施村有主导产业、户有致富门路、劳动力有致富技能“三个一”工程，使贫困地区特色产业培育、农产品加工、劳务经济、乡村旅游得到快速发展，农民群众的致富门路进一步拓宽，自我发展能力进一步提升。三是制约发展难题明显缓解。贫困村脱贫致富奔小康是最艰难的攻坚工程、最复杂的系统工程。全省各级按照精准扶贫要求，在 58 个贫困县和 17 个插花县的乡镇设立扶贫与双联合一工作机构，推动帮扶力量、扶贫项目、扶贫政策和扶贫资金向贫困村（户）聚焦。尤其是着力破解发展资金不足这一长期制约扶贫开发的突出“瓶颈”，探索建立双联惠农贷款、妇女小额担保贷款、易地扶贫搬迁农户建房贷款等为一体的贫困地区农村融资贷款担保的金融保障体系。

（3）紧扣“深在制”——开创全面建成小康社会的新局面。具体做法：一是构建了密切联系群众的长效机制。在全面建成小康社会实践中，只有密切联系群众、依靠群众、发动群众，才能真正取得全面胜利。全省开展的双联行动，既让贫困村（户）感受到了党的温暖，又让干部锤炼了作风、增长了才干，形成了党群良性互动、双向受益的生动局面。特别是在群众路线教育实践活动中，各单位依托双联载体，认真践行为民务实清廉的宗旨要求，下气力解决联系村和联系户反映的难点问题，进一步凝聚了党心民心，密切了与人民群众的血肉联系。二是构建了统筹基层党建的长效机制。基层党组织是我们党执政的重要基石，也是实现全面小康目标的重要保证。全省各级开展双联单位党组织与联系村党组织结对共建活动，构建了城乡统筹、互促共进的基层党建工作新格局。全省 1. 27 万个双联单位党组织与 1. 26 万个双联村党组织结对共建，新建改建村两委办公场所 7592 个，选派 2234 名机关优秀年轻干部到村任职，帮助调整充实联系村两委班子 4374 个，新发展农村党员 1. 47 万人，培养入党积极分子 2. 45 万人，增强了农村发展的生机和活力。三是构建了维护农村社会和谐稳定的长效机制。农村社会和谐稳定是农村经济发展的重要前提，也是全面建成小康社会的基本要求。全省各级把双联行动与推进农村深化改革、法治建设紧密结合，把疏导情绪与加强社会治理、维护农村和谐稳定紧密结合，广大双联干部在农村一线担当法治精神的“传播机”、群众情绪的“减压阀”、社会秩序的“稳定器”。

（二）“1236”扶贫攻坚行动

实施“双联”扶贫行动后，甘肃贫困地区的脱贫脱困取得了突出成绩，但和全国相比，甘肃贫困人口量大、贫困程度深的局面依然存在。主要表现为连片特困区域多、经济发展制约性大、致贫因素复杂、收入差距不断拉大、相对贫困凸显等。从根本上来讲，甘肃贫困局面并未得到改变，扶贫开发工作依然面临艰巨任务。2013 年 9 月 17 日中共甘肃省委、甘肃省人民政府发布《关于深入实施“1236”扶贫攻坚行动的意见》（甘发〔2013〕13 号），提出深入推进“1236”扶贫攻坚行动的总体要求是：以党的十八大精神为指导，把 58 个片区县作为主战场，统筹 17 个插花型县区，瞄准最贫困的乡村、最困难的群体、最迫切需要解决的问题，以持续增加贫困人口收入为核心任务，突出路、水、电、房等基础设施建设，坚持整区域推进与到村到户相结合，坚持连片开发与重点推进相结合，坚持资源开发与生态保护、防灾减灾相结合，坚持增加财政投入与发挥市场作用、引入社会力量相结合，更加注重转变发展方式，更加注重增强内生动力，更加注重金融支撑，更加注重创新体制机制，紧紧围绕“一个核心”和“两不愁、三保障”，全力实现“六大突破”，推动扶贫开发工作取得更大成效。具体是：紧扣持续增加收入这一核心，做到不愁吃、不愁穿，落实义务教育、基本医疗和住房三个保障，实现基础设施建设、富民产业培育、易地扶贫搬迁、金融资金支撑、公共服务保障、能力素质提升六大突破，着重实施加快基础设施建设、培育富民主导产业、积极稳妥地推进易地扶贫搬迁、加快推动公共文化工程、优先发展教育事业、提升医疗卫生和计生服务水平、强化科技支撑、完善社会保障制度、完善农村市场体系、重视生态环境建设、加强劳动力培训和促进就业创业、深化对口帮扶和东西协作、健全财政投入稳定增长机制、创新财政资金使用整合方式、强化金融支持和保障、落实税收优惠政策、加强防灾减灾体系建设、深入推进双联富民行动十八项政策措施，以及组织领导机制、“逢提必下”机制、村干部优化和人才保障机制、建档立卡和动态监测管理机制、“减贫摘帽”激励机制、监督考核机制六项保障机制。

（三）确立精准扶贫工作机制

2013 年 10 月，习近平总书记在湖南湘西考察时，首次提出了“精准扶贫”的概念。2015 年 6 月，习近平总书记在贵州调研时，提出要谋划好“十三五”期间的扶贫工作，确保 2020 年，贫困人口如期脱贫，并强调扶贫开发“贵在精准，重在精准，成败之举在于精准”。“精准扶贫”涵盖六大精准，即“对象要精准，项目安排要精准，资金使用要精准，措施到位要精准，因村派人要精准，脱贫成效要精准”。

2014 年 5 月，甘肃省政府印发了《甘肃省建立精准扶贫工作机制实施方案》从精准扶贫工作的总体要求、基本内容、重点工作、保障措施四个方面进行了部署。在总体要求上，提出建立精准扶贫工作机制，就是通过对贫困村、贫困户的准确识别并建档立卡，全面掌握贫困人口的数量、分布、贫困程度、致贫原因、脱贫门路、帮扶措施和帮扶责任等，使所有扶贫措施与贫困识别结果相衔接，因村施策、因户施策、因人施策，做到对扶贫对象精准化识别、对扶贫资源精确化配置、对扶贫目标精细化管理、对脱贫责任精准化考核，改“大水漫灌”为“精确滴灌”，扶真贫、真扶贫，确保如期稳定脱贫，做到精准识别、精准帮扶、精准管理和精准考核。基本内容上，要求实现六个方面的精准，即范围精准、对象精准、任务精准、目标精准、措施精准、责任精准。在重点工作方面：一是建档立卡，精准化识别。对贫困户建档立卡，要做到“五清”，即摸清家底状况、致贫原因、收入来源、收入水平等基本情况，建立基础档案，做到“底数清”；摸清脱贫门路、需要解决的主要困难，建立问题台账，做到“问题清”；摸清以往扶持情况、扶持效果，提出帮扶措施，制定帮扶计划，做到“对策清”；确定帮扶单位、帮扶干部，实行“四定两不”，即定户定人定时定责帮扶，不脱贫不脱钩，做到“责任清”；逐户制定脱贫计划，确定脱贫时限，做到“任务清”。对贫困村建档立卡，做到“六有”，即有村情档案，包括基本村情、基础设施、主导产业、公共服务、贫困状况、收入水平等；有问题台账，包括主要制约因素、以往扶持情况和效果、最迫切需要解决的“瓶颈”问题等；有需求清单，按照“缺什么、扶什么”的原则，抓住主要矛盾，提出项目清单；有村级规划，包括基础设施、主导产业、公共服务、人力资源开发等实施计划和贫困户增收产业、专业合作组织发展计划、金融支持计划、龙头企业覆盖带动计划、科技单位和人员技术指导方案等；有领导联系、单位帮扶、干部驻村工作台账；有村级综合信息监测管理平台和增收计划、脱贫时限。二是集中力量，针对性扶持。具体内容包括：专项扶贫要进一步提高精准性、行业扶贫要进一步增强针对性、社会扶贫要进一步优化资源配置、金融扶贫要进一步加大工作力度。通过以上措施，努力实现“五到村”“六到户”“七到人”。三是实时监测，动态化管理。以甘肃扶贫信息网络为依托，建立上联“全国扶贫信息网络系统”，下接贫困县、乡、村的“一平台、两系统”扶贫对象动态化信息管理体系。四是落实责任，精准化考核，要做到完善制度、细化责任、强化措施、加强平时考核和过程考核。在保障措施上，要做到提高认识，加强领导；完善体制，明确责任；因地制宜，分类指导；健全制度，强化监管；建立干部驻村帮扶工作制度；加强基层扶贫队伍建设。

（四）"1+17"精准扶贫方案的出台

2015年6月9日，甘肃省委省政府在2014年精准扶贫方案的基础上又进一步制定了"1+17"精准扶贫工作方案。"1"是指一个意见，即《关于扎实推进精准扶贫工作的意见》，"17"是指17个专项配套实施方案。"1+17"精准扶贫工作方案的推出，是甘肃省"1236"扶贫攻坚行动的深化、细化和拓展，是省委省政府对全省97万户贫困户和417万名贫困群众脱贫致富期盼的全面回应。

17个专项精准扶贫工作方案具体是：

1.《饮水安全支持计划的实施方案》，饮水安全目标：2015年解决180.56万名农村人口的饮水安全问题，2017年前实现1107个贫困村、118万人的饮水安全问题，2020年年底贫困村自来水普及率达到90%。

2.《贫困村动力电覆盖支持计划的实施方案》，农电保障目标：到2015年年底，将实现全省动力电网覆盖率为93.91%，2016年实现100%全覆盖。

3.《交通支持计划的实施方案》，交通扶贫。

4.《农村危房改造支持计划的实施方案》，危房改造目标：到2019年全面完成63万户农村贫困户的危房改造任务。

5.《易地搬迁支持计划的实施方案》，易地搬迁。

6.《生态环境支持计划的实施方案》，生态环境保护目标：做好土地整治和地质灾害综合治理，加强林业生态和林业经济，实施草原生态保护等。

7.《产业培育支持计划的实施方案》，富民产业目标：大力发展特色农牧业、劳务经济、农产品加工等富民产业，不断增加农民收入。

8.《电商支持计划的实施方案》，电子商务发展目标：2015年到

2017 年，全省 95% 以上的行政村通固定和移动宽带，实现绝大多数贫困村网络全覆盖。

9.《教育支持计划的实施方案》，教育扶贫目标：到 2017 年，使农村贫困地区学前入园率达到 70%，义务教育教学设施基本满足教学需求，到 2020 年使贫困地区义务教育设施达到统一标准。加强职业教育建设。

10.《卫生扶贫计划的实施方案》，卫生扶贫目标：2016 年实现贫困村标准化卫生室全覆盖，2015 年起贫困村新农合住院报销比例提高 5 个百分点。2016 年起贫困人口大病保险起付线从 5000 元降低为 3000 元，报销比例提高 3 个百分点。

11.《贫困乡村文化场所建设支持计划的实施方案》，文化扶贫目标：加强对贫困村综合性文化中心的建设，提高公共文化服务体系的整体水平。

12.《社会救助支持计划的实施方案》，社会救助目标：逐步提高农村低保标准和一、二类对象补助水平，逐步提高医疗救助水平。

13.《小额信贷支持计划的实施方案》，金融支撑目标：争取到 2017 年年底，使所有有贷款意愿和有一定还款能力的贫困户都能得到免抵押、免担保 5 万元以下、3 年以内的小额贷款。

14.《劳动力培训支持计划的实施方案》，劳动力培训目标：2015 年到 2020 年，实现贫困地区的贫困家庭中有培训需求的劳动力职业培训全覆盖。

15.《干部人才支持培训计划的实施方案》，人才支撑配套方案、目标：实施千名干部挂职的精准扶贫行动，实施副厅级、副厅级后备干部的挂职行动，引进金融和科技人才、培养农村实用人才。

16.《全省贫困村驻村帮扶工作队力量整合和加强管理的实施办法》，驻村帮扶工作队配套方案、目标：由县级以上单位选派干部组成，整合“双联”干部、挂职干部、大学生村官等力量，确保年内实现扶贫村挂职干部和大学生村官的全覆盖。

17.《全省贫困县党政领导班子和领导干部经济社会发展实绩的考核》，实绩考核配套方案、目标：以年度集中考核为主，平时考核和重点督查相结合，考核结果分为好、较好、一般、较差四个等次。

综上所述，甘肃省的扶贫工作从“联村联户，为民富民”到“1236”扶贫攻坚，再到精准扶贫方案的推出，经历了一个不断探索、不断完善的过程。目前，甘肃省的扶贫工作已经形成以“双联”行动和扶贫攻坚行动的深度融合为主线，以精准帮扶为着力点，以“重在联、贵在为、深在制”为要领，自觉地将“双联”行动、扶贫攻坚同精准扶贫密切结合起来，使“双联”行动和扶贫攻坚成为当前精准扶贫工作中的重要抓手。

三、甘肃省精准扶贫的创新与特色

甘肃省在深入贯彻和实施国家精准扶贫战略的基础上，通过对自身扶贫难度大、扶贫面广、贫困程度深等问题的深刻认识和了解，以全面进入小康社会为总体目标，以“六个精准”为主要内容，以“1 + 17”为主要扶贫方案，创新出了独具甘肃特色的精准扶贫模式。

（一）实施“三大攻坚行动”，稳步推进扶贫攻坚

着眼“谁来精准”，甘肃实施了以整合扶贫力量为主要内容的“联村联户，为民富民”行动。2012 年的春天，甘肃在全省启动以单位联系贫困村、干部联系贫困户为主要内容的“联村联户，为民富民”行动。全省 1.5 万多个机关单位、40 多万名党员干部联系帮扶 1.6 万多个行政村的 101.3 万户贫困户，为加快贫困村发展、推进贫困户致富出主意、想办法、尽力量。2013 年以来，甘肃在认真组织开展双联行动的同时，整合双联干部、到村任职（挂职）干部、大学生村官和乡镇包村干部力量，从县级以上单位选派干部 27815 名组成驻村帮扶工作队，实现了建档立卡贫困村都有县以上单位联系、每个建档立卡贫困村都有驻村帮扶工作队、每个建档立卡贫困户都有帮扶责任人“三个全覆盖”，集中各方面力量向贫困宣战。

着眼“精准什么”，甘肃实施了以聚集扶贫重点为主要内容的“1236”扶贫攻坚行动。2013年，甘肃启动实施了“1236”扶贫攻坚行动，紧紧抓住持续增加贫困群众增收这个核心，以稳定实现扶贫对象“两不愁、三保障”为目标，瞄准基础设施建设、富民产业培育、易地扶贫搬迁、金融资金支撑、公共服务保障、能力素质提升六个方面进行攻坚突破，建成投运了一大批路、水、电、房等基础设施项目和农产品加工等产业项目，2016年年底，全省基本实现所有建制村通沥青（水泥）路，贫困地区自来水普及率达到85%，贫困户危房改造110多万户，实现贫困村动力电、标准化卫生室、有需求的行政村幼儿园全覆盖，极大改善了贫困群众的生产生活条件。

着眼“怎么精准”，甘肃实施了以配套扶贫措施为主要内容的“1 + 17”精准扶贫行动。在不断总结扶贫实践的基础上，2015年，甘肃又制定了“1 + 17”精准扶贫方案。“1”，指1个意见——《关于扎实推进精准扶贫工作的意见》；“17”，指关于解决饮水安全、动力电覆盖、通村道路、危房改造、易地搬迁、生态保护、富民产业、电子商务、教育扶贫、医疗卫生、乡村文化、社会救助、小额信贷、劳动力培训、干部人才、帮扶力量、考核考评17个方面的配套方案。“1 + 17”精准扶贫方案，瞄准最贫困的乡村、最困难的群体、最迫切需要解决的问题，因村施策、因户施法，推进到村到户措施的落实。

渐次推出、扎实推进的三大精准扶贫行动，相辅相成、互为补充，形成了目标责任明确、各方协同推进、措施有力有效的大扶贫格局。

（二）构建“四大体系”，打扶贫攻坚“组合牌”

甘肃开始以脱贫攻坚统揽经济社会发展全局，着力构建扶贫开发的组织领导、帮扶支持、政策保障、激励约束“四大体系”，全省脱贫攻坚整体上呈现出扶贫政策从顶层谋划设计向持续落实落地转变、扶贫效果从逐步脱贫向稳定脱贫转变、扶贫工作从单方推进向综合施策转变的良好局面。

健全组织领导体系。成立省脱贫攻坚领导小组并实行“双组长”制度，树立了鲜明的工作导向，发出强烈的攻坚信号。同时，建立全新的省精准脱贫大数据管理平台、脱贫攻坚成效考核领导小组，实行省委常委牵头联系市州、省级领导包抓县市区的扶贫攻坚工作制度，构建起了“一把手”抓“一号工程”的组织领导格局。

健全帮扶支持体系。甘肃不仅建立健全对口帮扶常态化机制，出台《关于进一步加强东西部扶贫协作工作的实施意见》，实现了“两州两市”东西扶贫协作全覆盖。而且充分发挥行业优势和社会力量，创新社会参与扶贫工作机制，建立起定点对口帮扶、东西扶贫协作、双联行动平台、“行业协会”帮扶、“民企陇上行”“五位一体”社会扶贫格局。从而变政府“单打独斗”为全社会“握拳出击”，奏响扶贫开发最强音。

健全政策保障体系。对照中央要求，结合省情实际，甘肃先后出台了《打赢脱贫攻坚战的实施意见》《贫困退出验收办法》《脱贫攻坚督查巡查实施办法》《重大涉贫事件处置反馈机制》《脱贫攻坚责任制实施办法》等一系列精准管理政策措施；修订了甘肃省农村扶贫开发条例，编制完成了全省“十三五”脱贫攻坚规划和六盘山、秦巴山、藏区三大片区实施规划；各行业部门也分别出台了教育扶贫、医疗救助、富民产业、交通扶贫、低保和扶贫衔接等10多个行业扶贫政策，有效地规范和保障了各项工作的落实。

健全激励约束体系。甘肃修订完善了贫困县党政领导班子和党政正职经济社会发展实绩考核办法实施细则，制定了市州党委和政府脱贫攻坚工作成效考核办法，建立健全了以减贫成效为导向的脱贫攻坚激励约束机制，引导各级党委政府和领导干部把主要精力聚焦到脱贫攻坚上来。

（三）建立精准扶贫大数据管理模式

2015年6月，正式启动精准扶贫大数据管理平台，是甘肃以现代信息技术对全省脱贫攻坚工作进行精准化管理的重大举措，也是全国第一个精准扶贫大数据管理平台。平台利用大数据和移动互联技术，建立甘肃省精准扶贫大数据库和数据中心，并对数据进行专业化处理，实现各级相关行业部门针对贫困村贫困户的信息共享和精准扶贫业务协作，为开展精准扶贫“1 + 17”实施方案提供事先预警、事中监控、事后评估等监管考核功能，同时，倒逼精准扶贫精准脱贫政策的落实，为各级党委政府决策和开展精准扶贫提供科学依据。

精准扶贫大数据管理平台建设省、市、县、乡、村 5 个层级，研究开发了扶贫对象、扶贫措施、扶贫成效、数据分析、绩效考核 5 个管理子系统。通过大数据平台应用，可以对全省贫困人口和 2015 年预脱贫人口的对象分布、致贫原因、健康状况、教育程度等情况进行全面分析；对精准贷款、危房改造、教育扶贫、卫生扶贫等“1 + 17”涉及的行业部门各项政策措施落实进度进行专项分析。对甘肃省精准扶贫各个实施方案的精准扶贫政策的落实程度进行专业化、标准化、系统化的专项分析，从而使甘肃省精准扶贫工作更加精确。

甘肃省以县（区）为单位，通过对 58 个连片贫困地区和 17 个“插花型”贫困县的贫困村、贫困户进行彻底盘查，以精准扶贫大数据平台为支撑，制定出统一的标准和路径，通过实名制录入，将 417 万名贫困人口全部录入大数据系统，进行精细化、实名制管理；同时依据精准扶贫大数据库的录入资料，对 97 万户贫困户、417 万名贫困人口的致贫原因进行分类、分地区统计，在制定出“三因四缺”① 的大数据标准的基础上，精确统计出不同贫困户的致贫原因，对特殊贫困群众还要进行精准标注；根据实际情况，制定出详细的实施方案，并要进行公开化、透明化作业，确保进度和保障资金的供给，建立完善的监测体系，责任到人。

（四）构建“3938”第三方评估考核模式

为确保贫困人口、贫困村和贫困县退出验收的客观准确性，甘肃省印发了《关于组织开展脱贫验收工作的通知》，提出建立“3342”脱贫验

① 三因是指因灾、因病、因学；四缺是指缺项目、缺资金、缺劳力、缺技术。

收责任体系，即村级脱贫验收“3”方责任，贫困村党支部书记和村委会主任、驻村帮扶工作队队长（有贫困人口的非贫困村由包村干部签字）、贫困户三方在贫困户脱贫验收表、返贫人口认定表、贫困村退出表上共同签字，对本村脱贫验收的真实性负责。

乡级脱贫验收“3”方责任，乡（镇）党委书记、乡（镇）长、乡（镇）扶贫工作站站长（扶贫专干）三人在本乡（镇）脱贫人口花名册、返贫人口花名册、贫困乡（镇）退出验收表上共同签字，对本乡（镇）脱贫验收的真实性负责。

县级脱贫验收“4”方责任，贫困县县（区）委书记、县（区）长、县（区）扶贫办主任、县（区）统计局局长四人在本县（区）脱贫人口汇总表、返贫人口汇总表、退出贫困村花名册、贫困县退出验收表上共同签字，非贫困县在脱贫人口汇总表、返贫人口汇总表上共同签字，对本县（区）脱贫验收的真实性负责。

市级脱贫验收“2”方责任，市（州）委书记、市（州）长两人在本市（州）脱贫人口汇总表、返贫人口汇总表、退出贫困村花名册、贫困县退出验收表上共同签字，对本市（州）脱贫验收的真实性负责。

甘肃省通过健全精准评估机制、正向激励机制、惩戒约束机制等，实现扶贫业绩考核精准，防止泛化考核代替攻坚评估。考核既是“风向标”，也是“指挥棒”，只有实施了客观、公正、精确的考核模式，才能真实检验出扶贫成效。

甘肃在引入第三方评估时，严格确立了评估执行模式，确保第三方评估的客观公正性。具体模式为“3938”模式。第一个“3”指选派的评估人员应达到的三项要求，即作为评估人员首先要熟悉业务，明确应该干什么、不应该干什么、怎样干、要干成什么结果；其次要掌握县情、乡情、村情、民情，了解调查评估对象的基本情况，做到心中有数、有的放矢；最后要有责任感，客观公正、认真负责地开展工作。“9”是指评估人员工作方法要做到九掌握，要在进村、进现场、进户时分别掌握9个工作要点。第二个“3”是指进贫困农户要做到三必看，即精准扶贫三本账必看，联系农户干部工作记录必看，相关证件必看。“8”是指入户评估调查要做到必须问及家庭基本信息、收入水平、帮扶情况、政策落实情况等8个方面的问题。

（五）创新发展电商扶贫发展模式

2015年，甘肃出台并实施了《甘肃省精准扶贫电商支持计划实施方案》，商务厅在75个县（区）部署电子商务试点工作，通过利用互联网络技术带来的便利性和快捷性，积极扩展农产品销售市场，并同时在全省各地引入阿里巴巴农村淘宝项目，促进本地农民对电子商务的认识，增加其接受度，让其感受电子商务所带来的便捷服务，形成线上线下全面发展的产业模式。甘肃省对全省电子商务产业发展做出了详细的计划安排，计划从2015年到2017年，全省70%以上的贫困乡实现利用电子商务销售当地特色产品，交易额年均增长20%以上，全省95%以上的行政村接通固定和移动宽带，绝大多数贫困村实现宽带网络全覆盖。

2016年全国电商扶贫论坛上，陇南市被授予“全国电商扶贫示范市”荣誉称号。陇南市抢抓“互联网+”发展机遇，因地制宜、扬长避短、后发赶超，提出了在电子商务方面实现集中突破的部署，着力解决特色农产品卖难问题。通过政府推动、市场运作、百姓创业、协会服务、微媒营销等措施，强力推动电子商务在农村的普及。为解决人才问题，陇南市依托陇南师专，成立了陇南电商学院，对淘宝店主、扶贫“两后生”、大学生村官、普通农民等进行多层次培训。电子商务的快速发展，打破了时空阻隔，将各县区天然、绿色、无污染的特色农产品与外面的大市场有效对接，有力促进了农民增收和实现就业，探索出了贫困地区发展农产品电子商务实现脱贫的“陇南模式”。截至2016年年底，陇南市各县区累计开办网店9600多家、微店5000多家，花椒、核桃、苹果、土蜂蜜等农产品累计销售额超过43亿元。2015年，陇南市作为全国唯一的电商扶贫试点市，正式启动电商扶贫试点工作。2015年10月，陇南市荣获“2015中国消除贫困创新奖”。2016年9月，国务院扶贫办在陇南召开了全国电商精准扶贫现场会。

成县把发展农村电商作为倒逼县域经济转型的重要措施，以“六位一体”（政府推动、社会参与、协会示范、市场推进、金融支撑、媒体助力）为总抓手，以成县核桃单品突破带动农特产品销售为重点，探索出了“网店带贫，就业带贫，平台带贫，信息带贫”的“成县模式”，并被商务部在全国推广。

环县针对网货产量不足、产品品牌知名度不高的问题，探索出了“政府引导+订单种植+专业品牌”的地域化品牌模式，以产品品牌带动县域品牌，建成了“统一订单种植—统一生产加工—统一品牌包装—统一网上销售—统一打包发货—统一仓储配送”的“六统一”模式，同时建成了农产品质量安全追溯体系，实现了网销农产品“来源可追溯，去向可查明，责任可追究”的监管机制。

岷县探索出了“电商+邮政”和“电商+金融+创业”的模式，针对电商企业抵押物少、贷款难贷款贵的问题，有效解决电商企业扩大经营遇到资金不足的难题。

山丹县针对农产品种类较多，集中力量发展“一品牌，八统一”的运营模式，即打造山丹百花池品牌，宣传统一口径、人员统一培训、品牌统一打造、网货统一组织、产品统一包装、价格统一制定、订单统一处理、包裹统一寄递。

清水县针对群众居住分散、物流配送难、农特产品品牌不统一和涉农网店经营困难等问题，探索出了“电商+双联+农户”“电商+众筹+扶贫”“媒体+电商”和管理运营双轨并行的四大电商发展模式，并在全县推行“县中心+乡镇服务站+村点”的管理体系和“县中心+公司+乡镇平台+农村网店”的运营体系，县中心负责电商统一规划、指导和管理，公司负责运营策划、产品开发、品牌打造、物流配送和业务指导等，网店经营户只负责营销，通过双轨并行，促进了管理与运营有机结合，实现了电商经营者抱团发展和互利共赢。①

① 甘肃省电商扶贫工作综述［EB/OL］. http：//www.gsmw.gov.cn/htm/20177/158_18295_p3.htm，2017-07-13.

四、甘肃省精准扶贫工作中的不足

经过长期的努力，我国走出了一条具有中国特色的扶贫开发道路。我国成为世界上减贫人口最多的国家，也是世界上率先完成联合国千年发展目标的国家[①]。甘肃省长期以来经济社会发展相对落后，诸多县区都是全国典型贫困县，而自实施精准扶贫五年以来，甘肃省脱贫攻坚成绩显著。2017年甘肃省全年减贫67万人，贫困发生率下降到9.6%，但还有189万名贫困人口尚未脱贫，仍有52个片区县、4个插花县需要摘帽。由此可见，甘肃当前扶贫脱贫工作仍有诸多的难点和短板，需要各级政府、各帮扶单位、各类脱贫主体共同面对，克服脱贫攻坚中工作的不足。

（一）顶层设计与脱贫实践存在差距

党的十八大以来，以习近平同志为核心的党中央担当起实现中华民族伟大复兴的历史使命，高度重视农村扶贫开发工作，创造性地提出并实施精准扶贫、精准脱贫方略，谱写出我国农村贫困治理的新篇章。当前，围绕精准扶贫精准脱贫方略的全面实施，中央各部委出台了129个政策文件，脱贫攻坚顶层设计的“四梁八柱”已经基本成熟，各省（区、市）在落实中央政策中不断完善和丰富“1+N”的扶贫脱贫政策体系[②]。可以说，脱贫攻坚“四梁八柱”性质的顶层设计已经基本形成，这些顶层设计集中体现出我国的贫困治理已经迈向理性化和现代化。

为了全面落实《中共中央　国务院关于打赢脱贫攻坚战的决定》（中发〔2015〕34号）和习近平总书记关于扶贫开发工作系列重要讲话精神，甘肃省在顶层设计上也做出了一系列的安排，先后出台了《甘肃省

① 中共中央宣传部.习近平总书记系列重要讲话读本［M］.北京：人民出版社，2016：42.

② 黄承伟.深化精准扶贫的路径选择——学习贯彻习近平总书记近期关于脱贫攻坚的重要论述［J］.南京农业大学学报（社会科学版），2017（4）：5.

国民经济和社会发展第十三个五年规划纲要》《中共甘肃省委　甘肃省人民政府关于深入实施“1236”扶贫攻坚行动的意见》（甘发〔2013〕13号）、《中共甘肃省委　甘肃省人民政府关于扎实推进精准扶贫工作的意见》（甘发〔2015〕9号）、《中共甘肃省委办公厅　甘肃省人民政府办公厅转发〈省水利厅、省扶贫办关于精准扶贫饮水安全支持计划的实施方案〉等十七个精准扶贫配套文件的通知》（甘办发〔2015〕28号）、《中共甘肃省委　甘肃省人民政府关于打赢脱贫攻坚战的实施意见》（甘发〔2016〕9号）、《甘肃省产业扶贫专项贷款工程实施意见的通知》（甘办发〔2017〕131号）等文件，对甘肃省的各项扶贫事业做出全面部署。另外，甘肃在创造整村推进等中国扶贫开发史上“多个”的情况下，又率先出台“1+17”精准扶贫方案，在全国探索出一条具有甘肃理念、甘肃模式、甘肃机制、甘肃状态的精准扶贫、精准脱贫的新路子。顶层设计在“理论”上看似已经非常完善了，但是，把“理论”运用到贫困村、贫困户的扶贫脱贫“实践”中时，还需要做大量的工作，要使政策落地生根，就需要不断创新工作思路，需要与甘肃贫困地区的实际相结合创新扶贫方式，深化精准扶贫实践。

（1）扶贫主体素养水平影响顶层设计落实效果。完善的顶层设计在具体的落实中，关键在于相关的主体对精准扶贫工作的有效执行或者参与。从执行方面来说，执行人员的素质和业务水平直接影响扶贫成效。甘肃在经济社会发展上相对落后，尤其是贫困县、贫困村的社会经济发展更加落后，干部队伍老化、素质不够高，贫困治理能力较弱等问题比较突出。因此，为了解决好基层“谁来扶”的问题，甘肃省各个贫困县、贫困村要明确扶贫主体，县级及以下的相关组织和个人是政策的实施主体，省、市相关组织、个人是重要主体。把健全干部驻村帮扶机制作为扶贫开发工作的机制创新之一，建立驻村工作队制度，把政治素养好、拥护党的领导、热爱农村工作、有较强的工作能力、敢于担当、开拓创新意识强的干部派到贫困地区驻村，确保每个贫困村都有驻村工作队，每个贫困户都有帮扶责任人。选派机关优秀干部到贫困村和基层组织涣散的村担任第一书记，切实加强贫困村村级组织的建设。同时，也要用最严格的考核制度，对单位和个人的扶贫工作进行科学而有效的考核。对执行成绩优异的单位、个人实施奖励，择优提拔重用；对扶贫工作不负责、不重视的单位、个人实行约谈、问责等惩罚，以保证执行人员的帮扶工作精准到位。从参与主体来说，参与主体的配合度直接影响脱贫成效。扶贫对象、社会力量是重要参与主体。甘肃贫困地区贫困面广、贫困人口比重大、贫困程度深，贫困地区群众收入水平低、受教育程度低。甘肃贫困地区人民的收入有三分之二来自家庭经营第一产业，其次是来自外出打工。农业产业化水平较低，农产品的深加工面窄，农民从农业中获得的收益难以增长。农民由于自身受教育程度低，从业技能较弱，外出打工只能从事简单易做但是危险系数较高的职业。这就造成了贫困人口在认识水平上的羸弱，自身的发展能力明显不足。因此，转变贫困人口“等、靠、要”、安贫乐道的认识，增强其自身发展能力是当前扶贫工作的重中之重。同时也要通过适当的方式鼓励社会力量参与到扶贫开发中来，为扶贫工作拓宽社会资源渠道。

（2）扶贫政策与甘肃城乡一体化发展趋势契合度不足。一些扶贫政策不能适应甘肃城乡一体化、农业现代化的发展新趋势。为了做好新时期扶贫工作，甘肃省参照中央实施的《中国农村扶贫开发纲要（2011—2020年）》制定了《甘肃省〈中国农村扶贫开发纲要（2011—2020年）〉的实施办法》，甘肃省将紧紧围绕增加贫困人口收入这一核心任务，把甘肃省国家三大集中连片特困片区（六盘山片区、秦巴山片区、藏区片区）作为主战场，以区域发展带动扶贫开发，以扶贫开发促进区域发展，全力推进贫困地区经济社会跨越发展。

党的十八届三中全会对全面深化改革做出了系统部署，国家出台了《国家新型城镇化发展规划（2014—2020年）》及相关政策，把生态文明理念和原则全面融入城镇化过程中，走集约、智能、绿色、低碳的新型城镇化道路。但是，我国经济发展进入新常态，农业农村领域正在发生并将持续发生一些新的变化，对城镇化和农业现代化提出了更高更新的要求。因此，部分扶贫政策已经不适应甘肃城镇化和农业现代化的新要求，具体表现在以下四点：

一是产业扶贫政策与农业经营方式发展趋势不适应，未能有效发挥新型农业经营主体、社会化服务体系在产业扶贫中的作用。当前，甘肃特色农业产业化发展迅速，优势农产品的区域化布局初步显现，农业区域开发成效明显，甘肃农业正处于从传统农业向现代农业转变的重要阶段。同时，甘肃地区是我国资源较富集地区，又是生态敏感区，更是经济欠发达区域；甘肃区域农业的发展，承受着加速区域农业发展与维护生态环境的双重压力，从而面临着“两难选择”与严峻的现实。目前，甘肃正在建设国家循环经济示范区，而建设循环农业是甘肃发展循环经济的重点领域之一。为此，以循环经济示范区建设为契机，立足甘肃农业省情与西部区情，着眼长远与可持续发展。以特色农业为突破口和战略重点，以循环经济技术范式为基础，探索具有区域特色的农业现代化发展模式，不仅是甘肃循环经济示范区建设的必然要求，更是甘肃农业和农村经济可持续发展的必然选择。

二是农村社会保障和社会救助体系与城乡一体化改革不适应。甘肃是一个多民族共同生活的地区，在经济发展方式转变的时期，如何通过有效的社会保障体系，使广大农村贫困群众享受发展的成果，对多民族聚集的甘肃实现各地区、各民族共同富裕，有着重要的意义。但是，当前有诸多制约甘肃农村社会保障体系发展的因素：城乡社会救助体系在标准、体制、管理等方面还存在二元分割；社会保障以社会统筹为主，对政府财政依赖性较强。甘肃农村地区经济社会发展相对落后，收入水平和人民生活水平都较低，社会保障更体现为只是对人民群众生存权的保障。以新型农村合作医疗和农村最低生活保障为主体，福利保障措施几乎为零。保障层次较低，保障方式以社会统筹为主，没有建立相关的个人账户。工伤意识和养老保险意识在甘肃贫困地区极其淡薄。以工伤意识为例，甘肃贫困地区存在大量外出务工人员，而且绝大多数以自发输出为主，很多务工人员自身并不了解工伤保险，也未和雇佣公司签订劳动合同，同时，主观意愿上对缴纳工伤保险的积极性也不高。一旦出现工伤纠纷，外出务工人员会再一次陷入贫困困境。虽然社会保障制度在不断完善，例如：新型农村医疗合作有效地解决了甘肃贫困地区人口

“看病难、看病贵”的状况，因病致贫、返贫的现象将有序减少，但城乡社会救助体系的二元分割依然制约着城乡一体化的发展。

三是传统的以增量扩能为主的扶贫资金投入和使用模式，与经济发展新常态不适应。在经济增速和财政收入增速双降的大背景下，财政扶贫资金使用效率不高的问题日益突出。简单来讲，精准扶贫必须要解决好钱和政策用在谁身上、怎么用、用的怎么样等问题。精准扶贫重点在于精准，即“精准”使用国家扶贫的各类资金和政策，用准用足，用在正确的方向上，用在贫困群众身上。既要扶到最需要帮扶的群众，又要扶到群众最需要扶的地方。甘肃省每年的财政收入有将近80%被用于民生支出。2017年，全省民生支出2609. 7亿元，占财政总支出的79%。但是，这种增量扩能的资金投入和使用模式与经济发展新常态严重不适应。因此，在经济增速和财政收入增速双降的大背景下，甘肃省需要改革资金管理体制，并进一步加强资金的整合力度。合理运用财政专项扶贫资金，把中央补助和省各级财政预算安排用于农村贫困地区、少数民族地区、革命老区、边境地区、国有贫困农场、国有贫困林场，加快经济社会发展，改善对象基本生产生活条件，增强其自身发展能力，帮助其提高收入水平，促进消除农村贫困现象。合理分配资金，按照“1236”扶贫攻坚行动的目标任务和各地实际，突出重点，统筹安排。省级和58个片区县按当年财政收入增量的20%以上、市级按10%以上、17个插花县按15%以上增列本级专项资金预算。想要满足千差万别的扶贫到户的需要，就必须给予县乡政府在更加了解贫困户情况方面的资金使用上更大的自主权。省政府负责监督、检查、考核和评估，重点放在扶贫的实际效果和资金是否滥用等方面。

四是扶贫工作与涉农电子商务等新兴业态的发展不适应。现行的扶贫措施对这些新业态、新模式的重视还不够。涉农电子商务已经成为连接农户和市场的有效渠道。但是，甘肃贫困地区人才匮乏，产品同质化严重，质量标准认证难，电商规模小而散。长期以来，发展基础薄弱、平台支撑能力弱、消费品市场单一，产业带动力弱，有资源无产业、有特色无平台、有品牌无效益成为甘肃省部分县区产业发展的“瓶颈”。甘肃是中药材资源大省，但是全省中药材传统市场普遍存在交易成本高、违约多、融资难等问题。对此，甘肃省要借助互联网交易平台，让传统经营者也能通过手机和电脑自主定价、随时卖货、及时回款、高效融资。具体而言，就是要坚持以保存量扩增量为核心，发展壮大工业经济；坚持以自贸区为引领，积极构建对外开放新格局；坚持以科技创新为核心，大力推进创新驱动发展；坚持以问题为导向，着力打造一流的营商环境。近两年来，甘南州夏河县以创建电子商务进农村综合示范县项目工作为契机，立足该县独有的旅游文化、特色物产、自然生态资源，探索“品牌+电商+扶贫”模式，助推精准脱贫。夏河县成功打造的甘南州第一个全县域“原生夏河”公共品牌，由政府主导，企业与个人参与，按照“统一品牌、商标各异、母子品牌联动、核心品牌突出”的方式，通过电子商务模式运营，实现了从牧场到市民餐桌的安全直接联通，为龙头企业、专业合作社改良产品，打造适宜网络销售的特色产品搭建了平台。同时，他们还手把手帮助贫困户、残疾人等帮扶对象和精准扶贫对象运用电商知识开办网店，多形式、多渠道、多思路引导贫困户脱贫致富。

（二）扶贫工作的整体精准性不够，干部帮扶机制不完善

在我国传统的扶贫工作机制中，扶贫工作一直存在整体精准性不够等弊端。甘肃地处中国西部，地理环境复杂多变，部分地区自然环境十分脆弱。而贫困人口大多就居住在山区、高原、河谷等自然环境恶劣地区。另外，甘肃省的国内生产总值在全国所占比重和人均国民生产总值都明显低于我国经济发展的平均水平。虽然，党的十八大以来，在以习近平同志为核心的党中央的领导下，甘肃脱贫攻坚取得了决定性的进展。但贫困发生率仍高达9. 6%，高出全国平均值6. 5个百分点，而且剩下的都是难啃的硬骨头，目前已经到了决战决胜阶段。根据中央关于扶贫对象精准的相关顶层设计文件，甘肃省依据农村发展实际与扶贫开发工作实践，相应地出台了一系列相关政策。这些政策一方面体现出与中央

文件的一致性，另一方面也体现了甘肃根据本地的地化特征、扶持对象精准的要求而做的政策创新和实践创新。但是这一阶段也是各种问题和矛盾突发的时期，扶贫工作中整体精准性不够等问题仍然比较突出。

（1）扶贫工作精准分析不到位。甘肃扶贫工作对于贫困人口的具体贫困程度、贫困原因、帮扶思路以及帮扶效果等缺乏清晰准确的分析，这就导致了扶贫人力、物力和财力使用不到位，效果不明显的情况发生。而精准扶贫通过精准识别、精准帮扶、精准管理和精准考核等一系列举措保障扶贫资源瞄准到户、“滴灌”到户。甘肃省是贫困程度较深的省份，要做到“扶真贫”难度相当大。全省 86 个县区市中，有 58 个被纳入国家六盘山、秦巴山和藏区三大集中特困片区，贫困面大、贫困程度深、脱贫难度大。有限的人财物要合理地解决所有贫困人口的问题是不太现实的，所以常常出现“拆东补西”的现象。因此，脱贫致富需要来自外部的政策的、资源的、人员的、技术的、渠道的等各方面的支持。但是，最重要最关键的仍然是贫困人口自身的主观能动性。同样地，对于一个贫困地区而言，打赢脱贫攻坚战既需要来自外界的支持和帮助，又需要自己主动找准优势、对接市场、寻找出路，发展适合本地实际的优势产业，实现脱贫致富。要有效解决这一问题，必须要对甘肃贫困分布、贫困类型等因素进行精准、有效分析，做到扶贫资源“有的放矢”，实现精准扶贫效益最大化，从根本上杜绝扶贫支持“牛头不对马嘴”、扶贫资源无效浪费等现象。

（2）扶贫识别存在贫困状况评价不精准。一是识别对象的排斥问题。扶贫对象精准的核心载体——建档立卡工作方案明确指出，贫困户的确定“采取规模控制，各省将贫困人口识别规模逐级分解到行政村”。这种“自上而下”的逐级分解方式，要求在规模限定范围内完成对扶贫对象的识别，可能会造成三种排斥，即规模排斥、区域排斥和识别排斥。[①] 这种排斥现象在贫困率较高、贫困程度较深的甘肃表现得更为明显，按照省级分解的规模，各市县乡（镇）获得的贫困村和贫困户指标未必与实

① 邓维杰．精准扶贫的难点、对策与路径选择［J］．农村经济，2016（6）．

际的贫困人口规模相一致。针对贫困村的扶贫开发政策可能会将部分不在贫困村的贫困户排斥在外。还可能出现负责精准识别的人员为了私利，优亲厚友，人为地将贫困指标分配到乡（镇）、村和户，从而导致恶意识别排斥。

二是识别结果精准性的责任问题。甘肃省级各县市关于扶贫对象精准的各项政策举措，能在较大程度上增进贫困识别的精准性，但是，无论是省级方案，还是县级方案，均未涉及识别结果精准性的责任问题。严格按照各市县出台的精准识别工作方案，调查方、评议方、审核方和申请方之间的“信息不对称”虽然在一定程度上得以克服，但是，调查方、评议方、审核方都没有动力将“信息不对称”降至最低，因为他们无须负责，他们只要严格按照市县方案执行即可，而并不需要考虑贫困户或先前贫困识别阶段已经脱贫的家庭，可能出现机会空间和漏洞。

三是精准扶贫体制下“精准填表”的问题。自2018年1月1日起，扶贫数据主要通过建档立卡信息系统上报，不再要求县以下单位通过其他渠道提供。据此，甘肃各级扶贫要充分利用建档立卡信息系统，严禁层层增加指标和填报频次，切实减轻基层填表报数负担。建档立卡数据指标要统一规范，保持连续性和稳定性，确需修改完善的，按照全国统一部署进行。这在一定程度上有助于克服扶贫工作中的形式主义，减轻基层填表负担，走出“填表忙”的困境，从而使基层干部群众将有限的精力集中于脱贫攻坚拔寨的最后冲刺战中。

（3）驻村帮扶机制和扶贫考核激励机制缺乏持续性管理。干部扶贫驻村帮扶机制是一项被我国扶贫实践证明了的行之有效的扶贫制度。可是在贫困基层虽然也有驻村帮扶脱贫工作人员和工作组，但问题是驻村扶贫人员的持续性管理以及扶贫考核激励机制却没有完善起来。正是因为干部扶贫工作有着不健全的考核激励机制，所以才造成了一些基层政府、干部在思想上对扶贫工作重要性认识不到位，工作不投入，效果不明显，只是敷衍了事，没有扎实落实工作，甚至是流于表面功夫，没有将有效的决策力和执行力发挥到扶贫工作之中去。与此同时，必须要引起重视的一点是，当前的许多驻村干部脱离农村时期较长，农村生活农村工作经验非常缺乏，部分刚刚走出校园不久就投入工作岗位的年轻扶贫工作人员，对于我国农村贫困状况的了解比较缺乏，驻村帮扶经历也相应缺乏。这些因素也在一定程度上影响着干部驻村帮扶机制的实际效果。因此，未来3年，甘肃必须坚持把脱贫的质量放在首位，与实施乡村振兴战略有机结合起来，举全省之力打好这场硬仗，奋力夺取脱贫攻坚新胜利。

（三）扶贫工作主客体脱贫理念方式滞后

扶贫工作是一项系统的复杂工程，是在贫困地区与外部力量的互助合作中逐步展开的。在理论的具体实施中，政府部门、企业、社会组织、驻村帮扶干部、村干部、扶贫对象等不同的群体都会参与其中。从粗放式的扶贫到精准扶贫，全方位地改变了我国贫困治理的基本逻辑和运行模式。在中央精准扶贫顶层设计逐步形成和完善的过程中，无论是治贫主体、治贫方式还是治贫客体都面临理念方式方法的转变，对甘肃扶贫开发的具体实践带来诸多的挑战。对这些挑战的回应直接决定了甘肃实践的有效性，也影响着精准扶贫战略的实施效果。扶贫过程中，扶贫对象应该是主体，这个过程就是在政府等外部力量的帮扶下主动脱贫的过程。但是，在政府统揽的扶贫实践中，扶贫对象往往会变成扶贫工作的客体被脱贫。

（1）治贫主体扶贫理念滞后。首先，政府部门扶贫理念依旧停留在扶贫救济的狭隘框架中。政府扶贫部门要转变认识，应当把扶贫当成是全面建成小康社会的底线任务，而不是扶贫救济。扶贫工作长期以来主要是一项部门的业务工作，其工作职能虽涵盖专项扶贫、行业扶贫和社会扶贫，但是扶贫部门主要从事的是专项扶贫工作，干的是扶贫救济的“一亩三分地”的事。2013年，习近平总书记指出：“没有农村的小康，特别是没有贫困地区的小康，就没有全面建成小康社会。”2014年12月，在中央经济工作会议上，习近平总书记提出了“扶贫工作事关全局，全党必须高度重视”的新论断。2015年11月29日颁布的《中共中央 国务院关于打赢脱贫攻坚战的决定》明确指出："扶贫开发事关全面建成小康社会，事关人民福祉，事关巩固党的执政基础，事关国家长治久安，事关我国的国际形象。"习近平总书记一系列关于扶贫开发的重要讲话精神和党中央、国务院出台的重要文件表明，扶贫开发已由"局部"性的扶贫济困业务工作上升到事关"全面建成小康社会"的大局工作。

其次，政府部门发挥扶贫工作管理作用，忽略贫困治理的协调作用。政府部门要从扶贫工作管理者的身份转为贫困治理的协调者。贫困问题的起因错综复杂，贫困问题的治理需要多元协作。精准扶贫精准脱贫方略实施以前，甘肃在扶贫领域强调要形成"专项扶贫、行业扶贫、社会扶贫三位一体"的大扶贫格局，但是，市县扶贫系统的职责权限往往还是囿于自身承担的专项扶贫领域，扶贫开发领导小组虽然有各行业部门和社会团体参与，但是，县扶贫办的协调能力毕竟是有限的，无法有效协调和调动各种资源参与扶贫开发，整个社会在扶贫资源利用上的协调性也不高。因此，就需要一种全新的大扶贫格局，它将扶贫上升到省市县政府工作的头等大事层面，扶贫开发不再只是扶贫部门的事，而是演变成省市县级党委政府的重要工作之一，应该形成"政府、社会、市场协力推进"的适应甘肃的扶贫模式。而这种角色的转变对省市县扶贫部门提出了严峻挑战，如果各级贫困治理主体仍然按照以往的思路开展工作，那么，必然会跟不上新形势的要求，更可能会陷入工作上的被动局面。只有迅速及时转变角色，充分认识到扶贫部门在脱贫攻坚体系中的职责所在，才能更好地整合资源、形成合力，更好地服务于甘肃精准脱贫的既定目标。

（2）脱贫主体自主脱贫意识不足。贫困户的生存环境改善是政府在管，脱贫能力的培养也是政府的事，贫困人口自然而然地把一切都交给了政府，自己的主观能动性很少发挥，部分地区出现了许多"懒汉"。因此，要精准到户到人，从"输血"式外源性发展向"造血"式内生性发展，到户到人的扶贫瞄准机制对甘肃扶贫工作思路与方式提出了新的更高的要求：其一要强化政策落实，确保到户到人；其二要正确处理整村推进与瞄准到户到人两者之间的关系，保障整体增长与个体发展协调共进；其三要进一步强化贫困人口精神与能力方面的脱贫，增强贫困人口在精准脱贫中的主体性价值。这就必然要求要极大地激发贫困人口的自主脱贫意识。

同时，还存在脱贫主体内外发展动力都严重不足的问题。从发展动力来看，贫困人口及贫困地区的发展模式有两种：其一是外源性发展，主体缺乏发展动力，主要依赖来自政府、社会等外部主体的资源输入实现发展；其二是内源性发展，主体自身具有较强的发展动力，并充分利用内部资源实现自身发展。扶贫开发是政府将大量发展性资源向贫困地区和贫困人口输出的过程。根据政府资源输出是否及多大程度上促进贫困主体发展动力与发展能力提升的差异，可将其分为“输血”式扶贫与“造血”式扶贫[①]，前者将物资输入视为目的，后者则视其为促进贫困主体发展能力提升的手段。“输血”式扶贫模式在甘肃农村扶贫工作中占有重要地位。这种模式向贫困人口直接输入物资和货币以改善其生产生活条件，忽视对贫困人口发展动力和能力的提升，造成贫困人口只能依赖扶贫资金的“输血”维持低水平均衡状态。因此，要强调“扶贫先扶志”，从发展意志和发展能力两方面双管齐下，通过干部帮扶、能人带动、思想动员等方式改变“意志贫困”的状态，通过产业扶贫、就业技能培训、扶贫小额贷款等多元化政策举措帮助有劳动能力的贫困人口实现能力提升。各县政府要准确理解精准扶贫战略思想，杜绝“一兜了之”思想，积极探索贫困人口参与产业、产业发展与贫困人口利益衔接机制的有效模式，切实以提升贫困人口发展能力为工作导向，保障脱贫稳定性和可持续性。

（3）贫困治理方面。在贫困治理实践中，存在脱贫目标任务不明确，精准“滴灌”难度大，考核评估方式比较单一的问题。首先，脱贫任务不太明确。扶贫开发长期以来以解决贫困人口的生活质量和综合素质、加

① 谭贤楚.“造血”与“输血”的协同——中国农村扶贫模式的演进趋势［J］. 甘肃社会科学，2011（3）.

强贫困乡村的基本生产生活条件、提高贫困人口的生活质量和综合素质、加强贫困乡村的基础设施建设为奋斗目标。这些奋斗目标从定性角度指明了农村扶贫开发努力的总体方向，但是没有围绕其建立易操作、可评价的指标体系及相应标准，导致地方扶贫工作中在对象瞄准、资源投入等方面没有明确的目标导向，同时还导致了农村扶贫工作绩效遭到削弱并陷入“内卷化”的困境①。2016年4月，中共中央办公厅、国务院办公厅印发了《关于建立贫困退出机制的意见》，其中对贫困对象退出的标准和程序做出了详细的规定，明确将“两不愁三保障”即不愁吃、不愁穿，义务教育、基本医疗、住房安全有保障，作为贫困人口脱贫退出的标准。扶贫目标任务开始量化，这为地方精准发力提供了着力点。所以，甘肃政府不能停留在以往的仅靠政策兜底保障贫困人口基本温饱的简单思路上，而应根据新的目标体系将农村扶贫开发工作与基本生活保障、能力建设、基本公共服务、“五位一体”发展战略等相结合，促进精准脱贫与整体发展。应最大限度实现精准扶贫识别层面的形势目标与精准脱贫的实质性目标相契合，警惕应对“压力性体制”而产生的数字脱贫、形式脱贫。

其次，精准“滴灌”难度较大。开发式扶贫在推动甘肃各地区整体经济发展方面取得了一定的成效，但是，由于其工作思路本身及应对扶贫形势转变等方面的不足，扶贫工作难以取得突破性进展。精准“滴灌”的目的是促进扶贫资源和贫困人口的有效对接，并提升扶贫政策与帮扶措施满足贫困人口真实需求的能力。但是，甘肃贫困人口基数大，要实现精准识别难度较大，而且，贫困户的致贫原因复杂多样，政策措施要精准到户有一定的难度，最终的考核评估受限，在精准“退出”时矛盾和问题百出。另外，贫困人口的自我发展能力较弱，抗风险能力较弱，在脱离了政府的丰富扶贫资源投入的情况下，一旦遇上外部突发因素就会返贫。由此可见，精准脱贫在一定意义上来说是具有相对性的，短期

① 陆汉文，黄承伟．中国精准扶贫发展报告（2017）[M]．北京：社会科学文献出版社，2017：15.

内的脱贫只能解决贫困户一时的困难，要使贫困人口长久地脱贫必须构建长效脱贫机制。在全面建成小康社会的决胜阶段，剩余贫困人口脱贫时间紧、任务重，部分地区为了扶贫政绩，层层加码、加快进度，形式主义代替了真抓实干，只求快不求好，导致脱贫水分较大。

（四）社会政策对绝对贫困人口的兜底作用不够

2007年，中国农村最低生活保障制度在全国范围内建立起来，自此，中国国家贫困治理体系形成了开发式扶贫与兜底式扶贫共同发挥作用的政策体系。农村最低生活保障制度及其相关政策，是构筑农村社会安全网的基本要件，对于防控各类社会风险、守护民生底线发挥着至关重要的作用。在新时代，全面建成小康社会背景下的脱贫攻坚战，兜底保障是重要举措。在“五个一批”的政策体系中，有1000多万名农村贫困人口属于部分或者完全丧失劳动能力的人群，需要通过兜底保障的方式保障其基本生活。虽然国家出台了“扶贫+低保+临时救助”“新农合+医疗救助+大病医保”等救助制度，但这些政策对特困人口普遍存在的甘肃来说作用不太明显。

（1）特殊群体难以完全纳入政策扶持。为了促进兜底政策保障制度的规范化运行，甘肃结合实际制定了政策瞄准的具体方法，一方面结合甘肃经济状况拟定“低保线”；另一方面推动社区参与式评价，并借大数据对比、“回头看”等方式，力促识别更加精准。但是毫无疑问，任何理性化的制度设计都面临着难以有效含括丰富社会生活世界的问题。“行政体制理性化”制度安排与“治理实务在地性”之间存在一定的张力，故导致了“精准识别”“精准帮扶”“精准退出”的困境[①]。例如，一些确实有困难的群体由于户籍与居住地分离、社区社会排斥等现实原因难以达到识别标准的要求，以致不能建档立卡，无法享受帮扶政策。

① 吕方，程枫，梅琳．县域贫困治理的“精准度”困境及其反思［J］．河海大学学报（哲学社会科学版），2017（2）．

（2）特殊群体的服务体系建设不足。注重低收入群体物质性满足的社会保障方式已经不再适应人们的要求，独居老人、孤儿、残疾人的托养和照料等问题越来越受到社会各界的关注。为此，2016年2月国务院颁布《国务院关于进一步健全特困人员救助供养制度的意见》，在《社会救助暂行办法》和《农村五保供养条例》的基础上提出特困人员救助供养制度的办法，为推进特困群体的社会保障事业画出浓墨重彩的一笔。此后，甘肃各部门陆续出台了针对特殊群体的社会保障工作的制度性文件。甘肃省政府印发了《甘肃省"十三五"脱贫攻坚规划》，甘肃省将通过落实农村低保、农村特困供养、临时救助、城乡居民养老保险等九项兜底保障到户政策，健全农村社会救助体系，完善农村最低生活保障制度，提高农村基本养老保障水平，健全农村"三留守"人员和残疾人关爱服务体系，实现社会保障兜底。对突发性事件、意外伤害、重大疾病或其他特殊原因导致基本生活严重困难的贫困家庭，甘肃省将给予应急性、过渡性救助，发放临时救助金或实物，必要时提供转介服务。并通过政府购买服务的方式，为特困、低保家庭中的失能、失智、高龄老年人和计生特殊困难家庭、其他低收入家庭的失能、失智老年人接受居家社区养老服务或入住养老机构给予补贴。但是，实际情况却是，基层服务体系建设依然十分滞后，难以有效响应特殊困难人口的服务需求。

（3）"两项制度衔接"有待推进。2016年民政部颁布了《关于做好农村最低生活保障制度与扶贫开发政策有效衔接指导意见的通知》，从顶层设计层面为"两项制度"更好地衔接提供了指引，有利于甘肃各地相关工作有序推进。从实践层面来看，甘肃目前主要的工作体现在推动识别体系衔接、信息衔接和政策衔接方面。在具体的推进过程中，各地的实际效果并不一致，特别是"低保"和"贫困户"的身份所附着的社会福利不断增长，"福利依赖"的现象有一定的增长趋势。另外，医疗保险和医疗救助补偿少，"底心层"问题严重。由于住院医疗费用高，新农合报销比例低，而且要个人先预付费，门诊治疗费用不能报销，大多数失能贫困人口大病不住院，小病自己扛，从医保基金和医疗救助资金获得的支持很少。而且当前很多农村民生工程，如危房改造、饮水安全工程，都需要农民支付一定的费用，失能贫困人口家庭因拿不出这笔钱而不能享受政策。如各省对农村危房改造补助普遍不超过 2 万元 / 户（指新建房），而盖 3 间普通砖房的建造成本最低也要 6 万元，一般情况下也需要 10 万元，缺口很大，大部分失能贫困人口负担不起。

第四章
甘肃省贫困地区精准脱贫可持续影响因素分析

精准扶贫并非仅仅局限于对现有绝对贫困人口的帮扶和脱贫，更不宜将精准扶贫理解为只是为了实现阶段性的扶贫开发目标。扶贫开发工作的本质意义在于消除社会中的贫困问题，帮助农村现有贫困人群摆脱贫困，这是消除农村贫困问题的第一步。要让农村社会告别贫困，迈入小康社会，还需要保障扶贫脱贫效果保持可持续性。也就是说，在帮助贫困农村人口脱贫之后，还要尽可能防止部分贫困人口返贫以及新的贫困人群产生，同时还要为弱势群体继续提供帮扶和社会支持。

脱贫工作是一个系统工程，造成贫困户贫困、返贫的因素有很多，自精准扶贫工作理念提出以来，甘肃省积极进行贫困人口识别认定工作，相继完成了贫困户的建档立卡工作，多方举措并举使得减贫工作取得了一定成绩，贫困人口生计问题得到一定程度改善，贫困发生率显著下降。但是进行建档立卡、精准识别只是解决贫困人口问题的第一步，如何巩固脱贫成效，促进减贫的持续性和稳定性，防止已脱贫人口再次返贫才是精准脱贫的目标所在。生态扶贫、旅游扶贫、教育扶贫、易地扶贫搬迁等扶贫项目建设对于改善贫困人口的生活、生产条件有着直接影响，但在实际脱贫工作过程中，由于贫困户主体自身能力积累不足，供体层面政策缺乏延续性及公共资源配置有失均衡，载体层面生态保护及恢复工作稍显滞后，因此出现了一些新情况、新问题，制约了贫困人口脱贫的持续性。

一、扶贫主体可持续性面临多重制约

习近平总书记在中央扶贫开发工作会议上指出，脱贫致富终究要靠贫困群众用自己的辛勤劳动来实现。同时，要发挥广大基层干部群众的首创精神，带动全社会广泛的扶贫力量，才能改变贫困落后面貌。

（一）扶贫基层组织的不可持续性

精准脱贫“最后一公里”的实现是以扶贫基层组织为核心，因此影响农村精准脱贫的可持续性的一个核心因素就是扶贫的主体。扶贫主体即基层各级组织的不可持续性将从根本上影响精准脱贫的可持续性。当前，在甘肃农村反贫困的实践中，基层组织作为扶贫的核心主体，其不可持续性主要体现在以下两个方面：

（1）基层贫困治理人才的不可持续性。首先表现在基层管理人员素质落后。经过多年实践证明，乡村基层组织和乡村干部素质是扶贫脱贫的关键。精准扶贫先要精准在贫困乡村干部的选拔培养问题上。例如，在当前农村选举中，能胜出的包括传统型治理精英和新型治理精英。前者依赖于村庄中的传统规范，后者主要依靠其前期积累的经济资本和社会资本，绝大多数都并非专业的治理人才。他们的学历水平、年龄结构、治理手段等体现的扶贫思想和扶贫方式都难以满足精准扶贫对于专业人才的要求。在甘肃扶贫实际中，一些精准扶贫工作是以对口、驻村扶贫的方式进行的，这一扶贫策略虽明确了扶贫的责任单位和扶贫对象，但是，究竟采取什么样的扶贫措施和行动，则在很大程度上取决于驻村扶贫工作者的能动性。驻村工作者能力越强，扶贫效果就会越好。而对口扶贫单位派驻的扶贫工作者并非专门性、长期性的，所以扶贫措施和行动通常只是阶段性的，不具有可持续特征。要推进可持续的精准扶贫，就必须针对扶贫对象的特点和需要，确立能够持续下去的扶贫治理专业队伍。也就是说，不论对口扶贫责任单位是谁、不论对口扶贫单位派谁去扶贫，能否有一支高素质的精准扶贫人才队伍才是关键。于是，在2012年，甘肃省委在全省组织开展以单位联系贫困村、干部联系贫困户为主要内容的“联村联户，为民富民”行动。由全省1.4万多个单位，结对帮扶1.5万多个村，40多万干部结对联系67万户贫困户，建立“四级联动、纵向到底、横向到边”的领导、组织和责任体系，实行不彻底脱贫不罢手、不全面小康不脱钩。通过双联行动，40多万干部把各类扶贫资源精准地输送到贫困村、贫困户，立体化、多元化地给这些地方和贫困户以特殊的指导、关怀和帮助。其次，由于基层组织扮演的双重角色使得基层组织的目标指向与精准扶贫脱钩，基层组织干部的收入取决于上级政府给付，缺乏恰当激励，从而使得贫困治理缺乏动力。扶贫工作成效与基层组织及其干部自身利益关联度不高，扶贫工作干得好坏，在实际中并不影响其工资收入和“官途”发展，因而，在反贫困治理中更多地表现为一种“消极政治、无为而治”。同时，基层组织管理层缺乏后备力量。以大学生村官为例，大学生村官制度作为乡村组织管理人才的后备补充是一项可持续人才培养机制，但大学生村官本身的“尴尬”身份——既非公务员身份，也不是事业编制，而且大多数报考动机并非以农村可持续发展为目标，客观上造成大学生村官流失比较严重。大学生村官流失的另一个直接因素就是福利待遇问题。2016年甘肃省选聘500名大学生村官到建档立卡贫困村或条件相对艰苦、工作基础比较薄弱的村工作，主要职责是宣传贯彻惠农政策、协助落实扶贫措施、引导发展富民产业、引领推进电商扶贫和帮助建强村级组织。但按照甘肃省有关政策规定，新选聘的大学生村官各级财政每年补贴3.1万元，中央财政一次性发放安置费2000元，省级财政一次性发放安置费1000元。由此可见，以现今社会发展的生活标准，大学生村官的福利待遇远远不能满足家庭生活的发展需求。

（2）基层贫困治理资源的不可持续性。一方面，当前精准扶贫下农村反贫困的治理资源主要来源于国家财政转移支付。政府虽每年都有较大的资源投入扶贫领域，但是仅依靠政府的单方力量并不能很好地解决扶贫资源的短缺问题。作为经济欠发达省份，甘肃省财力十分有限，资金不足是脱贫攻坚的最大“瓶颈”制约。“十二五”期间，甘肃省共投入财政专项扶贫资金243.8亿元，是“十一五”的3.05倍。特别是自“1236”扶贫攻坚行动实施以来，瞄准制约贫困地区发展的“瓶颈”问题，投入大量的人力和物力，集中攻坚基础设施建设、富民产业培育、易地扶贫搬迁、金融资金支撑、公共服务保障、能力素质提升“六大突破”。尽管中央和省市县各级都加大了扶贫资金投入力度，但是与贫困地区和贫困人口的发展需求相比，扶贫资金投入仍显不足。以危房改造项目为例，根据甘肃省实地调研情况显示，户均危房改造资金需要8万—10万元，但目前中央危房改造项目补助资金每户仅有8000元。尽管甘肃省不断加大脱贫攻坚资金整合力度，2015年度已达440亿元，但各部门掌握的资金都是按各自规划分配使用，普遍存在分散、细碎、“撒胡椒面”的现象，监管难度相对较大。一些资金对贫困村和贫困户的特惠倾斜不够，目前能够落实到贫困村、贫困户的资金占全部整合资金的50%左右，资金整合使用的精准性还需进一步提高。2015—2016年，甘肃省累计安排专项扶贫资金66.6亿元，年均增长46.7%。2017年，省级预算安排专项扶贫资金27.2亿元，较上年增长37.5%。通过整合，有效解决了财政资金“碎片化”“撒胡椒面”、效益不高等问题，形成了“多个渠道引水，一个龙头放水”的投入使用机制。另一方面，基层组织无法实现内生性收入增长，基层集体经济弱化，空壳化现象严重。集体经济的发展在人民公社化时期达到最大限度的强化，而改革开放后，尤其是家庭联产承包责任制的实施，是集体经济“由盛转衰”的关键转折点。到2006年，国家取消农业税以来，农村集体经济更是走向低谷，使得农村所必需的公共基础设施以及农村社会保障体系缺乏了重要的经济支撑，基层组织陷入负债境地，产生了“空壳村”的普遍现象。“空壳村”指的是：某些村的村集体基本没有什么固定资产和公共积累，谈不上什么集体所有企业，且集体收入极其低下，或无经济收入，甚至处于亏空状态。而贫困村又几乎是“空壳村”——经济落后，缺乏劳动力，基层党组织的班子一般3—5人，村书记年龄偏大，文化水平偏低，无法带领村民脱贫致富奔小康。形成“空壳村”的原因是多方面的，情况也比较复杂。主要是一些村地处偏远，资源匮乏，加之交通不便、信息不灵通等基础设施滞后，导致其始终处于农村经济发展的劣势，失去发展的基础和机遇。其次是农村外出务工人员过多，劳动力大量流失，留下老弱病残和妇孺，造成土地撂荒。妇女和老人对待村务事漠不关心，村务事与村民无直接利益关系，村委会的凝聚力和向心力也日益下降。

（二）扶贫主体之间关系的不可持续性

作为一支重要力量，社会组织在中国扶贫中发挥了不可替代的作用。国务院扶贫办明确指出：社会组织是我国社会主义现代化建设的重要力量，是联系爱心企业、爱心人士等社会帮扶资源与农村贫困人口的重要纽带，是动员组织社会力量参与脱贫攻坚的重要载体，是构建专项扶贫、行业扶贫、社会扶贫“三位一体”大扶贫格局的重要组成部分。因此，精准扶贫要实现脱贫效果的可持续性，这就需要扶贫力量之间必须形成可持续的扶贫合作关系。政府机构参与扶贫是其内在要求，而社会组织、企业等参与扶贫则是有选择进行的，目的在于实现社会组织的公益性和企业的营利性。鉴于此，扶贫主体之间的关系具有不可持续性，主要表现在以下两个方面：

（1）政府机构和社会组织关系的不可持续性。我国的扶贫开发一直以来都是政府主导型的，这源于计划经济体制，在这种模式下，基层政府对上级政府过度依赖，弱化了基层组织的作用，由于未充分尊重贫困群众的意愿，使得贫困群众的参与度较低，同时未充分调动社会组织等参与扶贫的积极性，降低了扶贫开发的效果。一方面，政府机构和社会组织之间信息不对称，缺乏良性的沟通机制。长期以来政府与社会力量之间、被帮扶者与帮扶者之间一直欠缺良性沟通机制，相关信息沟通不及时，导致社会力量存在深度参与顾虑：如何扶贫、扶持谁、扶贫对象的需求是什么、扶贫对象是否愿意接受其他人员帮助？这些信息无法通过常规渠道进行共享，因此会导致“各回各村、各帮各亲”的情况，扶贫的力度和范围也会因此大打折扣。以政府基层组织为例，精准扶贫需要广泛吸纳社会组织资源开展扶贫工作，而基层组织长期处于村庄的环境中，再加上基层组织干部年龄、知识结构老化，缺乏与社会组织合作的意识。即便基层组织认识到可以跟社会组织合作共同扶贫，却碍于信息资源的闭塞，寻求不到合适的社会组织参与到扶贫工作中来。对于社会组织而言也是如此，扶贫事业不过是社会组织公益事业中的一个分支，如何吸引社会组织参与扶贫开发是基层组织的重要任务之一。

（2）政府机构和社会组织扶贫手段的矛盾性。尽管政府机构与社会组织已经开始开展扶贫合作，但它们之间的关系却体现出了不可持续性。扶贫开发固然是政府义不容辞的责任，但政府机制有其内生性的弱点，具体体现为：在一些扶贫领域中，行政主导的政策动员和扶持机制，并不必然具有高效率，当前的扶贫开发实际却恰恰与市场机制的高效率背道而驰。扶贫开发由政府进行主导和控制，扶贫项目的选择、进行的手段在很大程度上由政府说了算，而不是依据市场的需求来制定扶贫项目与进行手段选择，企业只能望而却步，不想也不敢参与进来。因为缺乏市场机制的扶贫手段，所带来的扶贫成效低下且短暂，并不符合企业的逐利本质。因此，必然导致扶贫开发工作的脆弱性，工作取得的成效难以维持。长期以来，省内各级政府机构的扶贫手段都比较落后，仍集中以“输血”式扶贫为主，政府希望社会组织能够提供更多的物质资源以直接手段参与到扶贫工作中来，而社会组织一贯的扶贫作风是村庄内项目的开展，注重村庄内基础设施、公共服务的建设，这两种对扶贫资源使用手段的差异是政府机构和社会组织关系不可持续的重要表现之一。另外，政府机构在开展扶贫工作时，只注重吸纳社会企业的物质资源，忽视了企业精神以及市场机制的高效率，从而导致企业参与扶贫的意愿低。精准扶贫不仅要吸附市场主体参与扶贫开发，更是要运用市场机制来推动扶贫开发。

二、脱贫主体可持续性面临多重制约

贫困群众任何时候都应该是扶贫开发的主体，即脱贫主体。“授人以鱼不如授人以渔”，在扶贫开发中绝对不能忽视贫困群众的主体作用。国务院在2014年出台的《关于进一步动员社会各方面力量参与扶贫开发的意见》指出，“贫困群众参与是必须坚持的基本原则之一，要体现社会扶贫的群众性和社会性，要充分调动社会各界广泛参与扶贫的积极性，同时帮扶方和被帮扶方要共同参与，充分交流互动，要尊重贫困群众的主体作用，激发其内生动力，体现其发展的意愿”。精准扶贫要求精准到户、精准到人，也就是说，贫困在现实生活中表现为个体群众的贫困，因此，扶贫必须将贫困群众作为关键主体，通过宣传教育，扶贫扶志，坚定其脱贫的决心和勇气，共同协商、对症施策，充分发挥贫困群众在扶贫开发中的主体作用，只有这样才能起到事半功倍的效果。但在扶贫开发实践中，贫困人口的年龄条件、教育水平、技能水平、健康状况等因素制约了脱贫的持续性。

（一）人力资本积累不足，缺乏可持续性脱贫基础

人力资本是社会发展的基础，对于扶贫开发来说也是一样。贫困是经济、社会、自然等多方面因素发展不协调所造成的，其中人是最活跃的因素。从人力资本的角度来讲，贫困地区的人力资源素质偏低，是地区经济发展落后、贫困人口难以摆脱贫困的主要原因。2016年，甘肃的人口达到2610万人，城镇人口比例为44. 69%，人口自然增长率为6‰，社会总抚养比为38. 52%，老龄人口与少儿人口的比例分别为14. 36%、24.16%。从2007年到2016年，甘肃的人口增长率在大部分时间里高于全国同期水平，由此可以看出甘肃人口的负增长，更多是由于劳动力人口的大量流失造成的。对于甘肃这样一个经济比较落后的省份来说，劳动力人口的大量流失，直接造成一个非常严重的

现实问题，即农村可持续发展缺乏劳动力基础，贫困地区缺乏可持续脱贫基础。在甘肃陇南、定西、武威等地不难发现，即使当地近年发展的特色经济成为助农增收的一大亮点，但对于多数农户而言，外出务工依然是其收入的支柱与必然选择。由于青壮年劳力的离开，甘肃在扶贫开发实践中时常遇到一些“窘境”，如在为贫困地区修路时，出高薪却招不到工人。事实上，农村青壮年劳动力日渐流失不仅出现在甘肃，在中国都较为普遍。目前，中国农村劳动力平均年龄为 57 岁，最大 84 岁。一旦高龄劳动者感到力不从心，就会出现“抛荒”“粗放经营”“广种薄收”，甚至“只种不收”等消极观念。贫困地区劳动力的有序转移和流动可以有效实现脱贫致富。但从可持续性的角度分析，劳动力尤其是青壮年劳动力的“只出不进”的流向，以及有发展思路、有一技之长的劳动力都转移到城镇，在家从事农业生产的以老人和妇女为主，发展农业产业缺乏经营主体，存在“弱势群体经营弱势产业”的恶性循环，这就会存在隐性返贫的高风险。

贫困地区人力资源的分布还具有显著的行业特点。甘肃省贫困地区的人力资源分布主要集中在农业生产部门，第二产业和第三产业的就业人员少。从临夏、会宁、陇西和通渭等县的 2010 年至 2015 年统计数据和劳动力产业间的分布看，甘肃省贫困地区劳动力有 81. 95% 分布在第一产业，8. 9% 的劳动力分布在第二产业，9. 14% 的劳动力分布在第三产业。在一、二、三产业中，分别拥有小学及以下文化程度的劳动力为 62. 30%、37. 69%、31. 11%；分别拥有初中文化程度的劳动力为 29. 84%、50. 87%、45. 28%；分别拥有高中及以上文化程度的劳动力为 7. 81%、11. 44%、23. 62%。[①] 也就是说，第一产业集聚了大量的低素质的劳动力，第二、三产业集聚了较高学历的劳动力，尤其是第三产业。一、二、三产业劳动力呈正三角形分布，小学、初、高中以上文化结构呈倒三角形分布。同时，扶贫地区小学文化和初中文

① 数据来源：由 2017 年甘肃省人民政府工作报告和 2016 年甘肃省国民经济和社会发展统计公报统计整理而来。

化的劳动力仍占贫困地区劳动力的三分之二。据统计，甘肃人均受教育年限从2000年的6.54年上升到2016年的9.58年。教育事业全面发展，学前教育三年毛入园率由39.68%提高到75%，九年义务教育巩固率达到93%，高中阶段毛入学率达到92%，高等教育毛入学率达到32%。农村义务教育营养改善计划惠及学生884.1万人次，家庭经济困难学生资助体系惠及454万名学生，中等职业教育在全国率先实现全部免除学费。2016年贫困地区高中及以上文化程度的劳动力占25.63%，初中文化程度的劳动力占33.11%，小学文化程度的劳动力占23.92%，文盲、半文盲占13.33%。不同的受教育情况必然影响到人力资源的基本素质，因此，甘肃扶贫地区的人力资源开发状况普遍落后，也就在所难免。也就是说，人力资本素质整体有所提高，贫乏低素质的劳动力在治理贫困的地区，严重影响了甘肃贫困地区精准脱贫的可持续性。

（二）贫困人口发展条件有限，脱贫能力不可持续

脱贫是一个持续性的过程，需要持续性的脱贫能力。而这种脱贫能力是间接的、隐性的，需要较长时间才能产生效用，主要表现为贫困人口自身内在能力的提升。世界银行（1990）认为，贫困是“缺乏达到最低生活水准的能力”。在精准扶贫开发工作中，特别强调了培育贫困人口的脱贫能力，实施“造血”式扶贫而不是传统的“输血”式扶贫。贫困人口脱贫能力不可持续，首先表现在：人口老龄化和贫困人口年龄分布并不均衡。贫困人口的年龄、身体健康状况和文化水平的高低对于个人及家庭发展而言至关重要。通过贫困地区年龄结构分布（如表4—1所示），可以明显看出：甘肃贫困地区劳动年龄人口数量相对比重略低于甘肃平均水平，少儿抚养比较高，这说明潜在人力资源供给将趋于增加。从0—14岁人口占比来看，除17个插花型贫困县外，其余贫困地区均高出全省平均水平。这说明，甘肃省贫困地区潜在人力资源数量很大，同时也反映了现阶段较大的教育压力和未来的就业压力。从15—64岁人口

占比来看，贫困地区处于劳动年龄人口占比略低于全省平均水平的状态，其中六盘山区贫困区最低。由此可见，贫困地区现阶段劳动人口比重相对较低，影响贫困地区各产业从业人口数，进而对贫困地区经济发展造成了不利影响。从65岁以上人口占比来看，贫困地区水平与甘肃省平均水平基本持平。这说明甘肃贫困地区相对非贫困地区老龄化较为严重，抚养上一代的压力较大。同时也表明，甘肃贫困地区有待开发，人力资源数量较大，潜在人力资源数量充足，但同时，这样的人口结构可能产生巨大的教育就业压力，影响贫困地区现有劳动力的人力资源开发，不利于缓解贫困。

表4—1　甘肃省及各类贫困区人口年龄结构和负担系数（%）

地　区	人口数比重			抚养比		
	0—14岁	15—64岁	65岁以上	总抚养比	少儿	老年
甘肃省	18. 16	73. 61	8. 23	35. 85	24. 67	11. 18
58个片区县	19. 65	71. 95	8. 4	38. 99	27. 31	11. 68
六盘山区	19. 66	71. 92	8. 42	39. 05	27. 33	11. 72
秦巴山区	19. 25	72. 04	8. 71	38. 81	26. 72	12. 09
17个插花型贫困县	16. 27	75. 94	7. 79	31. 68	21. 42	10. 26

数据来源：甘肃省第六次人口普查数据。

首先，贫困人口年龄分布并不均衡。而且在家庭内部，年龄跨度比较大，对于具有劳动能力的劳动年龄人口而言，家庭中的抚养和赡养负担沉重，而且劳动年龄人口整体偏老化，家庭持续发展缺乏固有的劳动力基础，造成脱贫基础不牢固。与中国其他发达省份不同的是，甘肃是“未富先老”的省份，老年人中有不少还是比较贫困的。从贫困人口年龄构成情况来看，贫困人口平均年龄已达54岁。至2015年甘肃老龄人口将达到365万人，老龄化趋势会进一步加重，而这还不是甘肃老龄化最为严重的“顶峰”。

其次，一个家庭文化教育水平的高低，直接影响着家庭获取外界信息的能力，影响着家庭如何利用有限资源，通过什么方式进行生计策略的选择和家庭资产的配置问题。可行能力理论认为造成贫困人口贫困的原因并不仅是物质上的缺乏或低下，而且还有着更为深层次的原因，即可行能力的缺失，能力或权利的缺失才是贫困人口长期难以摆脱贫困的根源所在。不仅如此，在贫困家庭内部，贫困极容易发生代际传递，美国学者刘易斯指出贫困人口具有同质性特征，极易在空间上产生高度集聚现象，并形成群体独特的生活方式和亚文化，在这种环境中成长的下一代会自然地习得贫困文化，造成贫困发生世代传递，制约着家庭成员可行能力的提升，影响了脱贫的持续性。一直以来，学界对于贫困问题主要集中在对致贫因素、贫困衡量、贫困影响及脱贫方式等方面的研究，很少关注贫困的“生命周期”，即人体或家庭随时间而摆脱贫困的轨道。进行精准脱贫，确保脱贫效果的长久和持续，离不开对家庭贫困周期的动态研究，离不开对家庭成员脱贫能力的持续提升，尤其是作为人力资本积累的教育投入。

再次，目前针对贫困户的扶贫帮扶措施，主要集中在种、养殖业技能培训、就业务工培训、直接的资金帮扶或政策兜底等方面。但大多培训层次低，缺乏系统性，贫困人口无法实现技术上的独立性。由于居住环境相对封闭而狭小，贫困人口社会网络狭窄，无法实现与外界进行充分的沟通交流。对这些贫困家庭而言，贫困人口对于资源及信息获取、利用能力较弱，在扶贫政策实施过程中缺乏机会识别能力和科技运用能力等，造成贫困人口难以利用家庭已有资产进行生计策略的多样化选择，从而导致脱贫政策实施与贫困人口自身能力之间存在脱节现象，造成脱贫缺乏持续性。扶贫政策或制度的落实必须以贫困人口可行能力的提升为基础，才能为精准脱贫提供持续的动力支撑，保障脱贫的持续性。

最后，贫困人口深受环境条件制约，影响自我能力发展。由于甘肃多数贫困地区自然条件恶劣、环境资源匮乏，因此形成了典型的资源贫困型的大规模贫困人群。生态环境脆弱、地理位置偏僻、基础设施薄弱、资源禀赋不足导致生产要素流动困难，生产风险加大；而封闭的环境又导致贫困群体普遍缺乏市场意识和风险意识、远离现代文明、环境适应性差、技术接受力差等问题。例如，移民搬迁扶贫由于难以适应新环境反而会加剧贫困，产业扶贫虽然能保证地区资源的资本化利用，但无论在生产还是分配环节，贫困人群实际上都被排除在外，很难进行有效参与。

综上所述，贫困人群往往没有脱离贫困的想法和勇气，缺乏脱离贫困的技能和手段。环境封闭、信息匮乏与观念落后、智力开发不足几方面相互影响、相互制约、相互强化，导致贫困人群缺少达到最低生活水准的能力，处于诺贝尔经济学奖获得者阿马蒂亚·森所说的可行能力的匮乏困境。

（三）贫困人口脱贫主动性不高，发展愿望不足

贫困群众是脱贫攻坚的主体，是实现全面小康必须补齐的最短一块板，更是脱贫战役的关键所在。有个形象的比喻十分精当：鸡蛋从外打破是食物，从内打破才是生命。这个说法是符合科学规律的。唯物辩证法告诉我们，内因是根据，外因是条件，外因通过内因起作用。外界的帮扶是重要推力，而贫困群众本身，才是起决定作用的内生动力。

进行精准扶贫、精准脱贫，贫困人口才是脱贫的根本主体和最终受益者，在脱贫工作中占据着主导地位，离开了贫困人口的主动性，脱贫工作就无法开展。因此，各项扶贫帮扶措施只有作用于农户身上，提升贫困人口脱贫的主动性和积极性，脱贫工作才能得以持续、稳定。一直以来，贫困人口除了教育水平、技能水平之外，观念素质低下也成为精准脱贫的最大威胁。观念即思想意识，它反映人们对客观世界的基本认识，这种认识直接指导着人们的行为发生方式与作用方向。观念素质低下说明了人们对事物发展层次上的认识水平低下，由此而导出，在推动社会经济发展时，来源于人们自身的内动力不足及其态度的不积极和行为的不科学。在甘肃贫困地区，人们的观念素质低下主要反映在人们的思维落后和观念陈旧，其一是强烈的依赖思想。依赖思想是诱发惰性的根源，强烈的依赖思想必然使人们缺乏一种自我向上奋斗的精神。

在过去相当长的一段时间内，政府在反贫困的思路与政策制定上，倾向于对贫困地区直接发放食品、衣物等物资，形成了“救饥不救贫，扶贫不扶志”的模式。而这种“输血”政策的长期贯彻和执行，在强化其依赖思想的同时，也弱化了其自身的造血功能，以至于一些贫困地区的干部和群众把摆脱贫困和追求温饱建立在上级政府的扶持之上，把脱贫看成了是党和国家的要求，并依赖于党和国家的扶持，相反，却没有认识到自己的任务和功能，没有把自己纳入谋求发展的主体之中，更没有认识到摆脱贫困是要经过自力更生和艰苦奋斗才能取得成果的。在一些地区曾经出现过这样的奇怪现象，即政府领导戴回了“贫困帽”，干部群众敲锣打鼓欢迎其“胜利归来”，因为这样一来，本县又可以享受国家的扶贫待遇而不需自己发奋和努力了。这种无所作为和强烈的“等、靠、要”的依赖思想，是难以激发起贫困地区自我追求发展的内在动力的。其二是狭隘的满足观念。“不满足于现状是创新的前提，是奋斗的原动力”，而“知足常乐”则削弱意志，抑制进取。在许多贫困地区，经过长期的努力，人们的生活状况已较以前有了很大的改观，有些地方虽然温饱问题并未全面解决，但饥饿的程度却较以前有了相当程度的缓解。在这种情况下，由于生活封闭和缺乏对比，没有横向比较的差距，便使得人们的满足意识处于上风，认为能够达到这样的程度就已相当不错，而至于小康、富裕的生活他们则不敢想象，也难以想象，由此而封闭自守和削弱了进取意识。此外，思维空间的狭小和思想意识的狭隘，导致了他们对传统的重视和对新事物的排斥，缺乏求变、求新、求快现代心态和以市场为导向、以效益为中心、以盈利为目标的经营观念与竞争意识，从而严重束缚了发展的手脚，束缚了走向新生活的勇气。其三是挥霍性的消费理念。尽管在贫困地区人们的收入非常低下，可供支配的现金收入，尤其是生产性投入的现金资源数量很少，但是人们在这类资源配置上，却并未按照发展优先的原则来进行。相反，对消费水平的追求却有些“奢侈”（相对于其收入水平而言）。在对有些贫困地区的调查中，不难发现其烟酒的开支占到了生活消费开支的很大比例，而红白喜事中的大操大办和人情费用支出，往往超脱了自己实际可供支配的能力，形成了低收入水平下的“高消费”现象。而这种情况的产生，更加引发了生产资金的短缺，加剧了资金合理配置上的矛盾，造成了发展上的极大困难。

因此，一些贫困人口脱贫主动性不高，甚至甘愿做“扶不起的阿斗”，以接受国家救济为荣，把天天跑民政局当作职业，是因为思想观念落后，“等、靠、要”思想浓厚，缺乏艰苦奋斗的精神、人穷志不穷的志气以及脱贫致富的勇气和信心。习近平总书记指出：“扶贫先要扶志，要从思想上淡化‘贫困意识’，不要‘言必称贫，处处说贫’。”“弱鸟可望先飞，至贫可能先富，但能否实现‘先飞’‘先富’，首先要看我们头脑里有无这种意识。”[①] 实现农村完全脱贫必须先根除这种愚昧思想，注重激发扶贫对象的内生动力和自助自救能力，唤起贫困人口脱贫的主动性。

三、供体保障功能弱化，脱贫外部性因素凸显

完善的供体保障是确保持续脱贫、减少返贫率的重要支撑，是实现可持续脱贫的必要条件，它的有效供给和公平分配对贫困地区的经济社会发展起着重要作用。目前，贫困地区呈现出外部扶持性资源不足、基础设施和公共服务建设滞后等问题，从而制约了贫困主体的自我积累和发展能力，致使贫困人口陷入“贫困—脱贫资源缺乏—地区发展困难—返贫”的恶性循环[②]。

（一）公共资源配置缺乏均衡性，区域差异显著

首先，甘肃贫困地区发展环境不同于平川地区。区域整体分布散落，

① 习近平．摆脱贫困［M］．福州：福建人民出版社，2014：2.

② 丁军，陈标平．构建可持续扶贫模式，治理农村返贫顽疾［J］．社会科学，2015（1）：53.

多居于六盘山片区和秦巴山片区，公共交通等基础设施配置缺乏均衡性。贫困户之间距离较远，农户难以像平川地区在空间上高度集中分布，适宜集中居住区域面积狭小，多数贫困人口位于高半山或者深沟远山地区，难以进行大规模的基础设施建设，区域交通、水电、通信等基础设施建设成本较高，公共资源均衡配置难度大，脱贫制约性显著。在一些贫困地区，改好一条溜索、建好一段公路就能给群众打开一扇致富的大门。甘肃作为全国扶贫开发工作重点省份，在所有脱贫致富的“拦路虎”中，首要的是村道硬化问题。截至2015年年底，全省只有一半的建制村通沥青（水泥）路，落后全国近37个百分点。近五年来，甘肃省新改建农村公路7.7万千米，平均每年建成农村公路1万千米以上，解决了51个乡镇、8592个建制村通硬化路的问题。截至2017年年底，全省农村公路总里程达11.01万千米，所有乡镇和具备条件的建制村通了沥青（水泥）路。虽然甘肃在村道硬化和农村公路等道路交通方面取得了很大成绩，但依然存在基础设施建设不平衡的问题。例如，在交通部门负责的扶贫攻坚试点县的临洮县和静宁县实现了农村公路全覆盖，但在其他远沟深山的贫困区域“交通难”仍是困扰当地民众生产生活和制约经济社会发展的主要“瓶颈”。为此，甘肃省计划在2018—2020年对“两州一县”和18个深度贫困县30户以上的20102个自然村组、其他县市区50户以上的13268个自然村组，共33370个自然村组8.04万千米道路及主巷道实施硬化，其中，自然村组道路6.79万千米、村内主巷道1.25万千米/4369万平方米。

其次，贫困人口耕地资源分布极度不均衡，地区差异显著。对于贫困人口而言，家庭赖以生存和维持的土地资源基础脆弱，造成农户家庭生计策略选择的单一性，家庭收入来源主要依靠土地上的产出获得。按照甘肃省区划划分，陇中黄土高原区耕地占56.93%；陇南山区耕地占16.21%；甘南高原区耕地占3.59%；河西区耕地占23.27%。由此可见，省内耕地分布区域差异显著，导致土地资源越稀缺的区域越贫困。在社会保障方面，农户只能享受最低层次的养老、医疗等保障，且家庭在就医、盖房、子女教育等方面的家庭支出负担较重。对于因病、因残致贫家庭而言，社会保障面临着巨大缺口；对于进行危房改造或重建的贫困户，尤其对于易地扶贫搬迁群体而言，贫困人口不可避免地要离开原有的生活环境和熟悉的社会网络，丧失部分或全部的生产、生活资料，如土地资源（耕地、林地、草地等），区域发展带来的公共基础设施资源等，迫使贫困人口不得不重新调整生计策略。对于新居群体而言，无论采取“集中安置”抑或“分散安置”的住房安置模式，都会不可避免地使贫困户社会关系网络遭受损失和风险，新居群体新的社会关系网络不得不在原有社会关系网络解体的过程中加以重构，造成贫困人口原有生活习惯与新环境之间产生激烈的文化碰撞，甚至可能影响到贫困人口的心理健康、心理适应等，一系列变动造成贫困人口社会剥夺感增强，影响脱贫人口的心理适应和脱贫持续性。

（二）扶贫政策交织重叠，政策延续性不足

进行精准扶贫、精准脱贫工作，必须对农户贫困原因进行深入了解，这样扶贫脱贫政策的实施才能够有的放矢，扶贫成效才能够巩固、持久。精准扶贫系列措施的提出对于降低贫困户生计风险、保障家庭脱贫持续性具有重要作用，但实施过程中也存在着“政策交叉、重叠”“政策衔接不牢固”“政策承接有障碍”等问题①，在一定程度上影响了其脱贫效用的发挥。

一是政策存在交叉、重叠。进行精准扶贫、精准脱贫工作，首先要立足于所属区域的宏观社会、经济环境，有着宏观整体的认知。但当前很多思考重点都是围绕推进贫困户发展需要怎样的政策这个视角来研究的，忽略了区域整体发展与贫困户诉求不同层级之间的有效对接，造成各项扶贫政策间缺乏有效的系统性和整合性，导致政策重叠、摩擦较多，影响了政策组合效益的发挥。与贫困人口的不同减贫诉求相对应，扶贫

① 郑瑞强等．扶贫移民适应期生计风险、扶持资源承接与政策优化［J］．华中农业大学学报，2015（4）．

政策也大致可以划分为四类。一是针对生存性贫困的保障性扶贫政策，主要强调保障贫困人口的基本生存需求。二是生产性扶贫政策，针对生产性贫困，主要通过降低生产成本、提供生产资料、改善经营环境、降低经营风险等方式，维持贫困人口进行正常的生产经营活动，防止由于经营不善陷入生存性贫困。三是发展性扶贫政策，即针对能力性贫困，强调提升贫困人口的自主脱贫能力，包括知识、技能等。四是外部性扶贫政策，即针对外部性贫困，强调改善贫困人口脱贫的外部环境，为贫困人口脱贫致富提供良好的外部条件。我们从现有的扶贫政策和惠农政策可见，政策出现了交叉和重叠。例如，保障性政策的农村最低生活保障制度与新型农村合作医疗政策。其中，前者明确提出了保障农村生活困难群体基本生存需要的目标，其直接对象是无法维持基本生存需要的贫困人口，属于典型的保障性扶贫政策。后者的主要目的在于通过直接补贴医疗支出的方式，保障贫困人口的基本身体健康，防止农民由于高额治疗费用以及疾病影响，陷入返贫危机。针对农民生产行为，稳定贫困地区的农业生产，有采取直接减免和发放补贴的方式的农村税费改革、农业直接补贴等政策，这类政策属于生产性扶贫政策。而农村义务教育政策虽然具有减轻农民教育负担的直接效果，但其对贫困人口而言更主要的意义在于提高改善贫困人口的教育状况，提升贫困人口的素质水平，培育贫困人口的脱贫能力，这类政策属于典型的发展性扶贫政策。农村基础设施建设对贫困人口的扶贫效应同样是间接的，其政策目标在于通过完善外部环境为贫困人口脱贫致富创造条件，这类政策属于外部性扶贫政策。因此，进行精准扶贫、精准脱贫工作，首先要对贫困人口的脱贫诉求有精准认知，同时分析不同直接或间接扶贫政策的适应度，在一定程度上让扶贫政策形成线条式体系。

二是政策落地不够通畅，政策效应释放缓慢。解决贫困人口精准脱贫的生计可持续问题，实现精准脱贫持续性、稳定性必须辅以制度支撑。甘肃省根据脱贫攻坚形势和任务的发展变化，研究制定符合不同阶段要求、瞄准不同“瓶颈”问题的政策措施，先后出台加强和深化双联行动、深入实施“1236”扶贫攻坚行动、扎实推进精准扶贫工作的意见和 17 个配套支持计划，以及打赢脱贫攻坚战的实施意见，建立健全了中央和省市县各类扶贫开发政策配套融合的政策保障体系。尽管已经建立了中央和省市县各类脱贫攻坚政策保障体系，但部分政策在落实层面上仍然存在“中梗阻”的问题。如针对建档立卡贫困人口的医疗保障特惠政策体系已基本完备，但由于贫困人口“先诊疗后付费”及“一站式”医疗费用即时结算等关键机制尚未真正建立运行，贫困群众医疗个人自付费用依然居高不下，因病致贫、因病返贫的难题尚未破解。“精准扶贫专项贷款”等特惠政策由于存在较长的政策效应释放期，扶贫效益还未完全显现。例如，针对有住房贫困和需求的贫困户实施了易地扶贫搬迁、地质灾害避险搬迁等一系列住房改善方式，由于各项扶贫政策瞄准目标、瞄准对象、扶贫手段和具体实施措施间存在显著差异，从而造成贫困人口在政策选择面前显得盲目无措，对各项政策规定与要求不能及时了解清楚，这也加大了政策衔接的成本，导致扶贫政策规模效应不强。

（三）政绩压力影响减贫效果持续性

我国的扶贫战略基本上是一种政府主导型战略，这种战略具有一定的优势：一是政府可以利用层级政府管理体制，自上而下建立强有力的反贫困组织体系和层层负责的制度，组织专门的机构和力量开展扶贫工作；二是政府可以利用其行政力量，通过行政干预，综合运用各种手段推动扶贫开发的进程；三是可以通过宏观调控职能，组织协调，并利用其强大的资源动员能力，有计划、有组织、大规模地实施扶贫开发。但单纯依靠政府进行扶贫，也存在明显的缺陷：首先，政府的财力有限，难以满足扶贫开发的实际需求；其次，多部门参与和部门权力的利益化加大了政府的协调难度；再次，政府领导的高流动性不利于扶贫工作的连续性，很容易搞一些“政绩工程”；最后，以政府为主体的扶贫开发模式使资源配置以政府为主，与市场经济条件下市场对资源配置的机制相矛盾。它往往是以牺牲一部分地区和一部分人的利益为代价的。特别是对贫困人口自我发展能力的培养不够，缺乏自主创新机制。以政府为主体的扶贫模式，必然在项目的选择上，由政府一厢情愿，统包统揽，造成群众对实施项目的积极性不高。在项目的实施上，地方政府普遍偏好一些见效快、带动面广的大项目，针对贫困户的扶贫资金、权益会通过“资本化”的途径集中到合作社或龙头公司，贫困户看似坐享红利，事实上无论在生产还是分配阶段，他们都很难有效参与其中。同时，扶贫项目往往由乡村干部操作，透明度不高，资金流失、浪费、挪用、贪污时有发生，不但无助于贫困户脱贫，反而引发了群众的不满。特别是对第一批项目农户进行扶持后，如何通过滚动发展，加强对第二批乃至全村农户的覆盖缺乏一种长远的整体设计和安排，导致许多人持消极等待观望态度，难以形成区域经济的可持续发展格局。

部分地方政府扶贫开发遭遇政绩压力，减贫效果难以持久。甘肃贫困地区一些地方政府迫于扶贫绩效考核的压力，在扶贫开发工作上存在短视，导致减贫效果难以持久和长远。一是扶贫与发展脱轨，政府仅仅关注扶贫，重救济、补贴，轻产业和培训，并未关注贫困人口的自我发展。二是将有限的扶贫资金挪作他用，或者被整合投入到民生工程、形象工程之中，并没有用于贫困人口身上。三是采取“扶近不扶远”“扶富不扶贫”，或者“撒胡椒面”的方式扶贫，对扶持过的地方不再继续扶持，打一枪换一个地方，最终偏远的地方、深度贫困的地方、最需要扶持的家庭都因为投入不足没有得到扶持，贫困问题没有得到根本性解决。另外，个别地方政府的政绩压力在一定程度上异化了扶贫政策的导向。特别是一些地方一味追求脱贫速度，不仅照搬照抄其他地方的扶贫经验，而且个别地方政府甚至还以牺牲生态环境为代价。尤其是在不合理的扶贫考核机制下，很多基层干部面临考核压力，索性就举债修建起一些能凸显政绩的面子工程，表面上政绩是有了，最后自己也升官走人，却把一屁股烂债丢给当地百姓。因为存在这样不负责任的干部，所以当地百姓不仅不能脱贫，反而还会被“倒打一耙”、雪上加霜。因此，这都是影响贫困地区脱贫可持续性的重要因素。

（四）社会保障体系不完善影响脱贫持续性

社会保障是一项关乎民生福祉与国家长治久安的系统工程，它能分散风险、稳定社会、促进社会公平公正，被称为社会的“安全网”和“减震器”。坚实、可靠的社会保障体系能够提高人民抵御风险的能力，可以有效地降低贫困人口的脆弱性。社会保障是指国家通过立法，积极动员社会各方面资源，保证无收入、低收入以及遭受各种意外灾害的公民能够维持生存，保障劳动者在年老、失业、患病、工伤、生育时的基本生活不受影响，同时根据经济和社会发展状况，逐步增进公共福利水平，提高国民生活质量。

我国根据发达国家及国际劳工组织关于社会保障体系框架的设计，结合我国实施社会保障的实践，逐步建立起具有中国特色的社会保障体系，但尚存在覆盖面小、实施范围窄、统筹层次低的问题。《中共中央关于构建社会主义和谐社会若干重大问题的决定》中提出：到2020年“覆盖城乡居民的社会保障体系基本建立”，这是构建社会主义和谐社会的目标和主要任务之一。党的十七大报告也进一步提出“加快建立覆盖城乡居民的社会保障体系”，并且第一次在党的重要文献中提出了三个基础、三个重点和两个补充的发展新思路，即“要以社会保险、社会救助、社会福利为基础，加快完善社会保障体系”。党的十八大报告提出全覆盖、保基本、多层次、可持续的社会保障工作方针，把“广覆盖”调整为“全覆盖”，要求实现人人享有基本社会保障的目标。首次提出以增强公平性、适应流动性、保证可持续性为重点的社会保障制度改革原则，具有很强的针对性和前瞻性。党的十九大报告提出，加强社会保障体系建设，按照兜底线、织密网、建机制的要求，全面建成覆盖全民、城乡统筹、权责清晰、保障适度、可持续的多层次社会保障体系。

目前，我国已经建成了一个以城乡低保、农村五保、灾害救助、医疗救助为基础，以临时救助为补充的贫困群众社会救助制度体系，这在一定程度上对于救助贫困人口、赈灾救穷起了重要作用。同时，甘肃省基于实际情况不断完善社会政策，逐步提高社会保障待遇水平，使社会全体成员都能够分享经济社会发展的成果。例如，建立常态化的职工养老保险待遇调整机制，保证再分配环节的公平性，兼顾“多缴多得”激励功能；科学确定社会保险缴费基数；探索和建立各种社会保险制度相互衔接、协调发展的机制，满足参保人员多层次保障需求；完善转移接续制度。实现基础养老金全国统筹，逐步提高国有资本收益上缴公共财政比例，划转部分国有资本充实社保基金。此制度体系虽然对于救助贫困人口、赈灾救穷起了重要作用，但是在经济社会快速发展的时代条件下，市场环境千变万化，要满足贫困人口对美好生活的向往，现行的针对贫困人口的兜底社会保障制度还不尽完善。这不仅导致一部分群众因意外冲击而陷入持久贫困，而且还使一部分群众脱贫后返贫，一部分生存能力较弱者持续贫困。当然，这是由许多的深层次矛盾造成的，社会保障制度在平等性、适用性、可持续性上还需要进一步加强和完善。

四、贫困地区资源贫乏，脱贫载体缺乏循环

马克思在《资本论》中指出：“劳动和土地，是财富两个原始的形成要素。”恩格斯也说：“劳动和自然界在一起它才是一切财富的源泉，自然界为劳动提供材料，劳动把材料转变为财富。”[①] 由此可见，资源由三部分组成：物力、财力和人力。也就是我们通常所说的两个方面：自然资源和社会资源。

（一）自然资源有限影响脱贫可持续性效果

自然资源作为可持续发展的物质基础，其基础的雄厚与否对未来可

① ［德］马克思，恩格斯．马克思恩格斯选集（4）［M］．中央编译局（译）．北京：人民出版社 1995：222.

持续发展的实现程度存在着制约性的影响，它将直接关系到可持续发展的能力和潜力，关系到可持续发展的实现水平。而决定可持续发展物质基础雄厚程度的是自然资源的数量与质量，当资源的数量较多，质量较高时，则意味着能够支撑可持续发展的能力较强，对发展的贡献潜力较大，增值强度较高。因而如何在社会经济发展过程中，确保生态资源的数量不减或者减少程度较小，自然资源的质量不降或者有所提高，对基于发展基础上的进一步发展或者可持续发展，促使发展水平的不断提高，将具有重要意义。

自然资源匮乏影响脱贫的持续性。自然资源包括：阳光、空气、水、土地、森林、草原、动物、矿藏等。我国的贫困地区大多都集中在自然条件比较恶劣的山区、丘陵地区、荒漠化地区等区域，这些地区的自然资源不丰富。在资源匮乏的情况下，贫困地区要精准脱贫，难度是可想而知的，在政府大包大揽扶贫的情况下，资金支持力度较大，贫困人口可以暂时脱贫。如果资金支持中断了，在贫困地区没有资源的情况下，那么，脱贫的持续性是无法保障的。目前，全国的14个集中连片特困地区中，六盘山区跨陕西、甘肃、青海、宁夏四省区，其中甘肃中部地区自然条件最为恶劣，定西、临夏等地古来就有“瘠苦甲于天下”之称，这些自然资源缺乏的地区，脱贫难度是比较大的。尽管学界长期以来一直有人反对“地理环境决定论”，但不可否认贫困地区的空间地理位置、生态环境、自然禀赋等客观环境因素对于贫困有着非常重要的影响。在国家高度重视生态环境保护的情况下，甘肃地区生态环境保护和建设取得了一定效果，但生态资源的形势依旧严峻。主要表现为水土流失、沙漠化、植被遭到严重破坏等现象，导致大片生态脆弱地区形成，出现“一方水土养活不了一方人”的怪现象。调查了解到，甘肃实施易地搬迁的贫困地区兼具生态脆弱和贫困人口集中的特点：区域基础设施建设滞后，村道狭窄，贫困人口住房条件差，房屋建筑质量低下，墙体不牢固，多为危房、旧房等不适应居住住房，极易遭受地质灾害威胁。

（二）自然灾害频发，返贫风险力压脱贫持续性

2011年《〈中国农村扶贫开发的新进展〉白皮书》中指出，我国贫困人口的三分之二具有返贫性质，并且处于脆弱不稳定的状态，而现有贫困人口几乎都生活在自然灾害频发、生态脆弱的地区。这些地区防灾抗灾能力较差，在恶劣气候的影响下自然会大面积发生返贫。因灾致贫是由于区域内地震、滑坡和泥石流等自然灾害的多发而使得脱贫人口重新面临生存与发展困境。重大自然灾害一方面为区域受灾群众带来生命与财产损失，另一方面还会在一定程度上破坏公共服务设施、经济基础设施，影响区域发展环境，毁损发展根基，让扶贫的投入和扶贫效果大打折扣。近五年来，甘肃省自然灾害频发，严重影响了精准脱贫的可持续性。以2016年度为例（表4—2），甘肃自然灾害主要包括：一是旱灾。1月起，甘肃省河西及陇南、白银部分地区降雨偏少，发生旱灾，灾害共造成6个市、15个县（区）、49.09万人受灾，6.82万人、8.66万头大牲畜饮水困难；农作物受灾面积106.19千公顷，其中绝收面积1.16千公顷；直接经济损失2.15亿元。二是低温冷冻和雪灾。2—5月，甘肃省共发生低温冷冻和雪灾6次，尤其以4月24日至26日的大范围强降温、降雪天气引发的低温冷冻灾害最为严重。灾害共造成天水、庆阳、陇南、平凉、白银、甘南、酒泉、临夏、兰州、定西、张掖11个市（州）的55个县（区）、644.22万人受灾；农作物受灾面积691千公顷，其中绝收面积24.06千公顷；因灾倒塌房屋81间，严重损坏房屋146间，一般损坏房屋150间；直接经济损失36.47亿元。三是洪涝。6月，甘肃省部分市州多次出现短时强降雨天气，引发洪涝灾害，造成人员伤亡和财产损失。灾害共造成白银、兰州、定西、庆阳、陇南、平凉、甘南、武威、张掖9个市（州）的32个县（区）、38.61万人受灾；因灾遇难4人，失踪1人，紧急转移安置112人；农作物受灾面积40.79千公顷，其中绝收面积3.87千公顷；因灾倒塌房屋111间，严重损坏房屋831间，一般损坏房屋1302间；直接经济损失4.77亿元。四是风雹。3—4月，甘肃省部分市州出现大风扬沙天气，6月，部分市州先后多次

出现雷电冰雹天气，致使部分农作物不同程度受损。灾害共造成张掖、酒泉、武威、嘉峪关、兰州、白银、平凉、陇南、定西、庆阳、临夏11个市（州）的31个县（区）、42.1万人受灾；农作物受灾面积36.77千公顷，其中绝收面积2.13千公顷；因灾倒塌房屋5间，严重损坏房屋2间，一般损坏房屋48间；直接经济损失3.27亿元。

表4—2　2016年甘肃省各地受灾面积和成灾面积

地　区	受灾面积（千公顷）	成灾面积（千公顷）	成灾面积占受灾面积比重（%）
兰州市	16.89	6.63	39.29
嘉峪关市	0.15	0.04	25.85
金昌市	1.78	0.76	42.91
白银市	132.65	80.54	60.72
天水市	55.16	27.43	49.73
武威市	24.05	12.09	50.26
张掖市	50.99	39.91	78.26
平凉市	103.54	40.14	38.77
酒泉市	2.21	0.74	33.41
庆阳市	130.30	66.12	50.79
定西市	240.40	163.19	67.88
陇南市	48.61	33.92	69.78
临夏州	30.74	22.52	73.26
甘南州	7.04	5.65	80.2

数据来源：2016年甘肃省国民经济和社会发展统计公报。

另外，近年越发引起社会关注的是气候突变带给贫困人口的影响，因旱涝、气候失调等原因引发水资源分配不均和气温升高，严重影响粮食正常生产，致使依赖农业收入的这一对于“气候变化责任最少的贫困人口承担着气候变化带来的最大的威胁”。脆弱的生态环境使得民族地区农、牧业生产同样脆弱，贫困人口大都靠天吃饭，抵御自然灾害的能力低，丰年温饱，灾年返贫，循环往复。《国务院扶贫办贫困地区自然灾害突发事件应对预案》对切实做好贫困地区自然灾害突发事件的预防、应急处置和灾后生产生活恢复工作做了具体的部署，对于减轻受灾损失、维护灾区社会稳定具有重大作用。加之不合理的农业生产方式，造成地表土壤破坏、废弃严重，植被疏松，容易遭遇侵蚀，如遇持续强降水，很容易诱发山体滑坡、泥石流等灾害，区域脱贫面临的自然束缚很大，贫困地区与生态环境脆弱区在地理空间分布上呈现出高度的重叠性。由于生态敏感和脆弱地区对自然环境要素的变化反应灵敏，造成生态系统缺乏稳定性，在自然和人为双重因素的胁迫下，极易于向不适于人类开发、利用的方向转化。

（三）社会资源分散约束脱贫效果持续性

社会资源分散影响贫困人口长效脱贫。社会资源包括：人力资源、信息资源以及经过劳动创造的各种物质财富。甘肃省贫困地区大多都集中在自然条件比较恶劣的山区、荒漠化地区等区域，这些地区的自然资源不丰富，社会资源更加缺乏、分散。让甘肃农村贫困人口走出“锅底”，不仅是扶贫办一个单位的事，也不仅是贫困地区的事，而是全省、全国、全社会的大事。

打开甘肃贫困人口分布图，58 个国家集中连片特殊困难地区贫困县和 23 个深度贫困县赫然在目。它们覆盖了全省大部分深度贫困群体，又都是位置偏僻、山大沟深的地方，一般经济增长无法有效带动其发展，常规扶贫手段难以奏效。贫困人口中还有相当一部分是老、弱、病、残的失能群体，对他们的帮扶难度更大。甘肃省扶贫办对农村建档立卡贫困户的一份数据分析显示，“疾病”在主要致贫原因中位列第一，占比高达 42. 1%，远高于缺资金、缺技术、缺劳力等其他原因。有些少数民族地区，其发展平台、基础条件、自然环境、资源禀赋、人口素质比其他贫困地区更落后，贫困成因更复杂、程度更深，用同样的政策措施，无法达到同样的效果。要在这么短的时间内完成这么艰巨的任务，特别需要发挥社会主义制度“集中力量办大事”的政治优势。正如习近平总书记所强调的：“扶贫开发是全党全社会的共同责任，要动员和凝聚全社会力量广泛参与。要坚持专项扶贫、行业扶贫、社会扶贫等多方力量、多种举措有机结合和互为支撑的‘三位一体’大扶贫格局。”

社会力量作为扶贫开发的重要主体，对减贫事业做出了积极贡献，特别是社会扶贫体制日益健全，社会力量参与扶贫开发的广度和深度明显提高，其作用也日益凸显。与此同时，当前社会扶贫仍存在一定问题，如在参与效度上尚未形成合力，帮扶质量和水平还有待提升，各种帮扶资源依然有待整合，“碎片化”分散现象突出，包括政策分散、管理分散、资金分散、项目分散、队伍分散、对象分散、宣传分散等，亟须综合治理。社会资源各种各样，但存在条块分割的管理方式，到了地方上呈现各自为政的现象，“就像烧水，不能总是在五六十摄氏度，要想烧开，必须加火。”有人以此比喻扶贫资源的分散。社会资源包括扶贫资金、扶贫项目、扶贫队伍、扶贫对象等分散，尚未形成真正的社会扶贫合力。同时，因缺乏对社会扶贫资源整合和布局的顶层设计，一些边远贫困地区经常出现在社会扶贫的“真空地带”，社会扶贫资源得不到合理安排和高效使用，进而影响贫困地区脱贫效果的持续性。

第五章
甘肃省贫困地区实现精准脱贫可持续性的条件基础

一、甘肃省贫困地区精准脱贫可持续性的历史机遇

党的十八届五中全会明确提出了到2020年全面建成小康社会的奋斗目标，这是我们党确定的“两个一百年”奋斗目标的第一个奋斗目标，也意味着“十三五”时期是我国全面建成小康社会的决胜阶段。全面建成小康社会，我们不仅要完成经济总量和城乡居民收入两个翻番，而且也不能仅把关注点放在经济增速是7%还是6.5%上，全面脱贫才是小康社会的关键和核心，这也是今后五年最大的难点和最硬的任务。由此可见，甘肃省要和全国人民一道全面建成小康社会，绝对不是简单的政治任务，而是时代赋予甘肃人的历史使命，同时也是人心所向。党的十八大以来，以习近平同志为核心的党中央把扶贫开发纳入“五位一体”总体布局和“四个全面”战略布局。作为实现第一个奋斗目标的重要工作，摆在治国理政的重要位置，确定并贯彻落实精准扶贫、精准脱贫的基本方略，开创了我国扶贫开发事业的新局面。国家已经打开了大好的脱贫攻坚新局面，各项制度、措施、财物支持都基本集齐，现在正是精准发力的好时候。甘肃扶贫开发工作恰逢这一历史机遇，能更有力地推动甘肃实现脱贫致富、可持续发展的目标。

（一）全面深化改革为精准脱贫可持续性提供物质保障

中国改革开放发展历程表明，我们用短短30多年的时间走完了发达国家走了100多年的现代化道路，创造了人类历史上伟大的发展奇迹，为在经济上决战决胜脱贫攻坚战奠定了坚实的物质基础。全面深化改革是我国新一轮的改革总动员，为脱贫攻坚提供了新的“动力源”，也为中国精准脱贫可持续性提供了物质保障。全面深化改革不零敲碎打，而是系统地全面地进行深化改革，推动科学发展。而发展是解决一切问题的“总开关”。因此，绿色发展是全面深化改革的时代要求，也为我国精准脱贫可持续性提供可行方案。扶贫攻坚历经多年，已经度过了“摸着石头过河”“不管黑猫白猫捉住老鼠就是好猫”的时代，人民群众也不再满足“输血”式扶贫模式，并逐渐由“输血”式到“造血”式，由“造血”式到“生血”式这个全面、精准、长效扶贫模式转变。全面深化改革必然要调动一切可以调动的积极因素，凝聚一切可以凝聚的力量，为扶贫开发服务，为全面建成小康社会助力。

当前，甘肃省认真贯彻落实党的十九大精神，突出重点抓改革，强化责任抓落实，推动发展惠民生，使甘肃省全面深化改革工作呈现全面发力、多点突破、蹄疾步稳、纵深推进的良好态势。一个接一个的改革成果惠及民生，一项接一项的改革举措落地生根。甘肃作为老少边穷地区，扶贫攻坚任务本身就非常艰巨，同时又面临着脱贫效果能持续多久的现实问题。这就促使甘肃省必须紧抓深化改革的良好态势，积极调整扶贫开发的方式，在深化改革的基础上，实现贫困地区可持续脱贫，如期和全国人民一道走进小康社会。

（1）积极落实改革主体责任，夯实扶贫开发主体基础。改革要有正确的方向，特别是进入全面深化改革向纵深发展的关键之年，改革的大船必须风雨无阻、日夜兼程地行进。2017年以来，甘肃省委全面深化改革领导小组全面梳理党的十八届三中全会以来中央部署的改革任务，结合省情实际，注重改革的系统性、整体性、协同性和工作的连续性、前瞻性，研究制定省委全面深化改革领导小组工作要点和改革事项，并逐项明确责任单位和完成时限，形成改革路线图、任务书和时间表。甘肃省全面深化改革领导小组先后研究确定了经济体制、政治体制、文化体制、社会体制、生态文明体制和党的建设等七个领域的改革任务，全年完成改革工作任务 338 项。[①]

在顶层设计的落实上，省委全面深化改革领导小组厘清不同责任主体的责任分工，逐步形成各级党委、领导小组、专项小组、改革办、牵头部门和参与部门各负其责的改革工作责任体制。制定了省委全面深化改革工作责任体系。制定了省委全面深化改革领导小组领衔推动改革落实的《暂行办法》和《任务清单》，领导小组成员每人牵头负责 2 到 4 项重要改革任务，带头履行改革责任，保质保量完成了改革任务。在推进改革的过程中，加大督察成为促改革落地的“助推器”。按照省委部署和要求，甘肃省建立改革督察工作台账，采取全面督察、分类督察、重点督察等方式，定期对账盘点，跟踪督察落实。同时，甘肃省委改革办会同各专项小组重点督察 37 个已出台改革方案落实情况，配合中央改革办督察调研学前教育、贫困地区学生上学情况、公共服务价格机制改革、中央部署改革试点、脱贫攻坚落实情况，甘肃省改革工作得到中央改革办督察组的充分肯定。这一系列举措为精准脱贫可持续性夯实主体基础，推动脱贫攻坚责任落实体制建立。

（2）经济体制改革激发新活力，夯实扶贫开发物质基础。全面深化改革，触及经济、生态、农业农村、民主法制、文化、社会、党建、纪检等多个领域。其中扶贫开发是一个矛盾多、任务重的重要区域。甘肃省坚持问题导向、目标导向，抓住重点、顶住难点，分类施策、攻坚突破，改革形成整体推进、善作善成的良好态势，为甘肃的精准脱贫工作提供了物质基础。首先，经济体制改革激发实体经济不断发展壮大。2017 年，甘肃取消调整和下放行政审批等事项 106 项，累计清理规范行

---

① 严存义，曹立萍．劈波斩浪勇向前——甘肃 2017 年全面深化改革工作综述［N］．甘肃日报，2018-03-03.

政审批中介服务项目等事项134项[①]。全面推进商事制度改革，实施“多证合一、一照一码”登记制度，推进工商注册便利，大大激发了市场活力。供给侧结构性改革助推钢铁、煤炭行业化解过剩产能取得阶段性成果，电力体制改革助推企业降本增效，完成直购电交易280亿千瓦时，降低实体企业用电成本超过50亿元。其次，涉农领域改革，农业农村改革步入“快车道”。2017年全省农村土地承包经营权确权登记工作基本完成，确权面积达6495.51万亩。稳步推进农村土地承包权经营权分置改革、农村集体产权制度改革、农村“三变”改革，全省农村产权流转交易市场达到35个，交易金额达到12.21亿元。省农垦集团完成职工社保关系移交地方管理的改革任务，省供销社综合改革在全省范围内复制推广“三社合一”“三会”制度等11项改革经验。最后，社会体制改革惠及民生，群众获得感不断增强。建立脱贫攻坚责任落实体制，优化配置农村学前教育资源，建立零就业家庭、低保家庭、优抚对象家庭、残疾人、农村贫困户中离校未就业毕业生等就业困难高校毕业生信息数据库，推行分级诊疗制度，降低大型医用设备检查和检验类项目价格等。可以说，脱贫攻坚、教育、就业、医药卫生、安全监管、养老服务、社会综合治理等方面的改革措施的落地实施，为甘肃的贫困人口带来了实实在在的福利。

（3）紧扣民生第一目标，确保改革红利全民共享。扶贫攻坚已经开展多年，尤其是精准扶贫战略思想实施以来，甘肃省脱贫攻坚成效明显。全省建档立卡贫困人口由2013年年底的552万人减少到2017年年底的189万人。贫困地区农民人均可支配收入预计年均增长13.1%，高于全省平均水平2.7个百分点。[②]但是，甘肃在实现“两不愁、三保障”上还存在短板和弱项，33.92万建档立卡贫困人口的饮水安全问题需要解决，贫困户的危房需要及时改造，教育和医疗事业还需保证质和量，贫困村的路、

① 严存义，曹立萍．劈波斩浪勇向前——甘肃2017年全面深化改革工作综述［N］．甘肃日报，2018-03-03.

② 唐仁健．甘肃省第十三届人民代表大会第一次会议报告，2018-01-24.

厕所等都需要建设。

面对“贫中之贫、困中之困、难中之难”，如何让扶贫更科学、更精准，如何让扶贫成果更长效、更稳定，更好地实现贫困地区全面可持续发展，是甘肃扶贫开发面临的迫切问题。甘肃结合地方特色给出了破解方案，以“铁手腕”“硬约束”破除面子工程、数据脱贫等懒政障碍，把精准扶贫各项政策落到实处。同时，甘肃在充分贯彻中央顶层设计的基础上，实施和形成了“三大行动”和“四大体系”。近年来，甘肃先后实施了双联行动、“1236”扶贫攻坚行动、“1 + 17”精准扶贫行动，出台了一系列配套政策措施，强力推动精准扶贫工作。在转移就业脱贫领域，甘肃省贯彻执行“精准”原则，实施了转移就业帮扶对象信息摸底工程，在转移就业方面探索出了“现代农业+农务”新模式、“政府引导、社会参与、市场运作”的培训新模式，打造提升了“陇原妹”“陇原月嫂”“陇原巧手”和兰州牛肉拉面等劳务品牌，年培训劳动力 40 万人次左右[①]。另外，甘肃省将“一户一策”作为全面落实精准扶贫精准脱贫的重要抓手，坚持把“两不愁、三保障”作为衡量贫困人口脱贫的基准线、度量衡，要求将“精准”落实到扶贫脱贫工作的全过程和各个环节中。但是，甘肃省的贫困程度仍然较深，贫困人口数量仍然较大。甘肃还需再接再厉，扎实解决好发展不平衡不充分的问题，推动经济社会质量变革、效率变革、动力变革，全面做好稳增长、促改革、调结构、惠民生、防风险等各项工作，推动经济社会发展再上一个台阶。要立足自身资源优势、挖掘潜力、扬长避短，努力改变传统产业、多发展新兴产业。重点解决好产业发展、务工就业、基础设施、公共服务、医疗保障等问题。既要解决好眼下的问题，更要形成可持续的长效机制。把脱贫攻坚和乡村振兴战略有机结合起来，推动贫困地区产业兴旺、治理有效、生活富裕，把甘肃广大贫困农民的生活家园建设得更好。在国家没有出台贫困退出细则的情况下，甘肃省还探索创新，制

---

① 陆汉文，黄承伟．中国精准扶贫发展报告（2017）[M]．北京：社会科学文献出版社，2017：189.

定出了《甘肃省建立贫困人口和贫困县退出机制实施机制实施细则（试行）》，明确细化了贫困退出的标准，贫困县退出有15项指标、贫困村退出有13项指标、贫困人口退出有7项指标，建立了贫困户、贫困村、贫困县三级脱贫退出指标体系。

由此，可见，只要始终坚持实事求是、群众路线，坚持一切从实际出发，紧紧扭住发展这个第一要务，紧扣民生这个第一目标，强化基本公共保障，突出把扶贫规划、城镇化规划、综合交通规划和特色产业发展规划统筹起来，加快推进集中连片特困地区区域发展与扶贫攻坚相结合，把政府主导和市场主体相结合，吸引各种资源要素向贫困地区配置、各类市场主体到贫困地区投资兴业，让一切有利于脱贫致富的积极因素活跃起来，就能找到甘肃贫困地区脱贫致富、持续发展的办法。

（二）全面从严治党是实现精准脱贫可持续性的政治保障

2015年6月18日，中共中央总书记习近平在部分省区市党委主要负责同志座谈会上强调："消除贫困、改善民生、逐步实现共同富裕，是社会主义的本质要求，是我们党的重要使命。"从根本上讲，从严治党就是以党章为准绳，以党规党纪为依据，对党的各级组织及广大党员和干部严格教育、管理和监督。而"全面"则是指管党治党涉及方方面面，是一项极其复杂的系统工程。党组织是社会主义建设事业的领导核心和战斗堡垒，是党的扶贫政策落实和各项扶贫工作开展的组织者、参与者、规划者、实践者。党组织在扶贫政策落实中承担主体责任并发挥巨大的作用，扶贫工作的顺利开展和扶贫目标的实现必须以党组织的纯洁可靠和坚强有力作为前提。因此，全面从严治党成为落实扶贫政策、巩固扶贫长效性的重要政治保障。

（1）党组织是精准脱贫事业的领导核心。党的先进性是马克思主义政党的本质属性，是马克思主义政党的生命所系、力量所在。改革开放以来，由于受市场经济的冲击和不良风气的影响，一些党员干部腐化堕落，在扶贫工作中背离全心全意为人民服务的宗旨，甚至违纪违法、贪污腐败，严重影响扶贫效果和党的形象。全面从严治党可以通过改进和加强党的自身建设，提高党员干部自我教育、自我提高、自我净化的能力，有利于党的扶贫政策落实到位，切实维护好广大人民群众的根本利益。而扶贫工作关系人民福祉，关系全面建成小康社会目标的实现，是重大的政治问题、经济问题，也是重大的民生和社会问题。习近平总书记强调："要把扶贫开发同基层组织建设有机结合起来，真正把基层党组织建设成带领群众脱贫致富的坚强战斗堡垒。"

甘肃省在发挥基层党组织在脱贫攻坚战斗堡垒的作用上不断实现创新。第一，创新党建扶贫工作新机制。甘肃省部分县市建立健全"县级领导指导乡镇，单位结对帮扶到村，干部结对帮扶到户"的结对帮扶机制，确定每个建档立卡贫困村由 1 名县级领导联系、2 到 3 个县直部门和 1 个驻村工作队帮扶，形成了齐抓共管的工作格局。同时，选派县直部门优秀党员干部到贫困村担任"第一书记"，并组建精准扶贫驻村帮扶工作队，帮助贫困村解决实际困难和问题。不断加强贫困村党组织书记队伍建设，对贫困村书记、驻村帮扶工作队人员进行集中培训，全面推行群众事务代办、村干部坐班等制度，切实打通联系，服务群众"最后一公里"。第二，推进党建扶贫工作新跨越。按照"一村一策、一户一法"的工作要求，甘肃省各县制定了个性化的贫困村脱贫方案，采取成立"指挥部"，制定"施工图"，列出"推进表"的方式，倒排工期，逐项销号，做到总体规划科学、年度计划明确、推进步骤清晰、帮扶任务具体。大力实施农村党员致富能力培养、"先锋引领"、劳动力技能培训、"党员大户创业扶持"等项目，着力增强农村党员带头致富、带领群众共同致富能力。第三，构建党建扶贫工作新格局。结合"双联"行动，甘肃省市县乡单位与贫困村共建对子，干部帮扶贫困户，帮助结对村和困难户脱贫致富。建立村干部工资报酬正常增长机制，逐步提高村干部工资，进一步激发村干部干事创业的热情，提高村级办公经费，保证了基层党组织工作的正常运作。第四，实现党建扶贫工作新突破。甘肃省结合"三严三实"专题教育，采取"每月检查通报、季度督查推进、半年观摩评比、年终考核验收"的办法，制定了《乡镇领导班子和领导干部精准扶贫精准脱贫工作实绩考核办法》，把贫困村年度减贫任务、农民人均纯收入增幅、扶贫开发专项资金规范管理、项目实施质量等指标作为考核评价的重要依据，作为领导干部执政能力、工作水平、政绩优劣、干部提拔的一条重要标准，严格兑现奖惩。

（2）全面从严治党是落实扶贫政策的重要政治保障。2015 年 11 月，习近平总书记在中央扶贫开发工作会议上强调："越是进行脱贫攻坚战，越是要加强和改善党的领导。"2016 年 10 月，党的十八届六中全会对全面从严治党做出全面系统的战略部署。从根本上讲，"从严治党"就是以党章为准绳，以党规党纪为依据，对党的各级组织及广大党员和干部严格教育、管理和监督。而"全面"则是指管党治党涉及方方面面，是一项极其复杂的系统工程。在精准扶贫战略的实施过程中，党的坚强领导是精准扶贫工作顺利推进的政治保障。也可以说，中国创造脱贫奇迹的密码，首要在政治领域，而政治领域的关键在于坚持中国共产党的领导。扶贫工作要在党的领导和组织下才能顺利进行，全面从严治党有利于增强党组织的凝聚力，增加各级党组织的战斗力和提高党员的责任意识和拒腐防变能力，保证在扶贫工作中责任明确，将扶贫政策落实到位。

甘肃省的脱贫攻坚工作主要依靠各级党组织的坚强领导。在全面从严治党的大环境下，甘肃省的政治风气有了大的改变，尤其是在党中央全面整治腐败的高压力下，扶贫工作相关部门工作人员的为民意识增强，严格的监管制度使得扶贫资源可以有效地到村到户。第一，脱贫攻坚责任明确。甘肃省出台了《甘肃省脱贫攻坚责任制实施办法》，明确了部门和个体脱贫责任，发动社会各界参与到扶贫中，有效落实精准脱贫措施。《办法》明确指出，甘肃省委、省政府对全省脱贫攻坚工作负总责，严格执行一把手负责制，形成省市县乡村五级书记一起抓的工作格局。加强对市（州）、县（市、区）的组织指导和管理协调，督促贫困县考核机制、约束机制、退出机制、涉贫事件处置反馈机制的落实。保持贫困县党政正职稳定，做到不脱贫不调整、不摘帽不调离[①]。第二，脱贫考核科

① 甘肃落实脱贫责任制贫困县党政正职不脱贫不调离［N］. 甘肃日报，2018-03-27.

学分布。甘肃省制定了《甘肃省贫困县党政领导班子和领导干部经济社会发展实绩考核办法》和《甘肃省贫困县党政领导班子和党政正职经济社会发展实绩考核办法实施细则》，取消了58个贫困县的GDP考核，把提高贫困人口生活水平和减少贫困人口数量作为考核重点，使精准扶贫相关考核指标在政绩考核指标体系中的权重占到80%以上。并充分考虑贫困县之间贫困程度、攻坚难度等差异，突出超额加分、难易计分、群众评分等环节，完善了考核的具体方案。第三，扶贫政策依法推进。为了防止“数字脱贫”“虚假脱贫”等现象的发生，甘肃省按照贫困户脱贫标准和时序，建立“4342”脱贫验收把关责任体系。明确了脱贫验收中，村级党支部书记、村委主任、驻村帮扶工作队队长和贫困户四方，乡级党委书记、县长、扶贫办主任和统计局长四方，市级党委书记和市长两方，对贫困户识别、退出、返贫真实性的签字背书责任，构建了层层负责的脱贫验收责任体系。

这种通过从严治党彰显的政治上统一认识、集中力量办大事的制度优势，可以凝聚党心民心倾全国之力来精准扶贫，给了全国人民打赢这场扶贫攻坚战的信心和决心。因此，甘肃省把精准扶贫作为一项庄严的政治任务，全面制定了精准脱贫的时间表、下达了责任书，全省各地都把精准扶贫作为头等大事，不仅为精准扶贫明确了战略目标和战略方向，也为精准脱贫提供了有力的保障措施。

（三）共享发展理念为精准脱贫可持续性凝聚广泛的社会共识

共享是中国特色社会主义的本质要求，解决的是“发展为了谁”的问题。当一个健全的国家经济发展达到一定程度以后，经济公平就显得格外重要。打赢脱贫攻坚战的关键，仍然在于实现城乡协调发展，解决区域性和群体性贫困问题。因此，实现贫困地区稳定、长效脱贫及全面、协调、可持续发展是共享发展理念的根本要求。面对甘肃省发展不平衡、不充分的现实难题，共享发展新理念为甘肃省可持续发展提供重要价值支撑，是实现精准脱贫可持续性的重要抓手。

（1）共享发展有助于实现社会公平正义。全民共享改革发展的成果，短板就在于贫困地区、贫困人口是否能共享发展成果。精准扶贫战略促使甘肃的贫困人口收入持续增加，有助于形成合理的分配格局，即因地制宜、因势利导推进产业扶贫、金融扶贫、跨区域合作减贫机制。实现贫困地区精准、可持续脱贫，必须要注重对社会弱势群体的权益保障，注重发展过程中的机会均等化，从最广泛层面上调动社会主体参与到经济和社会建设中来。[①]甘肃要实现贫困地区精准脱贫，就需要形成共建共享的理念，完善人人参与的社会扶贫参与机制，完善政府、市场、社会协调推进的大扶贫格局。具体而言，就是要加强贫困地区的基础设施建设，推进基本公共服务均等化；动员社会各方面力量参与扶贫开发；守住底线，实行社会保障兜底脱贫，使失能人员的基本生活得到保障；要重点落实领导干部扶贫脱贫责任，加强基层党组织建设，把基层组织建设成为带领群众脱贫致富的战斗堡垒。

（2）共享发展理念推进民生治理，维护贫困人口的切身利益。共享发展理念把民生纳入发展的体系之中、框架之下，明确了发展的民生导向，同时为精准脱贫凝聚了更多的社会合力。地处西北的甘肃，无论是经济社会，还是文化都相对落后，发展不平衡、不充分也是甘肃贫困落后的重要原因之一。因此，甘肃摆脱贫困的重要抓手就是紧紧扭住共享发展机遇，不断改善和优化共享发展的内外部环境，共享社会发展机会和发展成果，培育新型共享发展新业态。具体而言，在甘肃的脱贫攻坚任务中，首先以共享发展为根本价值导向，坚持基本权利平等原则、弱势群体救助原则和依法分配原则，不断完善教育、医疗、就业等民生工程建设；通过共建实现共享，弘扬劳动最光荣、劳动创造幸福的观念，消除“懒汉”的“等、靠、要”思想；贫困地区的脱贫攻坚也不能只靠政府和贫困人口自身，要发扬先富带动后富的传统，以城促乡、以城帮乡，实现城乡共享共进。同时，甘肃在发

① 顾海良．新发展理念与当代中国马克思主义经济学的意蕴［J］．中国高校社会科学，2016（1）：4-7.

展内力不足的情况下，应该努力寻求外援。例如，引进外资发展特色产业使贫困人口增收；合理规划、统筹安排项目，向中央政府申请重大扶贫项目，保证项目能够最优化地实施，以带动自身经济发展；发挥自身资源优势，吸引外部游客前来观光旅游，促进地方经济社会发展；企业之间的合作共赢也是发展经济的重要手段，在资金、技术、人才等方面的合作下，可以改进管理、共同进步。

（四）全面依法治国为精准脱贫可持续性提供法制保障

党的十八届四中全会做出全面推进依法治国的重大决定，开启了法治建设新征程。我国目前正处在扶贫攻坚、全面建成小康社会的关键时期，需要一个安全有序、稳定和谐的社会环境，而法治可以为扶贫攻坚和实现精准脱贫可持续性提供坚强的法制保障。尤其对于甘肃这样的经济社会发展落后的地区而言，扶贫开发的重要性和长期性是不言而喻的，所以必须要用法制来保障其顺利推进、取得实效、实现预期目标。

（1）在法律上明确扶贫开发工作的地位、干部扶贫帮困的责任。扶贫开发是一项复杂的民生工程，涉及生活的方方面面，一系列的实施方案如果没有法律来保驾护航，就达不到预期的效果。为了全面落实脱贫攻坚责任制，甘肃省出台了《甘肃省脱贫攻坚责任制实施办法》，对全省脱贫攻坚责任做了详细的规定，严格执行一把手责任制，形成省市县乡村五级书记一起抓的工作格局。加强对市、县的组织指导和管理协调，进一步攻坚责任清晰、各负其责、合力攻坚的脱贫攻坚责任体系，有效落实精准扶贫措施，如期实现“两个确保”的目标。同时，对党员干部在扶贫领域的贪污腐败零容忍，严格查处。2016 年 5 月颁布了《全省检察机关、扶贫部门集中整治和加强预防扶贫领域职务犯罪专项工作方案》。《方案》明确提出，要注重围绕脱贫攻坚“五个一批”工程和全省“1 + 17”精准扶贫方案确定的重点领域和区域，突出查办发生在六盘山区、秦巴山区、藏族地区 58 个集中连片贫困县区脱贫攻坚过程中的职务犯罪案件。为推动扶贫专项工作有效开展，全省各级检察机关迅速行动，通过宣传动员群众举报、自行发现等方式，积极拓展涉农扶贫案件线索来源渠道，充分发挥检察机关侦查一体化效能优势，坚持系统查案的办案方法，紧紧围绕扶贫资金分配、项目申报、审核审批、资金发放管理、项目实施、检查验收等重点环节，打击涉农扶贫领域职务犯罪。

（2）用法治思维推进扶贫开发工作。扶贫开发工作已经不是扶贫部门一方的责任，社会各界都是扶贫的参与者，在复杂的扶贫体系中，涉及的主体利益太多，因此要运用现代法治思维来推进扶贫开发工作。甘肃的社会经济文化发展相对比较落后，在社会治理中人情关系因素比较严重，靠关系获得扶贫资源的现象时有发生。这种不科学的工作方式对精准扶贫、精准脱贫是极为不利的。因此，用法治思维和方式推进扶贫开发工作，有利于保证扶贫政策的连续性、扶贫资金运行的安全性和投入使用的有效性，以及阶段性扶贫开发成果的巩固和提升。特别是扶贫开发过程中扶贫对象的识别、扶贫规划的制定与实施及资金管理、项目论证、开发决策等重点难点问题，需要通过法治途径进行规范和解决。具体而言，就是要增强法律意识和法规观念。针对一些农牧民法治观念淡薄的现象，发挥司法部门、驻村工作队等的优势，深入开展法治扶贫活动。例如，对外出务工、返乡创业户，通过发放《政策扶持宣传手册》、搭设咨询台等方式，为他们提供法律政策咨询与服务等；贫困识别过程要强制性公开，贫困户的确定过程必须实现全程留痕、信息公开，依据权力清单，向社会全面公开扶贫职能、法律依据、实施主体、职责权限、管理流程、监督方式等事项，重点推进专项资金分配和使用、建设项目批准和实施、扶贫对象进出等领域的信息公开，给予贫困群众充分的知情权和监督权；通过法治化的制度体系减少腐败机会。

综上所述，在全面依法治国的大背景下，甘肃省在发展中要把握好依法治贫这个核心和关键，通过依法行政，把扶贫工作纳入法治化轨道，实现精准脱贫可持续性，从而规范和约束行政权力，实现扶贫效益最大化。

二、甘肃省贫困地区精准脱贫可持续性实现的现实基础

甘肃贫困地区虽然发展相对滞后，但其具有自身的发展潜力，并赶上了前所未有的大好机遇，步入了快速发展的轨道。如果抓住战略机遇，顺势而为，就能够实现跨越式发展。

（一）特殊资源禀赋是精准脱贫可持续性的天然基础

甘肃的特殊地理位置和气候条件，为甘肃农业、交通的发展创造了必要的条件。特殊的气候造就了甘肃农业的独特化，中药材、特色瓜果等的发展使农民致富增收。特殊的地理位置使甘肃成为西北的交通枢纽，为甘肃的商贸、物流、交通发展提供了极大的便利。

（1）特殊地理位置是可持续发展的天然条件。甘肃省地处中原与边疆地区的过渡地带，是祖国西北地区重要的交通枢纽和地缘战略中心。甘肃省连接陕西、四川、青海、宁夏、新疆、内蒙古等省区，省会兰州更是处于中国大陆版图的几何中心。陇海、兰新等重要交通干线穿越甘肃全境，是连接东西、贯穿南北的重要战略通道。重要的地理区位和便利的交通为甘肃的开发开放提供了有利条件，为制造业、商贸、物流、交通等产业的发展和承接产业转移奠定了坚实基础。甘肃贫困地区集中分布的陇南、陇东南、陇中南也具有独特的区位优势，位于东亚和中亚的接合部，是我国中东部腹地通往西域的过渡地带，随着基础设施建设的不断完善和产业区域性转移，其区位优势必将进一步释放。

（2）自然资源禀赋是实现可持续发展的必要条件。从陇东黄土高原到河西戈壁绿洲，千里陇原各地自然条件迥异，生态类型多样，农业物种资源极为丰富；甘肃光热资源足，昼夜温差大，水、土、气污染程度轻，特色资源禀赋突出。甘肃省具有良好的成矿地质构造背景，矿产资源相对丰富。甘肃集中连片贫困地区部分县区具有相对丰富的矿产资源，随着勘探和开发条件的发展，矿产资源的开发必将为当地创造更多的就业机会和经

济收入，为其第二、三产业的发展创造有利条件。甘肃还是全国太阳能、风能资源富集的地区之一，新能源产业发展有着良好的基础条件。

甘肃省位于三大高原的交汇地带，从东南到西北囊括了亚热带湿润区到高寒区、干旱区各种气候类型，而且雪山、高山、盆地、川塬、沙漠、戈壁等兼有之，海拔相差悬殊。多样性的地候条件造就了丰富的生物多样性资源，为生态旅游、中药材、特色农业等产业的发展奠定了基础。甘肃省是全国药材主要产区之一。现有药材品种9500多种，居全国第二位。目前，经营的药材主要有450种，其中“岷当”“纹党”成为闻名中外的大宗出口药材。岷县、陇西、渭源3个县分别被中国农学会特产之乡组委会审定命名为“中国当归之乡”“中国黄芪之乡”和“中国党参之乡”。特色动植物资源是可持续利用的宝库，随着科技的进步，深度开发的推进，必将带来越来越大的经济和社会效益。甘肃中、东、南部集中连片贫困地区大部分不利于大规模农业生产，但其特殊的地候条件为特色中药材、农作物、水果、蔬菜等产业的发展提供了得天独厚的自然条件。而且资源开发较晚，资源存量较大，为后发优势的发挥创造了条件。

（二）产业结构优化升级、生态屏障逐渐筑牢

随着经济社会的发展，甘肃逐步调整产业结构，按照供给侧结构性改革的要求，甘肃实行创新驱动发展战略，改造传统产业、培育新型产业、发展优质服务业，产业结构不断优化升级。同时，高度重视生态环境保护，致力于建设美丽新甘肃。在调整产业结构和保护生态环境的过程中，甘肃贫困地区的农业、服务业等产业得到发展，生态环境逐渐得到改善，为贫困人口可持续脱贫提供了有效动力。

（1）产业结构优化为甘肃提供持续发展动力。2013年2月，习近平总书记视察甘肃时做出“八个着力”的重要指示，强调甘肃同全国一道全面建成小康社会，加快建设经济发展、山川秀美、民族团结、社会和谐的幸福美好新甘肃。这一指示为甘肃全面发展、精准脱贫指明了努力

方向和实践路径，也为甘肃做好精准扶贫提供了根本遵循。

在经济发展新常态下，甘肃不断贯彻新发展理念，把转方式、调结构作为增强综合实力和发展后劲的必由路径，以推进供给侧结构性改革为主线，加快实施创新驱动发展战略，大力改造传统产业、培育新兴产业、发展服务业，经济发展的质量和效益在逐步改善。首先，供给侧结构性改革，让甘肃经济卸下包袱，轻装上阵。甘肃从钢铁、石化、装备制造等行业“原”字号、“初”字号产品居多的现实出发，实施面向“深”字号、“精”字号的结构优化，拉长产业链、提升产业丰厚度。其次，坚持“科技创新+体制机制创新”双轮驱动，科研能力和创新能力逐步提升。甘肃省在“科技创新+体制机制创新”双轮驱动下，相继出台了一系列支持科技创新的政策。2016年《甘肃省支持科技创新若干措施》出台，实施股权激励，实行成果转化奖励，加快科技成果转化，放开科研单位、企业用人自主权，放开科研人员经费使用权和设备采购权。最后，甘肃农业产业化链条增粗拉长。从低水平到现代化，从粗放生产到集约经营，从“种植+养殖+加工”“贸易+工业+农业”到“市场+企业+基地”“名牌+优质+特色”，甘肃农业产业链不断增粗拉长，培育出一批有特色、有规模的绿色食品品牌。目前，甘肃无公害农产品、绿色食品、有机农产品和农产品地理标志产品累计超过1600个。甘肃草食畜牧业、有机蔬菜、优质林果、马铃薯、中药材等贫困地区传统主导产业不断优化升级，成为了实现贫困地区脱贫致富的重要产业链条。另外，电商扶贫、旅游扶贫等新兴扶贫模式落地生根，为贫困地区打通一条崭新的可持续脱贫和发展之路。另外，产业扶贫、教育扶贫、健康扶贫、金融扶贫、生态扶贫、电商扶贫、光伏扶贫等措施，促使甘肃贫困地区持续增收、持续发展。

（2）生态保护举措推动“美丽甘肃”绿色发展。甘肃地跨长江、黄河、内陆河三大流域，是黄河、长江的重要水源涵养区，犹如一道屏障守卫着祖国西北咽喉之地，被誉为“中华民族挡风墙”。甘肃重要的生态屏障作用，就客观提出了绿色发展的必然要求。党的十八大以来，甘肃省在生态保护和绿色发展上下功夫，并于2018年出台《关于构建生态产业体系推动绿色发展崛起的决定》，提出培育壮大节能环保、清洁生产、清洁能源、循环经济等十大重点产业，从源头探寻甘肃绿色、可持续发展之路。在保护生态的前提下发展绿色经济，用经济发展的成果反哺生态保护，甘肃正努力实现“美丽甘肃”的绿色可持续发展。目前，平凉、庆阳的苹果畅销于全国各地，村民逐渐走上了脱贫致富之路；“特色”牌的核桃、花椒、油橄榄、银杏等林果业成了陇南、天水农民增收致富的“摇钱树”。民勤县不断打造集餐饮、住宿、娱乐、乡村文化于一体的绿色生态文化旅游产业。同时，随着人民生活水平的不断提高，大众形成的对绿色产品、绿色出行、绿色消费的不断追捧加速绿色经济的发展，也从客观上养成了“美丽甘肃”的生态保护意识。例如，甘肃实行最严格的环境保护制度，深入实施大气、水、土壤污染防治行动计划，加大环境风险和污染防治力度，努力让群众呼吸更新鲜的空气、喝上更洁净的水。2015 年，全国十大重污染城市之一的兰州在联合国应对气候变化巴黎大会上荣获“今日变革进步奖”，这是“美丽甘肃”最典型的案例之一。

在甘肃，生态环保教育已被多地纳入中小学教学计划，通过推动生态文明教育进校园、进课堂，甘肃广泛开展生态文明主题实践活动。党员干部树立生态观念和生态理念也被提上了甘肃省的工作议程。

（3）基础设施完善提供甘肃经济发展后续动力。近年来，中央明确提出把中西部地区综合交通体系建设摆到突出位置，将中西部铁路、民航、水运、油气管道和输电通道等工程建设作为投资重点。这对于缓解甘肃基础设施建设发展滞后，破解水利、交通等制约“瓶颈”具有重大意义。经过不断开发和建设，甘肃交通、水利、通信等基础设施建设取得重大成就，经济发展步入了“快车道”。首先，甘肃的交通发展迅速，为甘肃的经济发展提供了极大的便利。2017 年全线贯通的兰渝铁路不仅强化和完善了西部区域铁路运输网结构，极大地改善了兰州、陇南等地的交通区位，而且还使甘肃与西南、华东、华南地区的联系更加紧密，极大地便利了甘肃部分地区的货运和人员出行。同时对甘肃部分地区的矿产资源、旅游资源开发、城市发展和经济建设产生了重大的影响，有利于加快甘肃沿线贫困地区脱贫致富、全面建设小康社会的步伐，促进甘肃部分县域经济进一步发展。其次，甘肃省的水利发展为地区灌溉、电力发展打下了坚实的基础。近年来，甘肃省实施的景电大型泵站更新改造、石羊河流域重点治理景电二期灌区节水改造、景电二期总干渠及民调干渠改造等项目共完成投资 8. 74 亿元，为向民勤调水打下了坚实的基础。近五年来，就有 5 亿多立方米的黄河水通过景电二期流向民勤县红崖山水库，仅 2017 年就达到 1. 2 亿立方米。另外，甘肃以“河畅、水清、岸绿、景美”为综合目标，对疏勒河、黑河、石羊河、黄河（含庄浪河）、湟水（含大通河）、洮河、泾河、渭河、嘉陵江（含白龙江）9 条省级河流实施“一河一策”，在水资源保护、水域沿线管理、水污染防治、河道采砂管理、水环境治理、水生态修复等方面做出了成效。同时，在信息化时代，甘肃推动“宽带甘肃”“宽带乡村”的建设更加快了农村光缆线路、无线网络和有线电视网络等通信基础设施建设，提升通信网络覆盖范围和服务质量，可以满足农村基本通信需求。鼓励通信运营商、信息服务商、电商积极开展合作，为贫困地区农民群众提供用得上、用得起、用得好的网络服务。同时，甘肃省也积极实施农村畅通工程、安全饮水工程、危旧房改造、农电线路改造、乡村舞台建设、农家书屋建设等项目，农村路、水、电、房等基础设施得到大幅提升，建成“万村整洁”村 7209 个、各级美丽乡村示范村 2147 个。[①]

（三）丰富的文化资源是精准脱贫可持续的内在优势

甘肃是华夏文明的发源地之一，历史文化底蕴深厚，历史遗产、经典文化、民族民俗文化等物质文化遗产和非物质文化遗产资源丰富，为文化产业发展和建设文化大省奠定了坚实基础。甘肃贫困地区有着丰富的自然与民族文化资源，这些资源一旦与文化产业的人才、资本、市场相嫁接，会发生意想不到的“化学反应”，成为增加就业、提高收入、脱

① 周者军 . 甘肃：着力改善农村基础设施和人居环境［N］. 甘肃日报，2018–01–08.

贫致富的新途径。不仅如此，“文化+”科技、旅游业、农业、房地产业、酒店服务业，还将会形成一系列产业生态链，增强贫困地区和贫困人口的自我造血功能，这样的脱贫更有稳定性和可持续性。

（1）悠久丰富的传统文化奠定可持续脱贫精神基础。甘肃是黄河流域文化的原始发源地之一，是中华文化的起源地之一，也是我国早期文明最辉煌的地方之一。正如季羡林所言：“世界上历史悠久、地域广阔的文化体系有四个，但是中国的新疆、甘肃的敦煌，世界上再没有第二个了。”甘肃独特的河陇文化资源不断彰显着它的时代魅力，传统“耕读文化”更是深入农村居民的血脉，为贫困地区的脱贫致富奠定了精神基础。以康乐县为例，不仅有新石器时代的马家窑、半坡和齐家文化遗址以及绿家楼等红色遗址，还有貂蝉家园、赤兔故里等历史传说、莲花山“花儿”、社火等非物质文化遗产，更有“无牛无羊不成家”的传统习惯以及穆斯林清真食品和回族经商传统。近年来，正是基于群众家养牛羊的传统，康乐县大力发展肉牛养殖业，打造出了“康乐牛”地理标志保护产品，形成了从养殖到销售的产业链。同时，以草食畜牧业为基础，大力发展清真食品产业，取得了一定的经济和社会效益。由此可见，贫困地区文化资源的内蕴随着扶贫开发的推进，必将成为该地区脱贫致富的动力源泉。

同时，甘肃也是闻名遐迩的文物大省，是文物保存最为集中的地区之一。世界级文化遗产就有两处——敦煌莫高窟、天水麦积山石窟，还有武威的铜奔马和榆中的四库全书。从7800年前的大地湾文化到祁山文化，河西走廊可谓是一个文化艺术长廊。甘肃是我国乃至世界上古城遗迹最多、类型最复杂、时代序列最齐全、出土文物最多的省份，仅河西地区就有汉唐古城120多处。甘肃还有一批造型精美、艺术价值极高的寺庙，著名的有张掖的大佛寺、西夏的皇家寺院、平凉的崆峒山、泾川的西王母宫。悠久的历史中名人辈出，如伏羲、公刘、岐伯、李广、霍去病等。甘肃利用贫困地区的丰富文化遗产资源，将各类文化遗产打造成地理标志型文化产品，结合旅游休闲度假的现代消费方式，借力打力、深度推广，形成可持续文化脱贫。同时，以文化的影响力反哺其发源地，以发源地的文化资源开发文化产品，将形成可持续文化脱贫的良性循环。

（2）独特的民族民俗文化发挥可持续脱贫后发优势。甘肃是中华文化交融的枢纽，多民族的聚居，多种文化的交融，使该地区既有中国文化，也有域外文化。多种宗教文化的渗透，多种风俗的掺杂，历史和地域优势赋予甘肃文化多民族融合的斑斓色彩。

甘肃少数民族大多居住在草原牧区、高山林区、偏远山区，与草原、牧区、江河、森林、矿藏相依为命，因此他们对自然有着一种特殊的感情，形成了许多爱护自然和保护自然的传统理念。生活在草原牧区的藏族、蒙古族、裕固族等认为：植物、动物等都是有生命的，有生命的都应当珍惜和爱护。他们反对随意杀生，反对随意砍伐树林。生活在白龙江一带的藏族，习惯上把某个山头、河流视为“神山”“神河”，禁止砍伐、禁止污染，客观上起到了保护生态环境的作用。甘肃少数民族文化是推动甘肃绿色发展、精准脱贫的重要优势资源。各少数民族文化，从美不胜收的歌舞音乐到丰富多彩的节庆活动，从千姿百态的建筑到绚丽缤纷的服饰艺术，极大地丰富了各族人民的物质文化生活，同时又为发展社会主义先进文化、推进现代化建设提供了有力服务。

近年来，甘肃把民族民俗文化与精准扶贫工作紧密结合，以举办丰富多彩的民俗文化节为平台，着力打造各地文化名牌，推动了一系列文化产业的快速发展，加快了各地精准脱贫的步伐。文化产业的发展不仅有助于贫困地区精准脱贫，而且也是对文化本身的挖掘、传承和保护，是一条双赢的可持续发展之路。例如，甘肃通渭走出一条典型的“文化+”产业脱贫可持续之路。通渭是位于甘肃中部定西市所辖的一个国家级贫困县，同时也是远近闻名的文化大县，素有“家中无字画，不是通渭人”的民俗传统。近年来，通渭大力发展以书画为代表的文化产业，打造“书画+”农耕文化休闲旅游基地，形成了独特的通渭书画产业现象，极大地推动了文化资源优势，加快转化为产业优势、经济优势。另外，甘肃依托农家书屋和新华书店发行网点，利用农村民间民俗工艺和劳动力资源建设“文化集市”，用现代经营理念开发民间民俗文化创意产品。漆雕、剪纸、香包、皮影等具有陇原地方特色的文化产品从街巷走向广阔市场，使民间民俗工艺品逐步成为调整农村经济结构、丰富农村产业门类、实现农民增收致富的重要产业。

三、甘肃省贫困地区精准脱贫可持续性实现的制度支持

“小康不小康，关键看老乡”。全面建成小康社会决胜时期，精准脱贫作为三大攻坚战之一，从中央到地方各级政府把脱贫攻坚作为头等大事和第一民生工程来抓，通过完善扶贫政策，加大投入力度，确保打好这场攻坚战。随着西部大开发的深入发展和工业反哺农业、城市带动农村发展战略的落实，乡村振兴战略、“一带一路”倡议的实施，甘肃贫困地区迎来了前所未有的政策机遇。

（一）国家层面扶贫开发倾斜性政策支持

近年来，由于甘肃发展相对滞后，成为全国小康社会建设的短板，引起了党中央的高度重视，并在教育、金融、科技等方面给予甘肃倾斜性政策支持。2009 年国务院批准甘肃循环经济示范区及关中至天水经济区。2010 年国务院出台《关于进一步支持甘肃经济社会发展的若干意见》，明确提出了 47 条具体支持甘肃经济社会发展的意见。2012 年“兰州新区”获国务院批准，成为西北地区第一个国家级新区和第五个国家级新区。2012 年国家发展改革委印发了《陕甘宁革命老区振兴规划》，该《规划》囊括了甘肃庆阳、平凉两市和会宁县。2013 年华夏文明传承创新区、甘肃省国家生态安全屏障综合试验区、兰白承接产业转移示范区获得国家批准，《甘肃“两江一水”区域综合治理规划》获国家发展和改革委员会批复。2015 年《甘肃省河西走廊清洁能源基地建设方案》获得国家能源局批准。近年来，一系列密集地支持甘肃发展的优惠政策和不断增加的资金投入为甘肃的经济社会发展创造了难得的机遇。

党的十八大明确提出了2020年全面建成小康社会的历史任务，为了完成这一历史任务，党和国家做出了一系列的战略部署。但是，全面建成小康社会最艰巨最繁重的任务在农村，特别是在贫困地区。因此，以习近平同志为核心的党中央以巨大的政治勇气提出精准扶贫、精准脱贫的政策措施，对贫困地区的精准扶贫和精准脱贫做出了一系列的制度安排。甘肃成为精准扶贫这盘棋中的重要一局，根据《中国农村扶贫开发纲要（2011—2020年）》的规划，甘肃省58个县被纳入三大集中连片特困区域，一系列扶贫开发优惠政策和大量资金投入为甘肃贫困地区脱贫致富提供了前所未有的发展机遇。甘肃认真贯彻习近平总书记精准扶贫战略思想，全面落实扶贫攻坚各项决策部署。第一，将最强的领导力量、最优的帮扶资源、最有实力的帮扶单位向深度贫困地区倾斜。甘肃省出台《关于调整加强全省脱贫攻坚帮扶工作力量的意见》，对全省帮扶力量进行了全面调整和优化，建立了省级领导联县包乡抓村制度，实现了将最强的领导力量、最优的帮扶资源、最有实力的帮扶单位向深度贫困地区倾斜的目标。目前，全省6220个贫困村和岷、漳两个灾后重建移民村全部组建了驻村帮扶工作队，共有25521名工作队员，全省共有9588个帮扶单位、222836名帮扶干部，结对帮扶6222个贫困村、587753户贫困户，做到了贫困户“户户有帮扶”。第二，以党的十九大精神为指引，凝聚脱贫攻坚帮扶工作合力。省委、省政府领导先后多次到联系县宣讲党的十九大精神，在全省起了很强的示范作用，增强了各级帮扶单位、广大帮扶干部的使命感、责任感、紧迫感，凝聚了脱贫攻坚的强大合力。健全和完善了脱贫攻坚和精准帮扶工作指标考核体系，量化考核内容，增强考核工作可操作性。第三，认真制定“一户一策”帮扶计划，不断提升帮扶工作质量和实效。坚持严格精细管理原则，充分发挥帮扶工作队精准扶贫“生力军”作用，突出精准帮扶成效，着力推动到村到户帮扶措施在贫困村落地见效，认真制定“一户一策”帮扶计划，不断提升帮扶工作质量和实效。采取落实属地管理责任，改进帮扶工作方式。落实“一户一策”帮扶计划，进一步抓好帮扶到户工作。

（二）乡村振兴战略为甘肃省精准脱贫可持续带来新支持

实施乡村振兴战略，是党的十九大做出的重大决策部署，是决胜全面建成小康社会、全面建设社会主义现代化国家的重大历史任务，是新时代“三农”工作的总抓手。乡村想要振兴，摆脱贫困是前提，最终目的是要不断提高村民在产业发展中的参与度和受益面，彻底解决农村产业和农民就业问题，确保当地群众能够长期稳定增收、安居乐业。2018年1月2日，中央一号文件《中共中央　国务院关于实施乡村振兴战略的意见》发布，既有利于加快实现脱贫目标、巩固脱贫成果，又有利于贫困地区从根本上改变面貌、走向共同富裕，两者相辅相成、相互促进，为甘肃贫困地区精准脱贫、发家致富奔小康带来新福音。

（1）乡村振兴战略与精准脱贫攻坚相互支撑。精准脱贫攻坚和乡村振兴战略都是我国为实现“两个一百年”奋斗目标确定的国家战略。前者立足于实现第一个百年奋斗目标——全面建成小康社会，后者着眼于第二个百年奋斗目标——到21世纪中叶把我国建成富强民主文明和谐美丽的社会主义现代化强国。精准脱贫攻坚和乡村振兴战略相互支撑、协调推进，有利于“两个一百年”奋斗目标的实现。一方面，精准脱贫攻坚是我国当前减贫的主要任务和基本形式，它与城乡融合发展、共同富裕、质量兴农、乡村绿色发展、乡村文化兴盛和乡村善治一起，共同构筑中国特色社会主义乡村振兴道路。另一方面，只有包括贫困乡村在内的全国农村共同实现了乡村振兴战略的目标和任务，我国乡村振兴战略规划才能够圆满完成。因此，将乡村振兴战略的思想和原则有机融入精准脱贫攻坚中去，是甘肃实现精准脱贫可持续的重要支持举措。

到2020年实现现行标准下农村贫困人口脱贫，是精准脱贫攻坚的最直接的目标和任务。在甘肃贫困地区，现阶段尤其要集中精力打好精准脱贫攻坚战。合理的做法是，结合贫困地区自身的条件，将乡村振兴战略的思想和原则融入具体的脱贫攻坚的计划和行动之中，统筹脱贫攻坚与乡村振兴之间的有机衔接，奠定乡村振兴的制度和物质基础，也为可持续精准脱贫提供政策保障。

（2）乡村振兴为甘肃农村的经济可持续发展提供动力。乡村振兴战略推动农业农村优先发展，推动农业全面升级，农村全面进步、农民全面发展，为新时代甘肃经济振兴、脱贫发展提供有力支撑。乡村振兴首先是经济振兴，这就意味着国家将加大对乡村产业的财政、金融、投资等政策的支持力度。乡村振兴以产业兴旺为重点，这就要求农业的高质量发展。实施乡村振兴的发展战略，科学开发甘肃丰富的生物资源，打造甘肃高质量生态旅游、中药材、特色瓜果等产业，为甘肃贫困地区可持续发展奠定坚实的基础。与尚未脱贫的贫困乡村相比，已脱贫尤其是最近几年刚脱贫的乡村，应该成为甘肃实施乡村振兴战略的支持重点，以促进巩固脱贫成果。多数刚脱贫的乡村，产业发展的基础都不够牢固，基础设施和公共服务仍有较大缺口，乡村治理体系和治理能力还比较弱。特别需要通过实施乡村振兴战略，补牢产业发展基础、改善基本公共服务、提高治理能力，巩固和扩大脱贫成果。

另外，乡村振兴坚持生态宜居，即人与自然和谐共生，这与绿色可持续发展的要求一脉相承。牢固树立和践行“绿水青山就是金山银山”的理念，以绿色发展引领乡村振兴是甘肃乡村发展的必然选择。乡村振兴战略将加大国家重点生态功能区转移支付力度，而甘肃一共有 36 个区县入选了国家重点生态功能区名单。这意味着国家将加大对甘肃这 36 个区县的财政、投资等政策支持力度，可以使这些地区的基础设施建设得到快速发展，老百姓生活质量得到明显改善，更重要的是可以让这些地区得到可持续发展。

（3）乡村振兴为甘肃农村教育文化事业可持续发展提供支持。乡村振兴不仅是经济的振兴，而且也是生态的振兴，文化、教育、科技的振兴，以及乡风文明的振兴。甘肃省作为西北的贫困大省，当前推进乡村振兴的核心任务还是脱贫攻坚。打好脱贫攻坚战，本身就是实施乡村振兴的重要内容。产业扶贫、就业扶贫、易地搬迁扶贫和生态环境保护脱贫等，既要考虑各地实现短期脱贫目标的需要，也要考虑产业发展的资源、技术和市场条件，移民生计的长期安排，扶贫措施的环境友好性和建设乡风文明社区文化的需要，提高脱贫的质量和可持续性。

甘肃乡村文化底蕴深厚、资源丰富、特色鲜明，这是实施乡村振兴的有利条件。在大力弘扬社会主义核心价值观的基础上，挖掘甘肃的历史文化资源、革命文化遗产、民族民俗文化资源，继承创新优秀传统乡土文化，深入挖掘农耕文化蕴含的优秀思想，加强对传统村落、特色民居的保护，让传统文化焕发新的生机。乡村振兴可以充分发展传统文化，能够起到移风易俗、抵制封建腐朽文化侵蚀的作用。但目前对甘肃乡村文化传统和民风民俗资源的挖掘还不够，开发模式比较单一，缺乏文化和地域特色。因此，乡村文化振兴需要专业人才，需要发挥教育的育人功能。而甘肃农村教育却是全面建成小康社会的薄弱环节。2015 年 6 月国务院出台了《乡村教师支持计划（2015—2020）》，重点改善乡村教师的来源、待遇、培训和职称评审等问题，这在一定程度上提高了乡村教育质量。有了好的教育，就会为乡村建设培育出优秀的人才，在一系列良性循环的过程中，甘肃农村教育文化事业才能实现可持续发展。

（三）甘肃脱贫发展搭上了“一带一路”建设的快车

2013 年，习近平总书记“一带一路”的宏伟构想，让地处内陆的甘肃，有机会站到向西开放的前沿，转型发展有了更加广阔的舞台。甘肃是古丝绸之路经过的黄金地带和枢纽地段，这为甘肃省扩大向西开放、加强同中西亚国家的交流合作创造了有利条件，同时也为甘肃丰富的自然和人文资源的开发，为甘肃较好地完成扶贫攻坚任务，从改革的后方走向开放的前沿提供了难得的战略机遇。

（1）“一带一路”建设为甘肃旅游业的蓬勃发展提供了新机遇。随着“一带一路”倡议的深入实施，越来越多的沿线国家游客来到甘肃旅游，推动甘肃经济快速发展。甘肃省旅游资源丰富多彩，富集度位居全国第五。国家“十三五”旅游业发展规划提出重点打造 10 条国家精品旅游带，其中甘肃进入丝绸之路旅游带、黄河华夏文明旅游带、长城生态文化旅游带、长征红色记忆旅游带、青藏铁路旅游带、藏羌彝文化旅游带、茶马古道生态文化旅游带 7 条国家精品旅游带。这对于甘肃来说，又是一次腾飞的机遇。为了进一步深化甘肃与“一带一路”沿线国家、城市和企业的交流与合作，大力宣传和推广甘肃文化旅游在丝绸之路的知名度和美誉度，促进甘肃文化旅游产业更好更快发展，甘肃省做出了不懈的努力。例如，2017 年兰州市文旅局走进白俄罗斯，推介兰州厚重的文化和特色旅游资源[①]，以扩大兰州在丝绸之路沿线国家和城市的品牌影响力，助推兰州文化旅游产业发展。

甘肃要想更好地持续发展，就要充分依托“一带一路”倡议优势，大力发展特色资源产业，打造丝路节点型、融合式大品牌，进一步提升甘肃发展形象、扩大知名度和影响力。同时，要进一步盘活自然、历史等发展资源，推动形成有利于地方可持续发展的经济结构和消费模式。

（2）“一带一路”建设为甘肃开放型经济发展提供了新契机。2015 年国家发改委、外交部、商务部联合发布的《推动共建丝绸之路经济带和 21 世纪海上丝绸之路的愿景和行动》，要求甘肃发挥综合经济文化优势，加快兰州开发开放，形成面向中亚、南亚、西亚国家的通道、商贸物流枢纽、重要产业和人文交流基地。这使得甘肃作为丝绸之路的重点省份，整体纳入了“一带一路”建设布局中，并承担了重大使命。同时，甘肃省作为我国重要的老工业基地，装备制造、石油化工、有色冶金等传统优势产业在全国占据重要位置。近年来，在装备制造、新能源、新材料、生物医药、现代农业等领域突破掌握了一批关键技术，培育了一批拥有自主知识产权的高新技术产品和具有较强竞争力的高新技术企业，战略性新兴产业发展较好，对接“一带一路”建设具备一定优势。从 2015 年开始，兰州发出中亚班列，大大便利了甘肃和中亚地区的贸易与合作。与此同时，甘肃还积极推进兰州、敦煌、嘉峪关三大国际空港和兰州、天水、武威三大国际陆港建设，大力发展保税区、物流中心，着力打造面向中西亚、南亚，服务国家“一带一路”建设的交通和物流集散枢纽。如今，甘肃蔬菜经霍尔果斯、喀什卖到了中亚、俄罗斯、西亚、

① 张万宏．兰州向“一带一路”沿线国家推介文化旅游［N］．兰州日报，2017-12-25.

南亚等地。

“一带一路”建设为甘肃的农业现代化和产业结构调整带来了机会。原来零碎分散的菜地、果园，正式参与到国际产业分工之中，如今已经成为国际农业产业链上一个个紧密相连的环节，环环相扣、利益共享。沿着古丝绸之路的“屯垦农脉”，外向型农业逐步成为甘肃发展现代农业的新方向。与此同时，甘肃省还采取各种有效措施，积极吸引投资者来甘投资兴业，重点支持兰州新区、国家级开发区及省内大型企业加强与“一带一路”沿线省区市的合作，推进建立产业和经贸合作新机制，共建外贸出口生产加工基地，已取得良好成效，有效地解决了众多人口的就业问题，使广大农业人口增收致富。

（3）“一带一路”建设为甘肃文化传播提供了一个新平台。随着“一带一路”倡议的提出，唤醒了甘肃这片古老的土地，使其从一个内陆省份变为向西开放的前沿阵地，“一带一路”为地处欧亚大陆桥区段的甘肃文化发展提供了新平台。甘肃作为古丝绸之路上的黄金地段，是古丝绸之路文化遗存的重镇，它既是中西文化传输交流的桥梁，又是国内民族文化交流扩散的前沿。中西文化的双向传输，使甘肃文化在创新中充满着无限生机和活力。2017 年 9 月 20 日，第二届敦煌文博会成功举办，让世界再次聚焦中国、聚焦甘肃、聚焦敦煌。借助“一带一路”建设平台，甘肃的丝路文化、敦煌文化、黄河文化、伏羲文化、特色民族文化开始走向世界。而拥有文化资源的甘肃部分地区获得了充分的发展，群众生计有了保障，脱贫动力十足。可以说，“一带一路”建设是甘肃走向世界的窗口，也是甘肃实现精准脱贫、可持续发展的重要平台和契机。

第六章
绿色发展理念下甘肃精准脱贫持续性实证研究——“陇南模式”

党的十八大以来，党中央对脱贫攻坚做出了新部署，吹响了打赢脱贫攻坚战的冲锋号，脱贫攻坚取得显著成绩。截至2017年年年末，全国农村贫困人口从2012年年末的9899万人减少至3046万人，累计减少6853万人；贫困发生率从2012年年末的10.2%下降至3.1%，累计下降7.1个百分点。与此同时，贫困地区农村居民收入加快增长。国家统计局发布的数据显示，党的十八大以来贫困地区农村居民收入年均增长10.4%。2017年贫困地区农村居民人均可支配收入是全国农村平均水平的69.8%，比2012年提高7.7个百分点，与全国农村平均水平的差距进一步缩小。由此可见，贫困地区农村居民收入增幅高于全国平均水平，贫困群众生活水平明显提高，贫困地区面貌明显改善。甘肃省在脱贫攻坚战中也交出了一份亮丽答卷，贫困人口由2011年年底的842.2万人减少到2017年的189万人，贫困人口发生率由40.5%下降到9.6%。[①] 其中，陇南地区脱贫攻坚任务完成尤为突出。

---

① 数据来源：由2017年甘肃省人民政府工作报告和2016年甘肃省国民经济和社会发展统计公报统计整理而来。

在扶贫攻坚的实践中，陇南市紧紧围绕中央关于精准扶贫精准脱贫战略要求，全面推进"1236"扶贫攻坚行动和"1＋17"精准扶贫政策，将脱贫攻坚作为"一号工程"推进实施"433"发展战略。陇南市以绿色发展理念为指导，逐步形成了具有片区扶贫、产业扶贫、电商扶贫、金融扶贫、旅游扶贫、双联扶贫"六大脱贫攻坚品牌"的"陇南模式"。通过发展"六大脱贫攻坚品牌"，陇南的脱贫攻坚取得了显著效果。截至 2017 年年底，陇南市贫困人口减少到了 31.69 万人，贫困发生率下降到 13.4%。

一、陇南市贫困的多维原因和扶贫成效

陇南，地处陕甘川三省交界，是甘肃唯一全境属于长江流域的地区。陇南市辖武都区、成县、徽县、两当、西和、礼县、康县、文县、宕昌 1 区 8 县，全市有 195 个乡镇，3201 个行政村。其中，5 个深度贫困县区，10 个深度贫困乡镇，25 个特困片区，贫困发生率在 20% 以上的深度贫困村 1154 个。其中，25 个特困片区生存条件恶劣，基础设施建设滞后，公共服务能力不足，产业基础薄弱，集中了全市 76% 的贫困村和 60% 的贫困人口。[①]

陇南地区由于山大沟深，基础脆弱，加之自然环境恶劣，过去交通不便，造成了陇南贫困人口多、贫困程度深、贫困发生率高，是甘肃省乃至于全国扶贫开发的主战场之一。

① 陇南市扶贫办．陇南市"十三五"脱贫攻坚规划［EB/OL］.http：//www.longnan.gov.cn/4455657/4743638.html，2017-09-11.

（一）陇南市贫困的多维原因分析

1. 自然条件限制，基础设施薄弱

自然条件差、灾害频繁是影响陇南市贫困人口生存和发展的一个重要因素。目前，陇南市贫困人口主要分布在高寒山区、半山干旱、石山林缘地带，这些区域的贫困人口占到八成以上，严重滞缓了精准扶贫、精准脱贫的步伐。这些区域不仅自然条件严酷，资源匮乏，而且人均占有梯田、水浇地、水资源等生产资料量少质差，这些因素作用在农户生产经营上的直接结果就表现为农业生产力低下，靠天生产，靠天吃饭，导致一部分人口常年处于绝对贫困状态，“一方水土养育不了一方人”。而且这些地方灾害频繁，以干旱、冰雹、暴洪为主，灾害年年交错发生，扶贫开发呈现出“丰年见大效，常年见微效，灾年失效返贫”的波动式局面。如何解决精准脱贫可持续性的问题是陇南市当前需要重点解决的问题。

基础设施薄弱，也是导致陇南山区贫困的一个重要原因。交通不便是贫困地区的典型特征。陇南市山大沟深，交通困难，干线公路基础建设发展比较慢，夏秋之季受暴洪冲击和泥石流侵袭，交通时有中断，对人民群众的生产生活产生不利影响。2015 年年底，全市尚未通沥青（水泥）路的行政村 289 个，占行政村总数的 9. 03%；未通硬化（砂化）路的自然村 7571 个，占自然村总数的 56. 24%；尚有 47. 28% 的贫困户未解决饮水安全问题，37. 05% 的贫困户未实现危房改造。[①] 由于交通不便，信息闭塞，干部群众的思想观念跟不上时代的步伐，观念陈旧不善创新，最终造成干部队伍的整体素质不高。软件和硬件的共同影响，使得贫困人口把握不住市场的需求，而基层干部又不能积极引导群众生产适销对路的产品，农产品滞销严重，许多干部群众主观上对摆脱贫困缺少信心，对政府的依赖思想很严重。

① 陇南市扶贫办，陇南市“十三五”脱贫攻坚规划［EB/OL］，http：//www.longnan.gov.cn/4455657/4743638.html，2017-09-11.

2. 区域经济发展滞后，脱贫资本严重缺乏

经济学家纳克斯在“贫困恶性循环论”中认为，资本短缺是阻碍经济发展和导致贫困的关键因素。对于贫困地区而言，最开始的精准扶贫，资金的帮扶是最直接、同时也是最有效的方式之一，只有让贫困群众首先解决“钱”的问题，在自身及家人基本生活有保障的前提下，才有可能考虑长远发展的问题。但陇南市作为一个典型的山区农业大市，工业基础薄弱，农业机械化程度和科技推广应用水平不高，全市整体经济发展都很缓慢，发展资金严重不足。陇南目前全9县（区）有2个县（成县、徽县）是国家片区县，而在全国范围内仅有片区县15个，陇南其余的地方（1区7县）全是国家扶贫工作重点县，均为赤字财政，财政自给率仅为25%左右。“十二五”期间，全市年均财政专项扶贫资金仅3.6亿元，扶贫资金严重不足的问题十分突出。政府扶贫资金投入虽然每年都在增加，但仍然无法满足脱贫攻坚战的需求，同时各部门资金使用分散，扶贫投入呈现碎片化，整合难度较大。因此，经济发展水平低，资本短缺，投入不足，也是导致陇南市贫困的一个重要原因。

另外，由于陇南市工业基础薄弱，城镇化水平低，城乡二元结构特征十分明显，不具备工业反哺农业、城镇支持农村的大环境。市、县（区）财政自给能力弱，对基础设施建设和扶贫开发的投入十分有限。到2015年底，全市1365个建档立卡贫困村中还有927个村尚未实施整村推进扶贫。

据统计，2017年年末全市从业人员157.06万人，其中：农村140.78万人，城镇16.28万人，农村从业人员是农城市从业人员的1%，农村的消费水平占城市消费水平的39%，而且农村在文化、教育、卫生发展方面都远远低于和落后于城市。[①] 这些问题的存在，对农村的发展无疑将产生不利影响。

---

① 陇南市统计局，2017年陇南市国民经济和社会发展统计公报［EB/OL］，http://www.longnan.gov.cn/4455625/10853625.html，2017-07-30.

3. 科教文化约束，思想观念落后

习近平总书记在中国科学院考察工作时的讲话提到："'一年之计，莫如树谷；十年之计，莫如树木；终身之计，莫如树人。'要在全社会大力营造勇于创新、鼓励成功、宽容失败的良好氛围，为人才发挥作用、施展才华提供更加广阔的天地，让他们人尽其才、才尽其用、用有所成。"[①] 人才是创新发展的核心要素，要论发展，专业人才的储备至关重要。但是陇南市教育文化落后，人口普遍受教育水平低，人力资本质量不高。同时，农村中从事农业的劳动力年龄结构趋于老化，对农业推广的新技术、新方法难以掌握和运用，农民难以充分享受科技进步带来的成果。在贫困乡村的132. 5万劳动力中，高中及高中以上占11. 7%，初中毕业的占30. 3%，小学毕业的占44. 3%，劳动力素质整体低下，技能型劳动力十分短缺，群众自我发展能力不足，素质性贫困问题十分突出。[②] 因此，教育、科技落后，文化水平低，人力资本的质量低，是导致陇南市贫困的重要根源。

文化水平低，科学知识贫乏，不但导致了生产力水平低下，而且导致人民思想观念落后。思想观念落后是阻碍贫困地区经济发展和脱贫致富步伐的主要思想障碍，主要表现为以下几个方面：首先，落后保守的小农经济意识。小农意识使得贫困地区人口要么安于现状，自觉不自觉地排斥新生事物；要么目光短浅，思维狭隘，不关注自身的优势和发展前景；其次，封建的"重男轻女""多子多福"等思想，导致贫困地区陷入"越生越穷，越穷越生"的恶性循环；再次，部分扶贫干部机械僵化的经济观念，对市场经济知识和市场规律知之不多，不善于解决市场经济条件下出现的新问题和新矛盾，难以转变工作职能和工作方法。

---

① 习近平．科技是国家强盛之基，创新是民族进步之魂［R］．人民日报，2014-06-10.

② 陇南市扶贫办．陇南市"十三五"脱贫攻坚规划［EB/OL］．http：//www.longnan.gov.cn/4455657/4743638.html，2017-09-11.

4. 其他约束性条件制约因素

多年来的经济发展与扶贫开发使陇南市的贫困得到有效缓解，基本生活需求得到满足。但与此同时，由于人口发展素质低下，人力资本不足造成的发展性贫困问题、由于贫困人口的个体差异以及家庭突变等原因导致的个体性贫困问题及突发性贫困问题越来越突出。

个体性贫困问题在任何社会、地方系统中都有可能存在。陇南地区的个体性贫困问题，比如家庭变故、疾病、自然灾害等特殊情况，对于贫困户而言，更是直接导致“雪上加霜”，所以对扶贫的持续性要求更加强烈。特殊个体贫困的形成机制是由各种偶发的、特殊的困难造成的，由于陇南地区经济发展条件的限制，对于偶发性事件的检测没有达到精准状态，所以这种突发性事件的发生为脱贫工作带来了许多不稳定的因素。

地理区位约束区域脱贫发展是陇南市一直存在的贫困问题之一。陇南作为西北偏僻落后的农业地区，与各大城市相距较远，大城市对陇南特别是农村的发展辐射、带动作用十分微弱。陇南当地城镇化发展滞后，全市城镇化率分别比全国低 26. 2 个百分点、比全省低 13 个百分点，陇南还处于城镇化的基础阶段。陇南城镇化发展滞后，严重削弱了第三产业吸收剩余农业劳动力的能力，也影响了经济规模效益的提高，阻碍了产业化的发展。因此，与城市化发展水平高的发达地区农村家庭相比，陇南市农村家庭在地域上缺乏发展优势，农民增收显得十分困难。

另外，城乡发展机会不均衡也是陇南市发展面临的障碍。在社会经济快速转型与发展的过程中，区域之间、社会群体之间获得的发展机会不同，就会存在不均衡发展的问题，那些获得较少发展机会的区域和社会群体就容易陷入欠发展的贫困境地。陇南地区的城镇人口和农村人口之间、城区和山区之间的发展机会存在不均衡问题，而且贫困问题的形成主要是发展机会配置的不均衡，这就涉及了人的发展问题。阿马蒂亚·森在《以自由看待发展》这本书中曾经提到：“贫困是社会问题，要把贫困看作是对基本的可行能力的剥夺，而不仅仅是收入低下。”① 所以说这种不均衡问题也是一种对人们可行能力的剥夺，这也是导致陇南贫困地区发展严重滞后的重要因素。

（二）陇南市扶贫工作的实践及成效

近年来，陇南市把精准扶贫作为最大的政治任务和民生工程，以扶贫攻坚统揽经济社会发展大局，全面贯彻落实省委、省政府“联村联户，为民富民”行动、“1236”扶贫攻坚行动、“1 + 17”精准扶贫行动和脱贫攻坚“一号”工程，陇南市委、市政府制定了《关于深入推进精准扶贫工作的实施意见》和《关于打赢脱贫攻坚战的实施意见》等一系列政策措施，把扶贫开发作为政府工作的重中之重和最大任务，把精准扶贫、精准脱贫作为扶贫开发的主攻方向，形成了以“六个精准”为目标的“1 + 17”一揽子精准扶贫实施方案，把全市 25 个特困片区、80 个特困乡镇、822 个特困村作为扶贫攻坚主战场，科学规划，整合资源，加大投入，精准实施特困片区连片开发、整村整流域推进、产业扶贫、易地扶贫搬迁、联村联户、扶智扶志等扶贫措施，走出了一条具有陇南特色的精准扶贫、精准脱贫的新路子。

1. 农民人均纯收入显著增加，贫困人口迅速减少

近年来，陇南市通过大力实施富民产业培育和推广、劳务输转、农业实用技术和劳务技能培训等项目，有效拓展了农户增收渠道，农村居民人均可支配收入显著增加，贫困人口快速减少。2016 年陇南市新增特色产业面积 39.4 万亩，完成经济林高接换优 249.3 万株，其中完成核桃 238.3 万株、油橄榄 11 万株。推广放大两当县“小康互助组”模式，积极鼓励引导贫困户与龙头企业、专业合作社、能人大户建立利益联结机制，探索产业精准扶贫新模式。依托本土良好的自然生态和民俗文化资

① 阿马蒂亚·森．以自由看待发展［M］．中国人民大学出版社，2013：143.

源，陇南市大力实施“旅游富民”工程和“百村千户万床”工程，在实践中探索出了“公司+合作社（协会）+贫困户”“双联单位+支部+公司+农户”等旅游扶贫模式，采取“集体控股、群众参股、贫困户持股”的方式，带动群众就近就地就业创业，打造了康县花桥村、凤凰谷村等一批脱贫发展典型。

伴随农户增收渠道的拓宽，农民人均纯收入显著增加，贫困人口快速减少。全市农村居民人均可支配收入由2010年的2299元增加到2015年的5405元，年均增长14.6%。按照新的扶贫标准，全市贫困人口由2011年年底的130万人减少到2015年年底的52.14万人，年均减少约20万人，贫困发生率从53.03%下降到21%，荣获“2015中国消除贫困创新奖”。[①]2017年农村居民人均可支配收入6386元，比上年增长9.0%。全年减贫12.6万人，贫困发生率由2016年年底的18.2%下降到2017年年底的13.5%。[②]

2.基础设施取得重大突破，贫困片区面貌明显改善

山大沟深、基础设施建设薄弱、城镇化水平低等，是多年来困扰陇南发展的历史难题。着眼破“瓶颈”、夯基础、促发展，陇南市整合项目资金、下功夫开展招商引资，全力推进交通、城镇等重点项目建设，强壮了陇南发展的“筋骨”。近年来，为改变陇南贫困落后面貌，陇南市把发展交通事业放在重中之重的位置，抢抓国家宏观调控各项政策机遇，围绕公路、铁路、航空三位一体进行交通网络建设。目前，高速公路通车里程达到380公里；国省干线改造升级、县际联网公路、行政村通畅工程扎实推进，以每年3000公里的速度推进农村公路建设，全市3201个村全部通上了水泥路。同时，陇南市发挥道路瓶颈打破后即将凸显的

① 陇南市扶贫办.陇南市“十三五”脱贫攻坚规划［EB/OL］.http：//www.longnan.gov.cn/4455657/4743638.html，2017-09-11.

② 陇南市统计局.2017年陇南市国民经济和社会发展统计公报［EB/OL］.http：//www.longnan.gov.cn/4455625/10853625.html，2017-07-30.

交通区位优势，围绕打造“宜居宜游宜业山水园林城市”目标，高标准推进市、县、镇、村四位一体的新型城镇化建设步伐，涌现出哈达铺、小川、盐官、江洛、碧口、阳坝等一批人口大镇、经济强镇、产业重镇、文化名镇。

同时，陇南市通过乡村道路建设、农田水利建设、农村饮水安全、易地扶贫搬迁、危房改造、农网改造等项目的实施，县乡公路、断头路和建制村通村公路建设稳步推进，100% 的乡镇和 89% 的建制村公路实现硬化；累计解决 101 万农村人口的安全饮水问题，自然村动力电覆盖率达 94%；实施农村危房改造 7. 9 万户，易地扶贫搬迁 1 万多户 5 万多人，贫困片区贫困人口生产生活条件明显改善。

3. 富民产业规模不断壮大，电商扶贫取得重要突破

近年来，陇南市扶贫开发紧扣以富民产业发展增加贫困人口收入这一主线，通过强化技能培训、加强劳务合作、拓展劳务基地、打造劳务品牌、培育劳务经纪人队伍建设等措施促进农村富余劳动力转移就业，引导农村转移劳动力实现劳务创收。目前，陇南市每年输出农村劳动力 60 多万人，劳务创收 130 多亿元。通过不断增加产业扶持资金、发展村级互助社、向贫困村派驻科技特派员、建立科技示范户示范基地、扩大种（养）基地、良种引进、到户扶持、成立农民专业合作社、扶持龙头企业等措施，大力培育核桃、花椒、油橄榄、中药材、畜牧养殖、蔬菜、马铃薯、苹果、茶叶、苗木、食用菌等特色产业，促进专业化、规模化、标准化发展，极大地拓宽了贫困村农户的农业增收能力，农户收入和生活水平显著提高。

陇南市农业特色产业基地面积达到 1110 万亩，年产农特产品 356 万吨，年出栏畜禽 900 多万头只，实现产值 158 亿元，经济林果、特色种植、生态养殖等农业产业已成为贫困农民稳定增收的“压舱石”和“铁杆庄稼”。积极探索发展电子商务，完善和推广电子商务和扶贫开发的深度融合，大力促进特色农产品电商销售，在全国首创出了扶贫开发新业态——电商扶贫的“陇南模式”。截止 2017 年底，陇南市开办网店

13555 家、微店 9600 多家，累计实现销售额 90 多亿元，带动贫困人口 18 万人，通过电子商务实现累计就业人数 8. 3 万人，开展电子商务培训 19 万余人，电商扶贫对贫困群众的人均收入贡献额达到 650 元。[①]

4. 公共服务水平明显提升，贫困人口自我发展能力进一步增强

陇南市坚持公共资源向贫困地区、贫困村倾斜，大力推进农村教育、医疗卫生、文化、科技、社会保障等公共事业发展，使农村贫困地区公共服务水平显著提升。各级各类教育协调发展，城乡办学条件持续改善，教师队伍不断加强，教育质量明显提升。卫生基础设施、基层卫生条件和公共卫生服务水平不断提升，全民医保体系基本健全，中医药事业和健康服务业加快发展。公共文化服务体系不断完善，一大批文化、广电、体育基础设施建成投用，乡镇综合文化站、农家书屋、广播电视“村村通”实现全覆盖。截至 2017 年，陇南市新改建村级幼儿园 161 所，新农合参合率达到 98. 4%，创建医养结合示范点 19 个。

把贫困人口的能力素质提高作为“拔穷根”的重要抓手，通过积极实施“雨露计划”“两后生”培训、劳务输转技能培训、农业实用技术培训、“一村一名大学生”培训、科技明白人培训、特殊人才培训培等，使得贫困乡村和贫困群众的自我发展能力进一步增强。2016 年通过“两后生”培训后完成劳务输出 68. 39 万人，劳务收入 136. 76 亿元，劳务成为贫困群众增收的主渠道。同时，坚持扶贫与扶智、扶志相结合，引导贫困群众树立“脱贫光荣，不脱贫可耻”的思想，教育和引导贫困群众用自己的双手光荣脱贫、勤劳致富，进一步激发内生动力，变“要我脱贫”为“我要脱贫”。同时，改进扶贫工作方式方法，坚持参与式扶贫，建立正向激励机制，采取生产奖补、劳务补助、以工代赈等办法，将帮扶措施与群众参与挂钩，培养贫困群众发展生产和务工经商的基本能力，坚决消除“不劳而获”的现象。

① 王文全等 . 脱贫攻坚的陇南模式［EB/OL］，http：//www.banyuetan.org/chcontent/jzfp/fpsj/201843/248260.shtml，2018-04-04.

5. 双联行动深入推进，社会扶贫成效显著

陇南市深入开展“联村联户，为民富民”行动，将其作为推进扶贫开发工作的重要载体和落实行业扶贫、社会扶贫的重要措施。目前，省市县1300多个单位、4万名干部联系贫困村、贫困户，在1365个贫困村全部建立了驻村帮扶工作队，积极帮助贫困群众厘清发展思路，对接落实精准扶贫、精准脱贫政策，改善基础设施，培育富民产业；认真开展“千企帮千村”“人大代表政协委员在行动”等一系列社会帮扶活动。青岛—陇南东西扶贫协作工作成效初显，青岛市市级统筹的3000万元帮扶资金已经到位1650万元，18个贫困村援建项目已全面启动。“引企入陇”取得了新进展，举办了3场“劳务就业扶贫招聘会暨技工院校招生对接会”，签约825人，东西协作扶贫帮扶实现了良好开局。帮扶单位共协调资金60多亿元，兴办实事5万多件，有力促进了精准扶贫精准脱贫。

积极与东西协作和国家定点帮扶单位沟通衔接，市县区扶贫部门主动出击，积极内引外联，在巩固强化已有帮扶力量的基础上，新争取多家国家单位参与定点帮扶，开创了定点帮扶工作新局面。

二、“陇南模式”的扶贫格局及特色

陇南历史悠久、文化厚重，气候宜人、生态良好、资源丰富。因此，在扶贫攻坚中陇南因地制宜、因时制宜形成了绿色发展的脱贫思路，打造了以片区扶贫、产业扶贫、电商扶贫、金融扶贫、旅游扶贫、双联扶贫“六大脱贫攻坚品牌”为主的扶贫格局。“陇南模式”的扶贫格局具有鲜明的绿色可持续发展的内在特质。

（一）产业扶贫推动绿色发展

陇南自然条件特殊，既有山大沟深、人多地少等不利于发展的劣势，

又有光、热、水和植被资源丰富、海拔低的区位优势，是长江上游的生态安全屏障。作为全国生态文明示范市的陇南，绿色是陇南发展的最大本钱，生态是陇南前进的最佳引擎。如何在发展中变生态优势为经济优势、变绿水青山为金山银山，是陇南市脱贫发展一直思考的问题。

陇南在脱贫攻坚过程中紧抓生态文明新农村建设的机遇，坚持把生态文明建设与扶贫开发有机结合，把美丽乡村建设与扶贫开发有机结合，把发展乡村旅游与扶贫开发有机结合，大力实施生态扶贫项目，着力实现绿色脱贫。在绿色发展理念的推广下，陇南市立足本地生态资源特色和产业发展实际，探索出了“靠山吃山，吃山养山”的宝贵经验：以生态建设促进扶贫开发，寓扶贫开发于生态保护，让绿水青山变成“绿色银行”。这一经验在实践中逐渐形成了“电商+生态+产业”“乡村旅游+精准扶贫”“生态养殖+精准扶贫”等绿色产业发展格局。

1. 绿色产业发展规模化

绿色产业扶贫是陇南脱贫攻坚的“重头戏”。陇南当地久负盛名的花椒、油橄榄、核桃、木耳、中药材等绿色特产已经形成“大产业”发展趋势，各地依托特产优势探索出了规模种植、精深加工、市场营销的绿色产业发展模式，极大地推动了精准扶贫、精准脱贫工程的进程。近年来，陇南市立足贫困面大、贫困程度深、贫困人口多、脱贫任务重的市情，将产业与脱贫相结合，把培育富民产业和壮大农民专业合作社作为精准扶贫的首要任务和推动农村经济发展、增加贫困户收入的重要手段。2017 年发展绿色农业特色产业 42 万亩，其中深度贫困地区 21. 5 万亩，对农民人均可支配收入贡献 3000 元。

花椒产业带动脱贫致富。近年来，陇南市将花椒产业作为加快农村经济发展的优势产业全力推进，不断推进花椒产业化经营进程，花椒产业已成为农民脱贫致富的“绿色银行”和“铁杆庄稼”。陇南不断加大花椒基地建设，使花椒种植经历了“零星栽植、地埂模式、荒山开发、规模连片”的发展历程，而花椒带贫的作用正在进一步凸显。截至 2017 年年底，陇南全市花椒栽培面积已达 220 万亩，基本实现了适宜区全覆盖，建成了基础稳固、布局合理、重点突出的“一区五片”花椒产业基地、片带和集群。而被誉为“中国花椒之都”的武都区累计发展花椒100万亩，2017年花椒产量2200万公斤，综合产值33亿元，占农民年人均纯收入的一半以上，其面积、产量、品质和农民人均收入占比“四个”全国第一。目前，武都通过发展花椒产业脱贫2.2万户8.6万人。[①] 花椒产业已成为助农增收、精准脱贫的第一产业。更重要的一点是，武都区已成为全国最大的优质花椒生产基地、名副其实的花椒产品研发中心、商品集散中心、信息发布中心、价格形成中心。特色花椒产业的发展带动了贫困农户脱贫增收。2017年陇南市农民人均收入中花椒收入达1344元，宜椒区人均花椒收入达到3582元。陇南花椒产业取得了良好的经济效益和生态效益，带动陇南走出了一条产业发展、农民增收、生态恢复的绿色发展之路。

油橄榄产业助推扶贫。在脱贫发展实践中，陇南市依托国家扶贫政策，推动了以油橄榄为代表的优势特色产业助推脱贫攻坚。陇南市武都区地处长江流域白龙江中游，得天独厚的气候环境和土壤条件，使其成为中国油橄榄的最佳适生区。2016年，武都区油橄榄鲜果产量达2.6万吨，占全国的91%。陇南油橄榄产业走过了引种试验、示范推广、产业化发展、创新驱动四个阶段。截至目前，陇南油橄榄产业的基地面积、鲜果产量、初榨油产量和经济效益均列全国第一，成为陇南的“金字招牌”。2017年，油橄榄主产区基地种植面积达到43万亩，综合产值达到16亿元，农民年均收入增长60%。主产区的159个贫困村1.01万户4.42万贫困人口通过种植油橄榄实现了脱贫目标。在积极发展产业的同时，陇南大力推广“电商+龙头企业+合作社+贫困户”和“合作社+贫困户”等形式，不断探索扶贫开发的新途径。油橄榄产业的良性发展，有效带动了陇南扶贫工作的顺利推进。数据显示，陇南现有4.5万农户、21万多人参与到油橄榄树种植中，每户群众每年增收超过3000元。

中药材产业助力脱贫。被誉为“天然药库”的武都池坝乡通过大力

---

① 马丽红，肖红.小花椒发展成大产业［R］.陇南日报，2017-07-26.

发展中药材产业，走出了一条绿色带贫致富的路子。池坝乡地处武都西北角，位于武都、宕昌、礼县两县一区交界处，距城区 65 公里。境内平均海拔 2490 米，平均气温 10℃，年降水量 560 毫米，无霜期 100~120 天，属于典型的高寒阴湿乡镇。根据气候和土壤条件，池坝乡大力种植当归、党参、大黄等中药材，建立以中药材种植销售的农民专业合作社。全乡共发展带贫合作社 12 个，2017 年贫困户全部纳入带贫合作社，开办网店 15 家，实现线上销售额达到 780 万元。武都区丰达中药材农民专业合作社是池坝乡最有实力的一家合作社，辐射带动全乡 5 个村 100 多户贫困户发展中药材种植，每年中药材购销达 500 多万元，就近解决季节性临时务工人员 80 多人。截至 2017 年年底，池坝乡贫困户降低到 238 户 729 人，贫困发生率由 2013 年的 55% 降低到 11. 42%。贫困发生率下降 43. 58%。[①] 中药材产业已经在池坝大地枝繁叶茂，扎下了富民根。

茶业打造新扶贫支点。陇南文县地处甘肃南陲，坐落在甘川陕三省交界，2011 年被确定为特困片区扶贫重点县。茶叶一直是当地种植传统，但长久以来茶叶品种单一，产量低，而且销售方式单一使不少茶农无法脱贫致富。立足本地特色和优势，文县将茶叶种植打造成精准扶贫的支柱产业。针对当地茶农缺乏统一管理和经营的小作坊式种植营销方式的问题，陇南文县提出"茶叶经纪人"的理念，通过"合作社+产业+农户"的方式，在各行政村建立合作社，指派懂种植会营销的"茶叶经纪人"，对茶叶进行统一加工、统一商标、统一销售。2017 年文县茶农专业合作社已达 1049 个，合作社员 7969 户。这一模式解决了茶农资金、技术的问题，也形成了茶叶产销的规模效应，是陇南又一个拉动脱贫的途径。目前，文县茶叶产区人均年收入 4000 元，重点茶叶产区，比如，马加山、李子坝等优质基地，农户人均年收入 1. 5 万元。针对茶叶品质不高、附加值低、产量低等问题，陇南文县通过产品升级给茶农支持。自 2002 年起文县先后引进了适合当地种植且具有更高市场价值的龙井 43 号、中茶 108 号等新品种，新品种每斤

① 中共陇南市武都区委宣传部. 陇南市武都区池坝乡精准扶贫纪实［EB/OL］. http：//www.wudu.gov.cn/html/2018/wmkwd_0104/5677.html，2018-01-04.

售价将提升4～20倍。目前，文县8.47万亩茶园已经有6.5万亩进行了更新换代，全县茶叶总产量68万公斤，总产值预计达2.18亿元。绿色发展带来了良性互动和循环。文县茶叶主要分布在海拔600～1560米的自然保护区边缘的山地之中，环境好、无污染。种茶需要好环境，保护好青山绿水已经成为村民们的共识，人人都成了护林员。同时，茶业的发展带动了茶村发展乡村旅游，“茶好，生态好；生态好，茶更好”的绿色发展理念正在循环，绿色茶业经济链也成为当地精准扶贫的首位产业。

陇南市在脱贫攻坚实践中，打好生态牌、走好绿色路，以花椒、油橄榄、中药材、茶叶、核桃等绿色产业为支撑，大力发展现代农业特色产业。在“十三五”规划中，特色产业依然是陇南绿色农产的发展重点。大力建设花椒基地，在除徽县和两当县以外的全市40个乡镇新造林12万亩，其中宕昌县和礼县分别新种植花椒4.5万亩和3万亩。改造100万亩花椒低产园，其中武都区47万亩、康县15万亩、文县12万亩和西和县11万亩。不断推动油橄榄基地建设，计划武都区23个乡、镇、新种植12万亩，文县15个乡（镇）新种植8万亩，西和县、康县和礼县新种植油橄榄面积分别为3.78万亩、1.4万亩和1.43万亩，其他县共新种植30万亩，使油橄榄种植总面积达到80万亩。在这个基础上，发展种苗基地建设。建设种苗产业基地15万亩，其中生态林育苗面积13万亩，特色经济林果育苗面积2万亩。建成国家级林木良种繁育基地2处、省级林木良种繁育基地5处，市级林木良种基地10处。建立10处规模2000亩以上的保障性苗圃。推动花卉产业，新增花卉种植面积15000亩，其中设施栽培面积2000亩，露地栽培面积13000亩。建设花卉市场、花卉研发及推广中心、花卉休闲观光中心、奇珍植物园、红豆杉生态科技园、银杏生态科技园、油用牡丹生态科技园、亚热带花卉生产基地、冷凉型花卉生产基地、食用药用花卉生产与加工基地，以及盆景、盆栽、鲜切花生产基地等10多个油用牡丹基地建设。新建油用牡丹种植基地5.2万亩，其中成县种植5万亩，徽县1万亩，西和县、礼县1000亩，两当县种植500亩。由此可见，陇南绿色农产的脱贫效应已经彰显，这将是陇南精准脱贫可持续发展的重要支柱。

2. 乡村旅游扶贫定位明确

陇南自然景观奇峻秀美、历史遗存丰富多彩、民俗风情独具特色，这是发展旅游业得天独厚的优势。经过实践探索，陇南找到了一条符合自身实际的脱贫路——发展乡村旅游，并形成了极具地方特色的脱贫发展模式。

第一，"品牌文化+乡村旅游+精准扶贫"。陇南历史悠久，秦早期文化、三国文化、红色文化和民俗文化等有着丰富的历史遗存，是陇南独具优势的品牌文化。以此为依托，陇南重点挖掘和打造具有陇南特色的文化旅游品牌，为脱贫攻坚工作创建新的模式。文县依托"白马人民俗文化"拉动乡村旅游，合力推进精准扶贫；康县挖掘"长征红色文化"，打造红色文化品牌，发展红色文化旅游，建设红色革命文化产业园区，推动当地脱贫发展；礼县确立"秦皇故里、三国胜地""秦人的发祥地"的文化旅游战略定位，形成以先秦、三国为特色的"历史文化旅游"模式，文化旅游扶贫效果显著。以"红军长征的加油站"闻名的宕昌哈达铺是历史重镇，红色文化资源成为哈达铺脱贫发展的重要旅游资源。近年来，哈达铺依托红色旅游，通过企业培训、订单收购，有效带动了当地贫困妇女和残疾人在家灵活就业。哈达铺红军鞋业有限公司是一家专业生产红色旅游产品的企业，为当地妇女搭建就业平台，生产的"红军鞋"畅销省内外。"陇原巧手"红色农民专业合作社，结合红色旅游地的特点，开发、经营游客喜爱的旅游商品，推动当地经济发展。围绕红色资源，打造红色旅游，哈达铺在脱贫攻坚中成效初显。2018 年 1 月，哈达铺镇荣升为国家 4A 级旅游景区。以哈达铺红军长征纪念馆为核心的红色旅游基地，2016 年接待游客 37 万人次，2017 年近 71 万人次，"红色文化+乡村旅游"为哈达铺拓宽了脱贫致富路。由此可见，陇南各地的品牌文化的挖掘和建设已经成为陇南旅游脱贫的一个亮点。

第二，"自然风光+乡村旅游+精准扶贫"。陇南境内森林密布、河道纵横，自然风光旖旎多姿，远近闻名。陇南依托"自然风光+乡村旅游+精准扶贫"的旅游扶贫模式，真正把陇南生态良好的绿水青山变为群众增收致富的金山银山。康县依托发挥美丽乡村建设集聚效应，建成和完善 2 个国家 4A 级旅游景区、2 个国家 3A 级旅游村景区和 69 个乡村旅游示范村，1 镇 5 村被评选为中国最美村镇，打造了三百里旅游生态文化风情线和白云山生态综合示范工程。三百里旅游风情线把 321 个美丽乡村串珠成链，"全县有亮点、乡乡有看点、村村皆景点"的一个全域乡村旅游大景区的格局逐步形成。其中，康县花桥村打造了集田园观光、休闲度假、民俗风情体验、中药养生、农特产品加工销售等为一体的新型生态旅游"花桥模式"。2017 年花桥村共接待游客 38 万人次，旅游综合收入达到 1300 多万元，既带动就业 160 人，又带动本村及周边村社建档立卡贫困户 300 多户实现增收。花桥村的建设发展，转变了百姓的思想观念和传统的生产生活方式，带动了群众脱贫致富，也提高了群众幸福指数。目前，陇南全市已建成 1249 个美丽乡村，75 个村被国家列入"乡村旅游扶贫重点村"，3 个村被国家列入"中国传统村落"。

第三，"民俗民风+乡村旅游+精准扶贫"。陇南民俗文化厚重，特色鲜明。池哥昼、高山戏、乞巧、羊皮扇鼓、马勺脸谱、根雕等极具挖掘推广价值，已成为独具特色的乡村旅游元素。文县位于甘肃南陲，全县辖 20 个乡镇，305 个行政村，2011 年被确定为秦巴山特困片区扶贫攻坚重点县，2017 年被确定为甘肃省深度贫困县（区）之一。近年来，文县深入挖掘民俗文化，大力发展乡村旅游，形成了以白马河景区、碧口古镇景区、天池景区为核心，以各乡村旅游扶贫村为节点的"三心驱动、多点布局"的旅游空间布局。其中，国家级非遗项目池哥昼、中寨琵琶弹唱、玉垒花灯戏、洋汤号子等地域文化旅游资源，形成了白马原生态民俗文化品牌，既吸引旅游消费人群，又吸引众多的外出务工人员返乡发展，使乡村旅游扶贫的示范引领作用日益凸显。截至目前，文县乡村旅游接待游客逾 20 万人次，旅游综合收入达到 8145 万元，同比分别增加 21. 8%、23. 6%。

整体而言，陇南依托生态、文化资源优势和美丽乡村建设成果，加强乡村旅游基础设施建设，完善旅游产品体系，打造一批具有陇南特色的乡村旅游品牌。突出氐羌、先秦、三国和红色文化，美丽乡村风情、地方民俗体验、观光休闲度假等特色，大力发展红色旅游、美丽乡村游、生态休闲游、观光农业等为主的乡村旅游业；在林业、渔业等资源优势突出的村，大力发展“农家乐”等特色乡村旅游，满足消费者多样化需求。支持和鼓励乡村旅游经营者、农民、渔民和林区职工依托当地特色资源，开发民族服饰、手工艺品、特色食品、旅游纪念品等旅游商品。鼓励支持各种成分经济组织和民间资本，采取独资、合资、租赁、承包和股份合作等形式，投资乡村旅游扶贫开发。

同时，陇南还在实践中探索出了“公司+合作社（协会）+贫困户”“帮扶单位+支部+公司+农户”等旅游扶贫模式，采取“集体控股、群众参股、贫困户持股”的方式，带动群众就近就地就业创业、脱贫致富。2017年年底，陇南市共打造国家乡村旅游模范村2个，省级乡村旅游示范村5个、省级旅游扶贫试点村12个，市级乡村旅游扶贫示范村37个。发展农家客栈734家、床位6550张，农家乐达到1270家，其中星级农家乐41家；发展旅游专业合作社42家，旅游商品生产加工专业户450家，乡村旅游人数达到688万人，旅游收入13.4亿元。① 陇南市以此为依托走出了一条具有陇南特色的旅游扶贫之路。

3. 生态养殖产业撬动带贫活力

“因人因地施策，因贫困原因施策，因贫困类型施策”，这是习近平总书记在2015减贫与发展高层论坛的主旨演讲中的嘱托。近年来，陇南市将生态养殖作为精准脱贫的重要手段，按照政府引导、市场运作、金融支撑的发展思路，把土鸡产业和土蜂养殖为主的生态养殖作为培育农村经济新的增长点、促进全市精准扶贫和农民增收的重点产业来抓，走出了一条“生态养殖+精准扶贫”的新路子。2015年陇南市将生态放养鸡产业和中蜂养殖作为扶贫攻坚的重要产业。2015年生态鸡出栏331.01万只，新增52.39万只，同比增加18.8%；蜜蜂养殖户达4177户，养蜂达到8.7万箱，土蜂蜜产值约0.7亿元。2017年生态养殖业持续发力，放养

① 数据来源：根据陇南市人民政府网站政务资讯整理而来。

鸡养殖场（户）达1152个，出栏生态鸡444.38万只，发展蜜蜂养殖22.62万箱（中蜂18.6万箱），占全省中蜂养殖量的62%，涉及农户2.7万户，发展养蜂专业合作社539个，建成蜂产品加工企业14家，年加工能力5000吨。2017年陇南市蜂蜜产量3063吨，产值2.2亿元。①

宕昌县是陇南一个农业大县。近年来，宕昌依托资源优势，扶持精准扶贫村建档立卡贫困户发展生态养殖业，提高贫困群众脱贫致富能力。在资金、政策、技术、信息、服务等方面大力支持畜牧业发展，使全县生态畜牧养殖迈上了‘龙头企业+专业合作社+贫困户+电商’的产业富民发展快车道。经过短短一年多的发展，全县1000只以上规模养鸡户达12家。2016年全县鸡存栏56万只，鸡出栏70.2万只。饲养生态放养鸡已成为群众脱贫致富的新亮点。宕昌县植被茂盛，光热资源充沛，具有养殖中华土蜂的独特优势。该县把发展蜂产业作为调整农业产业结构，促进农民增收的突破口。结合精准扶贫，该县专门成立养蜂专业领导小组，出台相关扶持政策。在鹅嫚沟田野中华土蜂养殖基地采用“合作社+贫困户”和“老户+新户”的 模式，为贫困户统一配发蜂箱、蜂种，贫困户选择适宜场地，按照统一标准养殖，与农户签订养殖协议，带动了新城子、将台、南阳、兴化、沙湾、南河等乡镇发展中华蜂养殖户2000户，目前已在全县建成了中华土蜂养殖示范点20个。为了全力打响“中华蜜之乡”品牌，宕昌县组织经验丰富的本地养蜂“土专家”对全县的养蜂户进行新法养蜂技术培训，促进了蜂业提质增效。通过龙头企业示范引导，能人带动，全县养蜂产业遍地开花。2015年，全县蜜蜂养殖总量达到2.5万箱，产值达2800万元，养蜂产业已成为当地群众增收的甜蜜事业。2015年全县各类畜禽存栏89.5万头只，畜牧业产值3.2亿元，人均畜牧收入450元。②

两当县立足当地自然生态优势，坚持以养殖互助组、养殖大户为依托，按照乡镇集中办点示范与群众散养相结合的方式，以点带面发展生

① 数据来源：根据陇南市农牧局2017年农牧业工作总结报告整理而来。

② 数据来源：根据陇南市农牧局2016年农牧业工作总结报告整理而来。

态放养鸡产业。2016年，全县共建成生态放养鸡养殖基地38个，发展生态放养鸡66.25万羽，实现产值3200余万元。生态放养鸡作为两当县脱贫攻坚“三养一育”重点产业之一，以联合养殖为主要形式，包括小康互助组、“企业+扶贫户”“养殖大户+扶贫户”“支部+党员”“党员+贫困户”等，发展多样化养殖，按生产季节和周期，实行分期养殖。目前，两当新建“长沟—草滩”“桂花—李家粱”“阳坪—建村”3个5万只土鸡生态养殖示范带，扶持新建养殖场15个，其中土鸡养殖10个，在贫困片区饲养土鸡36.2万只，出栏土鸡18.6万只，实现产值930万元。同时，两当积极引进龙头企业，扩大生态养殖产业链的形成和发展。

西和县植被良好，蜜源植物种类繁多、分布广、花期长，养蜂历史悠久，养蜂发展潜力和空间非常大，养蜂业市场前景广阔。西和县在扶贫开发进程中，充分利用养蜂产业投资小、见效快、无污染、回报高、适宜性强，不与种植业争地、争肥、不与养殖业争水、争饲料的特点，大力培育壮大中蜂养殖产业，为实现群众稳定增收，加快贫困人口脱贫致富开辟了新路径。西和县不断创新扶贫带贫模式，一改过去传统的“送钱送物、一送了之”的扶贫方式，探索建立了“合作社+养殖大户+贫困户”的养殖模式，直接或间接带动1000户贫困户增收。2017年西和县列支财政扶贫专项资金500万元，购置蜂箱1万箱，引进蜂群3571群，推动了养蜂产业的发展。

4. 特色产业脱贫模式多样化①

陇南因地制宜、依地就势，探求出一条保护生态兼顾经济效益的绿色发展之路。精准脱贫的“陇南模式”充分体现了绿色发展意识，并形成了以下四种具有可持续脱贫带动效果的扶贫模式。

第一种是“支部控股+群众参股+贫困户持股”的脱贫模式。把政府无偿投入或双联单位无偿投入的资金作为村党支部控股的资本金，吸引群众参股，动员贫困户以精准扶贫贷款的形式入股，或由村党支部拿出

① 周者军．陇南探索多种脱贫带动新模式［R］．甘肃日报，2016-07-12.

一部分原始股分配给贫困户持股，共同创办股份制公司，大力发展乡村旅游和特色种养业，年底给群众分红。这种发展模式既解决了贫困群众惠农贷款不会用、发展产业无抓手等问题，又发挥了基层组织的战斗堡垒作用。

第二种是“合作社（协会）+贫困户”的脱贫模式。由村党支部或能人大户领办农民合作社（协会），吸收贫困户入社，大力发展种植、养殖等产业及电子商务，统一标准、统一生产、统一加工、统一销售，年底按章程进行分红，做大特色产业，增加贫困群众收入，为贫困群众发展种养特色产业增收致富提供了一条有效路径。

第三种是“企业+贫困户”的脱贫模式。通过引进或动员社会企业，立足当地特色资源，组建特色种植、养殖、加工或销售企业，吸收贫困户以劳动力、土地或贷款等入股，或与贫困户签订生产订单，企业负责收购和销售产品，年终进行分红。这种发展模式，既盘活了农村闲置资源，又有效降低了群众发展产业的市场风险，还促进了区域产业做大做强，实现了多赢。

第四种是“小康互助组”的脱贫模式。通过能人大户帮助贫困户增收致富的发展模式，产业大户与贫困户签订协议，由大户为贫困户担保借贷扶贫小额贷款等惠农金融资金，共同发展食用菌、育苗、核桃、养殖等特色产业，能人大户指导贫困户生产，并负责产品销售。这种模式一方面破解了贫困群众发展资金短缺难题，另一方面解决了贫困户进入产业链条“门槛难”问题，在一定程度上破解了无致富能力贫困户的增收问题。

陇南市1365个建档立卡贫困村中，有958个村从四种脱贫模式中选择确定并实施了适合本村的模式，带动贫困户2. 95万户，脱贫带动模式的辐射效应开始显现。

（二）片区扶贫强化资源整合

片区扶贫是陇南精准扶贫的新实践。面对山大沟深、贫困面大、贫困程度深的实际，陇南市瞄准特困片区，打破行政区划的限制，进行扶贫资源的大整合、大规划，开展精准扶贫。按照这一思路，陇南市扶贫部门从全市183个扶贫重点乡镇、2433个重点村中，筛选确定了80个特困乡镇、822个特困村，把这些贫困程度最深、贫困人口最集中、扶贫工作难度最大的地区划分为25个特困片区，作为新一轮扶贫攻坚战的主战场和决战区。

1. 科学制定片区扶贫的攻坚规划

为全面贯彻落实省委、省政府联村联户为民富民行动、“1236”扶贫攻坚行动、“1 + 17”精准扶贫行动和脱贫攻坚“一号”工程，市委、市政府制定了《关于深入推进精准扶贫工作的实施意见》和《关于打赢脱贫攻坚战的实施意见》等一系列政策措施，把扶贫开发作为政府工作的重中之重和最大任务，把精准扶贫、精准脱贫作为扶贫开发的主攻方向，形成了以“六个精准”为目标的“1 + 17”一揽子精准扶贫实施方案，鲜明提出了全市精准扶贫的奋斗目标、着力重点和具体措施，为各县区、各部门做好扶贫开发工作制定了任务书、作战图和时间表。

一是制定攻坚目标。陇南市精准脱贫攻坚规划制定了脱贫目标，即紧紧抓住增加贫困群众收入这个核心，实现贫困县区和贫困村农民人均可支配收入增幅高于全市平均水平，基本公共服务主要领域指标接近全省平均水平。到2020年年底，贫困人口稳定实现“两不愁”“三保障”，贫困村稳定实现“六有五通”，全市稳定实现“两个确保”。

二是明确攻坚重点。陇南市按照国家对深度贫困地区的划分标准和支持范围，综合考虑贫困人口规模、贫困发生率、脱贫难度等因素，统筹评估自然条件、产业基础以及义务教育、基本医疗、住房安全“三保障”等情况，将辖区贫困地区划分为：5个深度贫困县区、10个深度贫困乡镇、25个特困片区、1154个深度贫困村，进一步明确脱贫攻坚主攻方向。25个特困片区生存条件恶劣、基础设施建设滞后、公共服务落后、产业基础薄弱，集中了全市76%的贫困村和60%的贫困人口，是全市扶贫攻坚最难啃的硬骨头。

三是具体攻坚方案。对1365个建档立卡贫困村和深度贫困的非建档立卡村基本情况进行摸底，收集整理了各贫困村有关信息和现状图片，按照工作实际进行分类管理，建立了工作台账；组织驻村帮扶工作队和乡村干部，按照精细精确精微“绣花式扶贫”的要求，为建档立卡贫困村制定精准脱贫方案，为贫困户制定精准脱贫计划。按照“提早谋划、压茬推进”的工作要求，安排各县区围绕脱贫退出的目标要求和深度贫困地区脱贫的关键环节，建设扶贫项目库。按照汪洋副总理“三个有限”的指示精神和省上的有关要求，精心编制5个深度贫困县和4个贫困县脱贫攻坚实施方案。

2. 片区扶贫的实践举措

（1）着力补齐基础设施短板

积极实施特困片区贫困村通畅工程，完成755个建档立卡贫困村村道硬化工程，确保片区所有贫困村通水泥（沥青）路，村组道路、村内巷道硬化率和通行能力进一步提高；整流域整片区实施安全饮水项目，完成安全饮水工程513处，解决片区内9.2万户、38.1万人的安全饮水问题，使片区贫困群众都能喝上方便、稳定、安全的饮用水；加快特困片区危房改造步伐，完成片区危房改造6.25万户，基本实现片区群众居住无危房；加快实施特困片区电网升级改造，实现片区农户安全用电全覆盖，动力电到所有贫困村；加快特困片区宽带网络建设，实现片区宽带信息网络全覆盖；优先实施特困片区易地搬迁工程，完成易地搬迁1.05万户、4.23万人，努力实现应搬尽搬。①

（2）培育发展特色富民产业

围绕“四产区、五基地、多片带”的总体布局，优先扶持发展以核桃、花椒、中药材、畜牧养殖等为主的优势主导产业，积极发展乡村旅游、电商扶贫、光伏发电等增收产业，建立规模化标准生产基地，培育发展一批特色产业优势村。依托贫困村资源禀赋和贫困户自主意愿，整

① 数据来源：根据陇南市人民政府网站政务资讯整理而来。

合涉农项目资金，统筹扶贫贴息、财政补助、“三权”抵押贷款等政策，加快培育发展“一村一品”，实现片区贫困村有主导产业，户有增收门路，产业扶持项目到户全覆盖。积极培育发展农民合作社、家庭农场、专业大户等经营主体，建立完善利益联结机制，带动贫困户创业就业、稳定增收。

（3）提升公共服务保障水平

结合美丽乡村建设，统筹推进农村教育、文化、卫生、广播电视等公共服务设施建设，确保实现贫困村标准化卫生室、综合文化活动中心、广播电视户户通、便民超市、信息网络、金融服务等全覆盖，有条件的贫困村实现幼儿园、村小学或教学点全覆盖。认真落实教育惠民扶助政策，加强农村贫困家庭学生职业技能和综合素质培养，从根本上促进贫困家庭脱贫致富。充实乡村医疗卫生机构人员，着力提高医疗救助水平，逐步解决因病致贫、因病返贫等问题。加强农村低保规范化建设，将符合条件的贫困户全部纳入最低生活保障范围，做到动态管理、应保尽保。

（4）加大项目资金投入

按照“集中攻坚、定点消除”的目标和“各炒一盘菜、共办一桌席”的原则，加强项目资金整合，做到规划跟着片区走、项目跟着规划走、资金跟着项目走，确保将90%以上的财政专项扶贫资金和80%以上的相关涉农项目资金集中投向特困片区，将省上整合下达的“1236”扶贫攻坚资金集中用于特困片区扶贫攻坚。市直各有关部门要严把项目计划审核汇总关，将部门资金向特困片区倾斜投放，确保按期完成年度目标任务。

通过片区扶贫的实践举措，陇南市完成755个建档立卡贫困村村道硬化工程；解决片区内9.2万户38.1万人的安全饮水问题；完成片区危房改造6.25万户，基本实现片区群众居住无危房等。

3. 片区扶贫的资源集聚优势

陇南坚持先难后易、先补短板、先扫盲区，强力推进片区攻坚，聚集项目资金，集合帮扶力量，实施重点突破，脱贫攻坚资金重点向特困片区倾斜安排。

为整合力量、集中攻坚，改变特困片区基础设施滞后现状，陇南将90%以上的财政扶贫资金向特困片区倾斜安排，80%以上的涉农项目资金向特困片区打捆安排。各县区、各部门以“渠道不乱、用途不变，各负其责、各记其功”为原则，尽力将涉农项目向特困片区打捆安排，市级特色产业发展基金、旅游产业发展基金和新农村建设资金也重点向特困片区倾斜，各类社会帮扶力量也同时向特困片区聚焦发力，为特困片区扶贫攻坚提供了前所未有的资金支撑。为把资金项目的作用发挥到最大，各县区定期召开会议协调调度部门项目资金，对特困片区实施项目科学管理、统筹实施，避免了项目交叉实施、分散安排和资源浪费。实践证明，随着资金与项目的落实，制约片区发展的“瓶颈”问题逐步解决，不少片区的区域发展与扶贫开发逐步进入相互促进、相辅相成的良性循环之中。

宕昌县把贫困程度最深、贫困人口最集中的理川片特困片区、新寨片特困片区、新城子藏族聚居区3个特困片区作为连片建设的重点，把整村推进与生态文明新农村建设、美丽乡村建设相结合，以流域为单元集中实施，突出、提升和放大整村推进效益。武都区将马营片、隆兴片、洛塘片和坪牙、磨坝两个藏族乡等特困片区作为集中攻坚的突破口，有效整合5000多万元资金，为推进扶贫开发提供了保障。西和县以大桥、洛峪和晒经3个特困片区、106个特困村为主战场，计划投资3.08亿元，全力推进扶贫开发。礼县将各种项目资金向崖城、白河、大滩、洮坪4个特困片区倾斜，落实项目资金12.39亿元，启动实施各类项目140个。

为确保片区开发顺利推进，陇南市要求每个片区连片开发规模至少要达到5个村以上，每个村整合项目资金要达到500万元以上。据统计，截至2016年年底，各县区首批贷款19.2亿元全部到位。全市第一批贫困村基础设施建设计划实施7073个项目，资金量33.9亿元，已开工2351个项目，累计完成投资13.9亿元。特困片区水、电、路、房和网络等基础设施建设和生产生活条件、公共服务水平实现了跨越式发展。通过特困片区扶贫攻坚与精准扶贫深度融合，陇南取得了实实在在的扶贫成绩——从2011年到2017年，贫困人口由130万人减少到31.69万人，贫困发生率由53%下降到13.5%，农民人均纯收入由2713元增长到6386元。[①]

（三）电商扶贫开创扶贫模式

陇南市作为贫困山区的典型代表，近几年积极探索农特产品走电商的致富之路，逐渐形成了在国内比较有影响力的电商扶贫发展模式。

“陇南模式”以“先托后扶再监管”为指导方针，从营造电商环境、农产品专业化发展、招商引资、扶贫机制、品牌营销打造及人才培养六个方面构建起了一套完善的发展体系，有效地帮助农民实现脱贫致富，对深度贫困地区脱贫攻坚工作具有极高的启示价值。

1. 电商扶贫的实践举措

电商扶贫的“陇南模式”是在充分尊重市场规律的同时，采取了许多非常规的措施，特别是用好政府推动这一“有形的手”，探索出政府引导、市场推进、社会参与、协会运作、微媒助力“五位一体”的发展模式。

（1）政府推动，先托后扶再监管。立足于发展基础薄弱，确定电子商务发展不同阶段的思路：初期，政府像托管婴儿一样精心呵护，耐心提供服务，全方位提供帮助；中期，加强指导，出台扶持政策，培育壮大电商产业；各项工作走向正轨时，政府退居幕后，强化对市场主体的监管，推动电子商务健康持续发展。注重强化组织领导，市、县均成立电子商务工作领导小组及办公室，明确职责任务，人员定岗定编，强力推动电子商务快速发展。同时，把电子商务纳入全市目标责任书管理体系中，进行评价考核，形成电子商务加快发展的责任倒逼机制。注重加强金融支持，市、县分别设立电子商务财政专项扶持资金，以贴息和以奖代补等方式对发展电子商务给予支持。

① 数据来源：根据陇南市人民政府网站政务资讯整理而来。

（2）市场运作，企业为主生活力。尊重市场规律，发挥企业主体作用，一方面，招商引资，建设阿里巴巴·产业带、电商产业孵化园、农产品交易中心、顺通电商物流园等基础服务平台，大力推进农村信息化建设，支持电信、移动、联通运营商加快宽带网络配套步伐，鼓励群众采取集资的办法架通光缆；另一方面，引导传统企业转型，激活民间资本投资，加快建设网货供应平台、物流中心、产品研发中心和包装仓储中心。通过双轮驱动，不断完善电商发展的链条，唱好电商发展大戏。

（3）百姓创业，广泛动员齐参与。积极探索“网吧变网店、网民变网商”的路子，注重通过广泛宣传和开展培训，有效凝聚各方力量。多方筹措经费，通过“走出去、请进来”等多种办法，选派骨干人员和青年电商讲师外出学习培训，组建陇南电子商务协会培训中心。陇南市还筹建了西北第一家电商学校——陇南电商职业技术学院，并联合电商龙头企业和培训机构，累计培训 18 万人次，解决了人才短缺的难题。在政府的强力动员引导下，各行各业、不同群体积极参与电商发展，大学生村官、返乡青年、农村“两后生”、致富带头人、农产品购销商、专业大户纷纷开办网店，形成了男女老少齐上阵的电商创业热潮。

（4）协会服务，三商联动一盘棋。坚持依靠行业协会提高发展层次，建立市、县区、乡镇和村四级电商协会合计达 327 个。充分发挥组织、协调、服务、监管功能，建立行业自律规则和退出机制。引导龙头企业按照网店销售特点生产加工适销对路的产品，改进包装设计，突出文化元素，彰显地域特色，注重品牌培育，提高陇南特产的影响力。建立健全部门协作机制和落实监管责任，规范网上交易，建立质量追溯和监督管理体系，及时处理交易中出现的纠纷，严厉惩处违规行为，树立陇南电子商务的良好形象。着眼于解决制约陇南电商发展的深层次问题，充分发挥职能作用，全力推进电商资源整合，提出了促进三商（网商、供货商、物流商）形成产业链条，搭建区域行业共享平台的思路，力求推动电子商务向更高层次、更高水平发展。

（5）微媒营销，绿色产品传美名。坚持把“新媒体营销”作为宣传推介贫困乡村特色资源、打造电商扶贫名片、实现电子商务集中突破的

“助推器”，充分发挥电子商务的宣传促销和增值作用，不断扩大陇南特色农产品的知名度和影响力。积极创建微媒体宣传矩阵，全市共开设了政务微博 2690 个，开通政务微信公众平台 180 个、政务网站 385 家、商业网站 27 家，培育了一批知名博主和“陇南美”等影响较大的自媒体。市县乡村广大干部带头，利用微博、微信等新媒体广泛宣传推介电子商务知识和特色农产品，通过挖掘产品特色和文化内涵讲故事、自编微视频等方式，叫卖特色产品，宣传良好生态、旅游产品、民俗文化，品牌效应不断增强。

2. 电商扶贫的脱贫效应

电商扶贫在陇南脱贫攻坚中取得了显著成绩。目前，陇南市开办网店 13555 家、微店 9600 多家，累计实现销售额 90 多亿元，带动贫困人口 18 万人，通过电子商务实现累计就业人数 8.3 万人，开展电子商务培训 19 万余人，电商扶贫对贫困群众的人均收入贡献额达到 650 元。由此可见，电商扶贫为贫困地区的脱贫发展带来了巨大的经济效应以及社会效应。①

（1）电商扶贫经济效益明显，主要表现在：第一，农民收入显著增加。陇南市建立了“公司+电商+贫困户”“合作社+电商+贫困户”“网店店主+贫困户”及众筹等带贫模式对建档立卡贫困村、户进行结对帮扶，通过增收、节支两个渠道，帮助贫困群众增加收入。据陇南市市政府统计：2016 年，当地农民人均可支配收入从 4345 元增长到 6108 元，增长了 40%，电商对增长的贡献率为 43.4%。其中，贫困人口通过电商人均增收 430 元，人均增收 620 元。以武都区花椒电商为例，目前，武都区花椒电商有效运营网店有 1450 家，累计销售总额达 15 亿元，带动贫困人口 2 万多人，电商扶贫人均增收 820 元，实现了电子商务与产业扶贫的深度融合。第二，农业产业结构明显优化。电商扶贫带动了陇南市农业特色产业发展，形成了核桃、花椒、油橄榄、中药材等特色产业为支

① 四川大学陇南电商扶贫研究课题组．陇南电商扶贫的扶贫效应及对策研究［J］，电子商务，2018（259）：17.

撑，土蜂蜜、金银花、油牡丹等产业为补充的农业产业结构。由政府促进和引领本地龙头企业，根据不同地区资源优势进行分区规划建立生产基地，实现农特产品产业化经营；通过培育龙头加工企业、鼓励企业不断创新提升，将农业产业从生产技术领域拓展到产后加工、保鲜、储运等领域，助力农业结构转型升级。第三，多措并举促进农民群众创业就业。利用陇南农特产在电商中的巨大优势，吸引有想法的农民、学生群体进行创业。据陇南市政府统计：截至2017年年底，陇南市的电商扶贫试点贫困村共开办网店800多家，带动贫困户18万余人；鼓励一些建档立卡贫困户、返乡青年、未就业大学生和残疾人投入电商创业和就业之中，全市利用电商平台开展“双创”的人数达到18000余人；电子商务产业链积极吸纳建档立卡贫困人口务工就业，增加贫困群众收入，为全市提供就业岗位8万多个，其中吸纳贫困户就业2万多人。

（2）电商扶贫彰显社会涟漪效应，主要表现在：第一，农村基础设施和公共服务设施不断完善。为了打造电子商务发展的硬件基础，陇南市加大对道路交通、宽带网络、物流服务等基础设施和公共服务设施建设的投入。2017年年底，针对25个特困片区，陇南市三年硬化了通村公路10000千米，全市行政村公路通达率超过了95%。解决了农产品运输不出去的难题后，陇南市又投资了5. 9亿元建设乡村网络，实现了全市城区和乡镇4G网络全覆盖、试点贫困村宽带网络全覆盖。贫困群众不但能上网，而且上得起网，众多网店纷纷建立起来。第二，转变观念激发发展新活力。电商扶贫打开了陇南发展的“创新之门”“开放之门”，让广大干部群众切身感受到了网络的正能量，促进了贫困群众“互联网思维”的树立、自我发展理念的转变，让贫困乡村农户、农业合作社等变身网商，学网、触网、用网成为农村群众的新时尚。同时，电商扶贫使得农民群众的生活质量提高，生活更加丰富便捷，同时网络信息极大地拓宽了农民群众的视野，农民们通过网络了解世界，学习生产、生活知识。第三，农民专业技能得到提升。陇南市已组织开展电子商务培训前后达6万人次，为陇南市电商发展储备了人才。专业人才的增加会促进电商更快、更高效地服务于本地市场，也将极大地优化本地人才结构。

第四，地域及产品品牌效应显现。陇南市通过营造全民创业的大市场环境，调动社会各阶层力量提高电商扶贫“陇南模式”的影响力。陇南市通过“双优”培育等活动打造了康县木耳、成县核桃、礼县苹果、陇南油橄榄、武都花椒、两当狼牙蜜、成县核桃等地域优质名牌，通过政府微媒矩阵宣传、企业营销活动等方式提高这些产品品牌知名度。

3. 电商扶贫的推广价值

电商扶贫的“陇南模式”已经走上了发展的快车道。经过探索实践之后，陇南建立了网络销售、网络供货、物流配送和宣传展示四大平台，开创出了电商网店、电商产业、电商创业、电商就业和电商入股五种电商带贫模式，推动电商扶贫走上可持续发展之路。四个平台，五种模式，陇南打造了符合当地情况的精准扶贫“陇南模式”。被国扶办总结为可看、可学、可复制、可操作的“四可”特点，向全国推广。电商扶贫的“陇南模式”具有相当高的可复制性和推广价值。

（1）政府的责任准确定位是电商扶贫发展的关键。从参与主体来看，电商扶贫的发展有赖于政府、电商平台、电商公司、农民专业合作社和农户的共同参与。由于电商扶贫能够带来实实在在的经济效益和社会效益，各方都会有自己的获得感，所以发展好、利用好电商扶贫的通道，参与主体具有良好的内在动力。这里的关键是政府要扮演好组织者、协调者和服务者的角色，既不要与其他主体抢功，又不要与他们争利。切实解决电商扶贫中的困难和问题，促进农民群众早日实现脱贫，过上小康的幸福生活，就是政府的头功。

（2）产业发展是电商扶贫的根本。电商扶贫的基本目的就是将互联网与当地特色为产品密切融合，通过解决产品销路闭塞的问题，扩大产品销售市场。贫困地区要想通过电子商务实现脱贫，唯有让自己的产品展现出在发达地区所没有的特色，或者同类产品比发达地区有更低的成本和价格优势。因此，贫困地区必须在农产品、手工业产品和旅游产品的特色方面找到突破口。在这里，需要特别指出，精准扶贫的目标不是让农民在短期摆脱贫困，而是要实现农民可持续性的脱贫发展。从这个意义上来说，产业开发需要结合贫困地区的客观资源条件，注重培养市场前景有显著竞争力的项目，防止仅仅是为了完成扶贫的达标指标，进行盲目立项，盲目投资。否则，就会造成产业开发投资的损失浪费，伤害农民群众脱贫的信心。

（3）提高贫困地区人口素质是电商扶贫的必要条件。如今的电子商务虽然对中国城乡居民而言都不再陌生，但是电子商务对一个生产者和一个经营者却有着完全不同的意义。让农民从过去的生产者转变成既会生产又会经营的新型农民，不仅需要他们懂得必要的互联网技术，更重要的是要学会经营理念和经营技巧，懂得外部消费群体的消费需求，懂得国家的法律法规以及经营者的责任和义务。目前，在不少贫困地区，常住人口与户籍人口相比有很大差异，究其原因，就是农业生产的比较效益过低，农业生产活动风险过大，农村的生活环境较差，导致绝大部分青年人离开老家前往城镇就业和生活。这是制约农村脱贫不可忽视的重要现实问题。因此，推动电商扶贫的前提条件是要研究解决如何培养致力于改善家乡贫困落后面貌的年轻人，让他们感受到政府和社会给他们的关怀和支持，感受到在农村奋斗的责任和前景。当然，在这个过程中，社会可以通过企业投资和志愿者组织，鼓励城市的年轻人到贫困农村地区投身扶贫工作，这在一定程度上会对农村人才的短缺起到一定的积极作用。

（四）金融扶贫激活内生动力

长期以来，资金短缺一直是制约贫困群众发展的“瓶颈”和如果“短板”。“短板”不补齐，“瓶颈”不破解，发展和脱贫就无从谈起。如何破解贫困地区资金短缺的难题，最大限度地发挥金融支撑作用，加快贫困群众脱贫步伐是各级政府普遍遇到的问题。面对这一问题，近年来，陇南市摒弃“伸手要”的旧观念，把金融支撑作为破解这一难题的“金钥匙”，积极探索构建立体化普惠金融支撑体系：通过农村产权抵押贷款，解决“三农”融资问题；通过设立中小企业融资基金，解决中小企业融资难的问题；通过完善政府投融资体制机制，解决重大项目融资问题；通过优化金融生态，营造诚信金融环境。

（1）“三权”抵押贷款“盘活沉睡的资源”

针对广大贫困农村发展普遍缺乏资金的现状，陇南市先试、先行，不断探索，将农村“三权”抵押贷款作为金融创新改革的突破口来抓。2014年初，陇南市在全省率先启动了农村林权、土地承包经营权、宅基地使用权“三权”抵押贷款的农村产权抵押贷款试点工作。2014年年7月23日，全省首家农村物权抵押贷款交易中心在西和县何坝镇挂牌成立；2016年1月15日，陇南市农村产权确权抵押交易服务平台成功上线运行，自此，农民的土地、林地和宅基地可以在银行抵押贷款。同样，合作社、龙头企业也可以通过这种方式缓解资金周转难题。截至目前，陇南市累计发放“三权”抵押贷款80多亿元。

为方便群众，陇南市农村产权确权抵押交易服务平台实现市、县、乡三级联网运营，平台包含了农村产权确权登记、抵押贷款和产权交易等，农民如若贷款，从申请、审核、确权再到贷款、交易等各个环节，均可在线上完成。成立陇南龙江城乡发展有限公司、陇南信通城市经济发展有限公司、陇南龙江资金池管理有限公司，有效缓解了农民、中小微企业和项目建设融资难问题，有效破解了贫困户发展资金短缺的难题。贫困村扶贫互助资金总规模达到6. 2亿元，累计发放3. 1亿元，探索的“村账乡管”新模式被省扶贫办向甘肃省推广。在陇南市探索推广“支部+群众+贫困户”“合作社+贫困户”和“企业+贫困户”等脱贫带动模式，组织贫困农户，通过资金、土地入股分红，劳务务工等措施多渠道增加收入。另外，陇南市不断推动“三变”改革助推脱贫攻坚，形成了以“三变”+特色农业、“三变”+电子商务、“三变”+乡村旅游、“三变”+生态经济等脱贫发展模式。并以此为基础，运用金融手段盘活了农村存量资产，把“沉睡的资源”变成了“流动的资本”，解决了贫困群众融资难题，助推了农业特色产业发展。

（2）扶贫资金互助社汇聚金融力量

为撬动更多的金融资金作用于贫困群体，按照精准扶贫的要求，从2013年开始，陇南市创新工作机制，对礼县永坪镇九图村、徽县大河店乡文池等14个贫困村进行试点，采用扶贫资金互助社、村委会和信用社共同参与的“互助资金担保+‘农村产权’反担保”模式，启动村级扶贫互助资金金融改革试点，信用社以1∶10的放大倍数向贫困户或专业合作社贷款。

互助资金是在贫困村建立的民有、民用、民营、民管、民享、周转使用、滚动发展的生产资金，能有效解决贫困农户的“小额贷款”难题，被贫困山村群众称为“土银行”。针对贫困村、农户的实际情况，陇南市采取因村制宜、因户施策的办法，帮助借款农户选定发展项目，同时在项目审核、借款额度、放款程序、款项监督管理等方面严把关口，确保互助金安全、高效使用。

陇南市探索出“互助资金+合作社+贫困户”的模式，由贫困村支部做担保，合作社与贫困户、互助社签订协议，贫困户以互助资金入股获取分红，既解决了贫困户缺少发展项目的问题，又解决了合作社发展缺少资金的问题。截至2017年年底，陇南市贫困村互助资金项目村已发展到3127个，1365个建档立卡贫困村实现了全覆盖，互助资金总规模达到6.8亿元，累计发放借款1.49亿元。

（3）金融服务体系优化金融生态环境

在稳步推进农村产权抵押贷款试点工作、积极扶持扶贫资金互助社建设的同时，近年来，陇南市不断完善金融服务体系，通过设立中小企业融资基金，完善政府投融资体制机制，解决中小企业和重大项目融资问题，优化金融生态环境，夯实金融支撑的信用基础。

陇南市转变财政资金使用方式，通过整合地方政府各项企业发展扶持资金和统筹企业参与出资的方式，组建成立陇南龙江金融服务公司，为全市中小微企业申请银行贷款、发行私募债和定向增资提供融资增信等多方位金融服务。同时，积极开展创新业务，推出合作社、电商企业综合等授信模式，依托公司设立初期规模2000万元的陇南市中小微企业转贷应急周转资金。截至目前，公司累计为中小微企业增信融资3.92亿元，解决了45家中小微企业和农业新型经营主体的融资难题，有效推动了非公经济的快速发展，市场主体从2013年的6万户，增加到目前的12万户。

陇南强化政府投融资平台建设，组建成立按现代企业制度运营的龙江城乡发展有限公司，重组信通公司作为市级文化旅游投融资载体，组建武都区水利开发集团公司等17家县级融资平台，政府投融资体制机制不断完善，投融资能力显著增强。不仅如此，陇南还抢抓政策机遇，争取国开行全国首批贫困村基础设施建设项目贷款100亿元，用于1365个建档立卡贫困村和其余非贫困村基础设施建设，补齐了陇南决战脱贫、决胜小康的“短板”。

为助推农业特色产业发展，陇南市金融机构立足创新求发展，除了研发推广“椒红宝”“金橄榄”“秦果宝”等专项信贷产品以外，还推出工行“银税通”和“银政通”、建行“五贷一透”、金桥村镇银行“一键贷”、康县联社“公司+基地+养殖户+信合”、两当联社“企业+农户+信合”等一系列金融创新信贷产品。全市各金融机构服务网点积极向县、乡、村延伸，农村合作金融机构、便民金融服务点和农业银行“惠农通”设立进度进一步加快，普惠金融支撑体系日臻完善。截至目前，全市金融便民服务点6528个，行政村覆盖面达到88. 7%，贫困村覆盖面达到86. 1%。

三、“陇南模式”的经验总结

从绿色发展视角来看，精准扶贫的战略目标不仅是贫困地区精准脱贫，更主要是精准探寻贫困地区的可持续发展之路。“陇南模式”形成了绿色脱贫新理念，为贫困地区实现绿色脱贫持续性提供了有益借鉴。综合分析“陇南模式”的实践经验，主要表现在以下四个方面。

（一）坚持绿色发展理念，摆脱单纯经济利益标准

“青山绿水就是金山银山”的发展理念，已成为陇南各级干部、广大农民、企业管理者的共识。油橄榄、核桃、茶叶、中药材等绿色经济产

业，不仅优化了陇南生态环境，更带动了贫困人口的脱贫发展。

陇南市在精准脱贫中看重经济效益，但又不单纯以经济效益为衡量标准。在脱贫攻坚实践中，陇南市把保护生态放在首要位置，牢牢把握资源开发的力度、节奏，坚决不上以牺牲资源环境为代价的项目，着力推进生态扶贫，注重体现生态价值，促进生态扶贫产业化、产业扶贫生态化。

“乡村旅游+精准扶贫”的陇南脱贫模式，实际践行了“绿水青山就是金山银山”的发展理念。在推进乡村旅游发展过程中，陇南始终把保护生态环境放在首位，不搞大拆大建，把每一个村庄、每一幢房子、每一座桥梁、每一条村道、每一片绿化，甚至每一扇门窗都当作一个景点或景观来设计，注重保护乡村风貌和乡音乡愁，秉承“不砍一棵树，不埋一眼泉，不毁一株草，不挪一颗石”的人与自然协调发展的生态理念，把村上的古街、古楼、古坊进行保护，复原醋坊、酒坊、豆腐坊、水磨坊等土制做法，并充分利用废旧的瓦片、河道的石头、石片、石子和枯干的树皮、枝条、竹片等材料，装饰美化农家院落。建设中尊重自然，这种让城乡因环境而美、让群众因生态而富，带动产业发展和农民增收的做法体现绿色可持续发展的理念。

陇南市武都区鱼龙镇宁家山村正是以绿色发展思路由贫困山村变成了“世外桃源”。为了改变村庄的卫生环境，村上都配备了垃圾房、垃圾箱、保洁车、公厕等设施，对畜禽粪便、农作物秸秆、农用薄膜、食用菌废棒、尾菜等废旧资源进行循环再利用。通过改厨、改灶、改厕、改圈，安装太阳能路灯、热水器，来培养群众生态环保的生活方式。经过政府的帮扶和建设，宁家山村不仅脱了贫，而且成为远近闻名的美丽乡村。保护生态环境就是保护生产力，改善生态环境就是发展生产力。在陇南市，绿色发展不仅是思想观念的更新，更是发展实践的具体体现。

同时，陇南市以建设生态文明示范市为抓手，在落实中争取，大力发展环保工业、绿色农业，重点发展无公害农产品、绿色食品和有机产品，探索出了一条生产发展、生活富裕、生态良好的新路子。

武都花椒已经成为具有良好经济效益的绿色产业，但它的生态效益也日益彰显。武都是典型的半山干旱区，过去农民主要种植玉米、小麦等粮食作物，由于是陡坡地，加上水土流失严重，土地收益非常低。陇南市抢抓国家退耕还林政策机遇，积极调整产业结构，在武都区大力发展花椒产业，取得了良好的经济效益和生态效益，走出了一条产业发展、农民增收、生态恢复的绿色发展之路。在陇南，除了花椒产业为武都山川增添了绿色，鼓起了山区群众的钱袋子外，油橄榄、核桃、茶叶、银杏等经济林，同样对改善当地生态环境、增加群众收入起到举足轻重的作用。

（二）注重片区整体发展，兼顾个体精准脱贫

“陇南模式”的定位不仅在贫困个体的精准脱贫，更注重贫困片区的整体持续性发展。陇南市将贫困程度最深、贫困人口最集中的区域划分为 25 个特困片区，以特困片区扶贫攻坚为抓手，以县（区）为基础制定和实施特困片区扶贫攻坚规划，集中实施道路交通、农田水利、人畜饮水、危房改造、灾害治理、产业开发和社会事业等项目，有效促进扶贫开发由分散式向集约化转变，由粗放式向精准化转变，由单点式向综合化转变，切实提高扶贫开发的整体效益。

贫困人口收入低下与区域发展基础薄弱息息相关，条件性贫困与素质性贫困交织，是集中连片贫困地区的共性特征。面对艰巨的扶贫任务，打通一条路，解决的就是一个村的出路问题；修缮一条渠，解决的就是一片田的灌溉问题。因此，陇南市在精准扶贫项目安排上，将改善基础条件与增强造血功能相联系，将增加群众收入与提升致富能力相衔接，综合考虑整体效果。

注重片区整体发展，陇南市把做好基础设施建设作为重要抓手。近年来，陇南坚持把基础设施建设作为改善贫困片区整体发展的有效途径，着力改善提升农村水、电、路、讯、房等基础设施建设。陇南市实施的“百村千户万床”工程，就是通过整体打造乡村旅游扶贫示范村，示范带动全市乡村旅游整体发展。因此，陇南市着重加强乡村基础设施建设，统筹协调全社会力量，整合各个方面资金，在 28 个村实施游客接待服务中心、停车场、购物中心、餐饮服务、旅游厕所、村容村貌改造、农家

客栈、农家乐等项目的建设，共完成投资 1. 6 亿元。截至 2017 年年底，全市共打造国家乡村旅游模范村 2 个，省级乡村旅游示范村 5 个、省级旅游扶贫试点村 12 个，市级乡村旅游扶贫示范村 37 个。发展农家客栈 734 家床位 6550 张，农家乐达到 1270 户，其中星级农家乐 41 户；发展旅游专业合作社 42 家，旅游商品生产加工专业户 450 家。

在注重片区整体发展的同时，通过“一户一策”脱贫计划推动贫困个体的精准脱贫。对于确实无法脱贫致富的困难群众，通过社会救助政策兜底，保障他们的生活。因此，陇南市把推进扶贫开发和最低生活保障制度有效衔接，建立健全农村社会保障体系，不断提高社会保障统筹层次和水平。同时，陇南市通过大力开发公益性岗位，充分调动贫困个体就业的积极性与主动性，还帮助他们找到了长久脱贫的门路。目前，陇南探索推行在深度贫困村设立乡村道路养护员、环境卫生保洁员、自然灾害预警员、公益设施管理和治安联防员、社会保障协管和孤寡老人留守儿童看护员等“五个 1 万名”公益性岗位增收举措，每个岗位 1 万名，共 5 万名，每人每月补助 500 元，一年补助 6000 元，帮助发展产业无望的特殊困难家庭增收脱贫。2018 年，全市共安排 44263 名贫困人口从事公益性岗位工作，预计发放资金 26558 万元。

对通过帮扶能稳定脱贫的贫困户，结对帮扶，千方百计帮助发展产业，引导他们自主创业。伴随陇南市电商的发展，“指尖创业”成为一大批未就业大学生、贫困家庭“两后生”、家庭妇女、残疾人发展创业的新模式，也形成了一大批自力更生脱贫致富的生动案例，例如“山货大王”“农民小段”“山哥水妹”“核益康”“春上垄”等一批知名网店。结对帮扶发展产业既解决了贫困区域的共性问题，又解决了具体特困户的个性问题，实现了精准到户与片区开发有机结合。

（三）打破传统的扶贫模式，创新农民增收途径

提高农民收入是陇南市始终坚持的发展重点，尤其是贫困人口增收问题更是陇南市重中之重。近年来，陇南市打破传统的扶贫模式，积极

探索电商扶贫、金融扶贫、旅游扶贫等"造血"模式，实现从"大水漫灌"到"精准滴灌"转变，不断促进贫困群众增收致富。

"给钱不如给技术""给钱不如给项目"的扶贫理念转换促使陇南市不断加强技术人才的培养和产业项目的培植。比如，陇南市大胆探索推进以农产品网上交易为切入点的电子商务，规避了贫困山区交通、区位、市场发育水平等条件的限制，通过网络把核桃、花椒、苹果、木耳、中药材等优质特产源源不断地卖到全国各地，这一扶贫路径实实在在增加了农民的收入。以武都区为例，2013 年发展电商至今，累计电商销售总额 23. 84 亿元。2017 年建立电商扶贫关系的网店 644 家，电商带贫 5387 户 22625 人，贫困户因电商扶贫实现人均纯收入增加 728 元。同时，陇南市注重隔断贫困代际传递，不断加大对青年人的技术培训，培育了一批"互联网+"时代的新型农民，不断激发电商发展的内生动力。陇南师专是全省唯一一所专门成立电子商务学院的高校。该高校围绕电商人才培养培训 116 期 18078 人次。邀请一批国内知名电商专家，从农产品上行渠道拓展、农产品网络品牌塑造、传统企业电商应用转型、农产品质量安全可追溯体系的建立和应用、电商服务站点职能作用的发挥、营销策划推广等多方面对乡镇电商分管负责人、电商专干、电商企业负责人及个体网商展开了深层次的培训。截至目前，陇南市开展电商扶贫培训超过 13 万人次，并选派未就业大学生、大学生村官、村干部、普通村民到浙江等省进行观摩学习。为解决物流难题，陇南市支持有条件讲诚信的创业青年发展自助"草根物流"，大大提高了网货配送效率。一系列人才培训举措有效隔断贫困的代际传递，同时加强农民收入的可持续性增加。

又如，甘肃省"联村联户、为民富民"行动开展后，帮扶干部以提高联系农户收入增加为根本目的，帮助所联系村完善扶贫规划、帮助配套完善基础设施、帮助培育富民增收产业、帮助解决贷款问题、帮助落实改革措施，帮助所联农户增强致富信心、帮助解决实际困难、帮助提高发展能力，办了许多好事实事，深得民心。陇南市把双联力量向特困片区倾斜安排，共为双联单位和各级领导新增特困片区联系村 571 个，实行包抓责任制，有效促进了扶贫措施落实。据统计，双联帮扶单位先后投入资金 50 多亿元，兴办实事 3. 8 万件，极大地改善了联系村的发展条件。同时，不断加大对特困片区的项目资金投入力度，把 90% 以上的财政扶贫专项资金、80% 以上的相关涉农项目资金向特困片区打捆安排，把扶贫整村推进、以工代赈、财政一事一议奖补、危旧房改造、道路建设、安全饮水以及社会事业发展等项目资金整合注入特困片区项目盘子，确保特困片区扶贫开发有较大的资金投入。近年来，陇南市在 1445 个省市县乡单位、4 万名双联干部的倾力帮扶下，解决了 71 万农村人口的饮水安全问题，实现 7248 户偏远山区农户通电，修建农村公路 7000 多千米，完成危房改造 5. 4 万户，建设堤防工程 350. 4 千米，实施异地搬迁 1. 13 万户。与此同时，“双联”行动先后完成新建、改扩建农村学校 55 万平方米，建成标准化村卫生室 522 个、村级文化活动室 3009 个、文化大院 95 个、生态文明小广场 356 个，为 859 所五保家园和农村敬老院进行了设施配套。① 由此可见，“双联”活动打破传统“给钱给物”的扶贫模式，以贫困地区基础设施建设为扶持重点，创新多种发展带贫模式，切实改善了贫困地区群众的生活生产环境。

（四）打破行业部门界限，形成大扶贫格局

陇南市协调各个行业部门、聚合多种政策、整合各个方力量，使各个行业、各部门的资源向贫困片区和贫困人群倾斜，形成了片区扶贫、产业扶贫、社会扶贫、金融扶贫等多方参与、多措并举的大扶贫格局。

陇南党委政府通盘考虑，凝聚广大党员干部、社会各个方面的智慧和力量，把决策向扶贫强化、精力向扶贫聚焦、措施向扶贫倾斜，建立项目整合、部门协作、集中使用机制，整合项目资金，集中使用。为集中力量破解扶贫攻坚“短板”问题，陇南市提出了“联要联到大山深处、帮要帮到最困难群众”的要求，实行市级领导、县区四大班子主要领导

① 数据来源：根据陇南市人民政府网站政务资讯整理而来。

联系包抓特困片区，市四大班子主要领导联系4个藏族群众聚居区，调整加强了特困片区822个特困村的帮扶力量。先后整合扶贫、财政奖补“一事一议”、农村道路、农业产业发展等相关涉农项目资金35.3亿元，聚力推进整片区、整流域攻坚，在较短时间内改变了贫困村的落后面貌。例如，宕昌县达铺镇召藏村、成县二郎乡严河村、武都区汉林乡唐坪村、礼县永坪乡九图村、徽县麻沿乡郭川村、康县王坝乡青林沟村、两当县杨店乡灵官村、文县天池乡天池村、西和县洛峪镇黎湾村、成县鸡峰镇草滩村、文县中庙乡化坪村等昔日贫困、落后的村庄，如今都变成村美人富的生态文明新农村。

陇南市注重统筹社会帮扶，加强与帮扶单位的衔接沟通，争取更大支持。加强社会扶贫信息服务网络建设，营造良好氛围，鼓励、调动和吸引县内外各类社会组织和个人参与扶贫事业。动员引导各类投资主体，参与基础设施、公共事业、公益事业、特色产业、资源开发等项目建设。充分调动贫困群众参与扶贫开发的积极性、主动性和创造性，建立群众主动参与的推进机制。近两年，陇南组织1200多个省市县乡单位帮扶1300多个建档立卡贫困村和300多个非建档立卡深度贫困村；组织4万多名机关干部帮扶10万多建档立卡贫困户，组建了1500多个贫困村驻村帮扶工作队，派驻工作队员6000多名，全力开展结对帮扶工作，充分发挥精准扶贫的“滴灌”作用。同时，积极引导引进市内外民营企业、个体经营者、社会爱心人士等社会组织和个人积极参与脱贫攻坚帮扶工作。

2016年，北京甘肃企业商会结合甘肃省“千企帮千村”精准扶贫行动，提出了“百企帮百村”精准扶贫计划。集结力量开展了产业帮扶、商贸帮扶、捐赠帮扶、就业帮扶、电商扶贫、科教扶贫等一系列扶贫行动。以陇南徽县为例，自2015年4月开展帮扶以来，各企业、合作社、致富带头人与所联系村、帮扶户主动对接，在资金扶持、项目带动、产业培育、引导建设专合组织等方面精准发力，围绕“扶持发展一个产业，帮助转移一批劳动力，办一件公益事业或一件实事，扶持培育一批致富能人，对留守儿童、孤寡老人、残疾人开展一次慰问或献爱心活动”等

“五个一”活动全方位开展帮扶。通过活动的开展，使群众生产生活条件得到大改善、农民可持续增收能力得到大提升、贫困群众发展动能得到有效激活，社会各界力量参与扶贫，凝聚起脱贫攻坚的力量源泉。截至目前，全县各企业单位累计投入帮扶资金达1100多万元，硬化通村、通社道路、村内巷道16.6公里，开展危旧房改造182户，修建文化广场6个；吸纳贫困户就业1592人，实现务工收入3200余万元；救助、慰问困难群众5900余人次，投入救助、慰问资金280余万元；吸纳3200余名贫困群众加入农民专合组织等新型经营主体，为入股贫困群众分红190余万元。①

另外，陇南市积极开展东西扶贫协作，成立了青岛陇南东西扶贫协作综合协调领导小组和筹备领导小组，签订了《青岛市与陇南市东西扶贫协作战略框架协议》，青岛市区两级财政累计安排帮扶陇南资金达9610万元，签订了产业合作协议，大力开展“引企入陇”活动。

综上所述，在扶贫攻坚的实践中，陇南初步探索出了以片区扶贫、产业扶贫、电商扶贫、金融扶贫、旅游扶贫、双联扶贫“六大脱贫攻坚品牌”为主的“陇南模式”。实践证明，“陇南模式”之下的产业扶贫、电商扶贫等创造了贫困地区新的经济增长点，促进了农业供给侧结构性改革。更重要的是，推动了贫困地区干部群众的思想观念的转变。在分析“陇南模式”的基础上，不难看出该模式在推广上具有可操作性，在带动农民增收上具有广泛性，对农村经济发展具有可持续性。

① 白杨.徽县“百企联百村”携手助脱贫［R］.甘肃经济日报，2018-06-14.

第七章
绿色发展理念下甘肃省精准脱贫可持续性政策建议

贫困问题是多种因素综合作用的结果，具有复杂性、动态性、多维性等特征，要从根源上摆脱贫困，实现彻底脱贫、持续脱贫，就必须要破解制约脱贫持续性的种种限制。目前，甘肃省贫困地区在精准脱贫持续性方面面临着多层面的不可持续性，如贫困人口生计资本缺少，受教育水平较低、技能缺乏，脱贫意识不强，脱贫主体面临着不可持续性；区域扶贫政策重叠、摩擦，地区基础设施、公共资源分布缺乏均衡性，造成贫困人口脱贫决策盲目、缺乏理性，容易滋生社会矛盾，脱贫供体保障功能尚未充分发挥；地区生态建设意识不强，环境保护和节育工作有待加强，脱贫载体具有脆弱性。三个层面的因素相互影响、相互作用，离开了任何一个层面的支撑和配合，都无法实现真正意义上的精准扶贫、精准脱贫，这就导致了贫困人口难以持续脱贫、贫困地区难以实现持续发展。因此，未来长时间范围内巩固贫困人口脱贫持续性，遏制返贫现象发生，仍是甘肃乃至全国今后精准扶贫、精准脱贫工作的重中之重。

绿色发展作为一种新的发展理念和发展方式，必然成为精准扶贫和全面建成小康社会的强大驱动力。扶贫实践中，把绿色发展理念“注入”精准扶贫、精准脱贫战略中，既能推动贫困地区实现精准脱贫，又能实现贫困地区绿色、可持续发展。因此，要实现甘肃贫困地区精准脱贫可持续性，就必须坚持绿色发展理念，在地区生态环境承载强度之内，合理有效地利用资源要素，走社会、经济、生态协调统一的可持续发展之路，以实现绿色减贫，并有效地巩固精准脱贫成效。

一、树立绿色脱贫理念，推动精准脱贫可持续

绿色发展是贫困地区实现脱贫致富以及脱贫可持续的必然选择。因此，精准脱贫可持续性的框架设计必须要以绿色发展为导向，将绿色、生态、环保的扶贫理念全面纳入其中，使精准扶贫、精准脱贫与绿色发展有机结合起来，探索出符合甘肃实际的绿色脱贫之路。正如习近平总书记所言，“我们既要绿水青山，也要金山银山。宁要绿水青山，不要金山银山，而且绿水青山就是金山银山”。[①]

（一）坚持绿色发展，做好绿色脱贫的顶层设计

做好绿色扶贫的顶层设计，首先要准确定位绿色扶贫的战略目标。目标是凝聚力量最直接的方法，一旦确定目标就可以有效凝聚力量并制定系统的战略规划，绿色扶贫也不例外。习近平总书记说：“保护生态环境就是保护生产力，改善生态环境就是发展生产力。”因此，绿色扶贫路径思考必然要满足绿色发展的要求，即将生态保护和扶贫开发有机地结合起来，既满足贫困人口脱贫致富的发展诉求，也满足人与自然和谐共存的生态诉求。扶贫目标设定应遵循生态环境的发展规律，以阶梯式螺旋上升的趋势确定不同阶段的具体目标，并最终形成战略目标。摆脱贫困是绿色扶贫最直接的目标，生态保护与建设是其根本目标，而实现贫困地区绿色、可持续发展是其终极战略目标。

① 习近平．绿水青山就是金山银山［R］．人民日报，2014-07-11．

其次，围绕绿色扶贫战略目标制定总体规划。根据不同地区生态环境的条件，结合经济社会发展水平，因地制宜制定绿色扶贫相关政策。生态环境保护已经成为甘肃省必须做好的一项基础性、底线性工作，绿色发展绝不能再走拼资源、拼总量、拼规模、拼速度的老路，必须要走特色之路、绿色之路，实现高质量发展。基于此，甘肃首先要有新时代的新站位、新视角，准确认识把握省情，努力将绿色发展理念融入经济社会发展各领域、全过程。同时，以精准扶贫相关政策为契机，坚持生态优先，筑牢生态安全屏障，建立健全绿色脱贫发展的经济循环体系，确保绿色发展理念在甘肃扶贫开发领域落地生根、开花结果。

最后，制定绿色扶贫具体工作方案，强化绿色扶贫的现实可操作性。按照国家扶贫开发总体规划，科学制定扶贫具体工作方案，并将绿色理念精细化融入具体的扶贫举措中。创新脱贫攻坚进程中的绿色长效投入机制、科学决策机制、绩效考核机制、责任追究机制。例如，实行绿色扶贫目标责任制和考核评价制，将生态保护与扶贫开发同时纳入领导干部的扶贫考核体系中；重点建设生态扶贫示范区，实现“以点带点”“以点带面”的良性带动效应；设立扶贫“绿色准入机制”，精准审核扶贫项目是否满足生态环保和可持续发展的要求；推进“生态守护”工程，让贫困主体成为生态守护的主体。

总之，绿色扶贫一定要以绿色发展为战略目标，并在其顶层设计之中充分体现这一思想，才能为可持续脱贫这一目标把好脉、用好药。

（二）强化扶贫党员干部绿色减贫意识和工作能力

国家在不断的发展和进步过程中，一直开展着精准扶贫的相关工作。而在积极推进精准扶贫工作过程中，负责精准扶贫的党员干部发挥了一定的积极作用。因此，在实际实施精准扶贫工作的时候，负责精准扶贫的党员干部拥有绿色素质就显得格外重要。对于一些贫困地区来说，如果这些贫困地区中的人们缺少绿色素质，也就是说在这些贫困地区，如果负责精准扶贫的党员干部没有足够高的绿色素质和掌握一定的科学文化知识，那该地区的精准扶贫工作就很难顺利进行下去。随着时代的不断进步和国家的不断发展，生态文明建设和绿色发展理念已被社会大众普遍接受并且大力认可，绿色发展成为社会大众共同追求的一个方向，国家在发展经济的时候，也在积极地推进绿色环保工作顺利进行。在积极进行精准扶贫工作和绿色环保工作的时候，应该重点培养或提高负责精准扶贫的党员干部绿色发展素质和绿色发展理念，以便于从根本上促进绿色扶贫工作顺利进行下去，并且发挥出最理想的效果与优势。

就目前甘肃扶贫开发的实际而言，扶贫工作不仅缺乏专门技术人才和专业队伍的支持，而且一些派驻到基层的扶贫工作者对绿色减贫理念的认识也不足，对当地实际情况也缺乏了解。因此，要想强化扶贫工作者的绿色发展理念，实现管理的科学化与合理化，一是要加强绿色扶贫的理论学习和人才培养。通过举办交流会、研讨会等形式的集体探讨，深刻认识绿色发展理念，牢牢把握新形势下生态扶贫的必要性和重要性，树立对生态环境与经济开发之间的整体意识。同时，完善制度和考评的相关内容，通过强化知识技能和培训学习，保障生态扶贫的高效治理功能，使扶贫开发工作更具专业性。二是要建立健全扶贫信息生态网络，强化科学管理机制，实现对生态问题的动态监控，建立上下通畅的管理体系，使工作人员对当地情况有一个全面且清晰的把握，并且积极创新扶贫管理方式，深化绿色发展理念，从总体布局上指导工作人员开展相应扶贫工作，一方面向具有专业背景的专家学者咨询与绿色发展有关的知识；另一方面开展与帮扶单位的联动，与它们合作，利用生态资源将扶贫开发的功效达到最大化，将绿色发展理念应用于现实情况，分门别类地厘清连片特困地区、矿山区、沙漠化地区等不同生态脆弱地区的具体情况，在工作的过程中，完成从理论知识到实践应有的转变，从而实现对贫困问题的综合治理。例如，甘肃省林业部门按照“生态建设产业化、产业发展生态化”的要求，结合全省优质林果基地建设和我省 58 个贫困县的特色林果产业发展实际，重点培育陇东南优质富士系苹果、陇南大红袍系花椒、陇东南优质核桃、河西走廊鲜食葡萄、河西走廊及沿黄灌区优质枸杞等11个特色优势林果标准化生产基地及油用牡丹、文冠果等生态经济林标准化生产基地，全力推进绿色、有机林果基地建设，在全省着力打出一场“见效快、业务精”的绿色扶贫攻坚战。

（三）树立贫困群众绿色财富意识，激发绿色减贫的内生动力

在人类社会的不断发展过程中，社会对于财富有着不同的认识和评价，财富也会随着时代的不同发展阶段产生不同的内涵。如果要实现贫困地区绿色可持续脱贫，就必须从根本上树立“绿水青山就是金山银山”的绿色财富意识，从而激发贫困群众绿色脱贫、绿色发展的内生动力，并且不断保障其绿色减贫可持续性的稳定。

无论是生态富足区还是生态脆弱区，都需要政府不断出台优惠政策，不断塑造绿色价值观、生态财富观。尤其是在经济水平不发达、生态环境脆弱的甘肃贫困地区，必须要走“富了老百姓，美了生态”的绿色发展之路，不断激发贫困群众的绿色脱贫的内生动力。2017年，甘肃省林业部门立足于全省资源特色和林业产业发展实际，通过开展实用技术成果推广、标准化示范基地建设、科技扶贫专家选派、乡土技术专家培养、区域特色产业培育、科技服务平台构建等林业科技扶贫的“六个一行动”，积极打造生态、产业、智力、信息全方位绿色生态扶贫模式。2018年甘肃省出台《深度贫困地区脱贫攻坚生态扶贫实施方案》，牢固树立和践行“绿水青山就是金山银山”的发展理念，充分发挥绿色资源在推进深度贫困地区脱贫攻坚的作用。

通过政府的引领和宣传，贫困群众的绿色财富意识越来越强，并且在脱贫攻坚过程中拥有实实在在的绿色收益，通过绿色产业发展、绿色产品生产、绿色收益分配激发老百姓对生态资源的财富意识，集聚生态资源的财富效应可以最大限度实现生态减贫。例如，景泰县依托得天独厚的气候资源和生态条件，因势利导，大力发展绿色农业，因地制宜发展特色林果、优质瓜菜、玉米制种、沙漠洋芋、中药材等特色种植业，

把生态优势转化为群众脱贫致富的原动力，切实增强贫困群众“造血”功能。另外，作为秦巴山特困片区扶贫攻坚重点县之一的文县，贫困人口占比大，贫困的广度、深度、难度在甘肃省都是少有的，但在绿色减贫理念下逐渐形成了茶园生态游、传统村落游、民俗文化游、古镇风情游、库区水上游等绿色发展品牌，助推贫困群众实现绿色可持续脱贫。由此可见，牢固树立“绿水青山就是金山银山”的理念，把扶贫开发和生态建设结合起来，用绿色发展推动精准扶贫可以有效激发贫困群众绿色减贫的内生动力，走出一条经济发展、生态改善、农民增收的绿色可持续脱贫之路。这些都是绿色财富意识下充分利用绿色财富资源所产生的绿色效应。但绿色资源的财富效应是较为单一的、直接的和紧迫的，虽然能够在经济上较快地发挥脱贫富民的作用，但仍然需要大力开发与宣传，通过不断引导和激发贫困群众绿色脱贫、绿色发展的内生动力，不断实现绿色财富效应最大化，真正做到绿水青山就是金山银山，让绿色生态释放发展红利。

二、提高农村贫困人口素质，实现人才发展可持续

贫困既包含物质方面的匮乏，也包含精神方面的贫乏，是经济、文化贫穷落后状况的总称。但无论是物质贫困，还是精神贫乏，一般都源自两个主要方面，一方面是由于资源的短缺所致，主要包括物质资源、文化资源以及社会资源等主要方面；另一方面是由于方法、途径、能力以及机会的欠缺所致。无论是维系基本生存、生活需要的物质产品的缺乏，还是社会、文化、环境等方面因素的欠缺与不完善，在导致贫困的众多因素中，能力的欠缺都是其中最为根本的原因。而在当今的知识经济时代，能力欠缺主要源自知识与技能的贫瘠。新增长理论认为，知识的积淀以及技术的发展是影响经济增长的主要因素。而知识积累与技术发展主要体现在劳动者的自我发展能力之中。以卢卡斯人力资本为核心

的新经济增长模型证明：在不诉诸外部力量的情况下，经济仍然可以随着人力资本的积累与提升而出现正增长。从内容构成上来看，“自我发展能力”是多方面综合因素的体现，是一个综合性概念，它包括自然生产力和社会生产力两个方面，是对自然资本、物质资本、人力资本和社会资本积累情况的总体性概括。由此可见，自我发展能力的培养与提升，在促进经济发展、脱贫致富进程中处于基础性的地位。只有以自我发展能力的培养与提升不断巩固扶贫攻坚所取得的成果，才能真正走上持久脱贫的康庄大道。

2016 年 2 月，《中共中央国务院关于打赢脱贫攻坚战的决定》（以下简称《决定》）正式发布，《决定》提出了扶贫攻坚的总体目标和一系列精准扶贫方略。要实现精准扶贫，人才是关键，培养一支素质高、能力强、技术硬的“精准”人才队伍，是打赢扶贫攻坚战的基础。《决定》是关于扶贫攻坚的政策导向，人才培养只有遵从这一政策导向，围绕扶贫攻坚的战略需求，才能培养出“精准的人才”，进而实现扶贫攻坚的精准目的。扶贫的实践经验表明，无论是改善贫困地区的基础设施，还是提高贫困地区的公共服务、产业发展水平，抑或是实施金融扶贫，归根结底都是一种政策、资金的输入式扶贫。与这些政策相比较，“人才扶贫”更具有可持续发展、“造血”式发展的优点。

从现实情况来看，与发达省份相比，在甘肃省贫困地区的人才问题上，特别是农村贫困地区的专业技术型人才问题上，甘肃省不仅数量相对不足，而且在新技术、新知识的掌握上还存在相当程度的欠缺，光靠政府企业的扶持性技术引进不是长久之计，远水解不了近渴，面对农村的贫困现状不能等、不能拖。提高贫困人口自身的素质，让更多的农民掌握新技术，使用新品种，使农民在面对生产中各方面的技术难题时实现简单问题自己解、较难问题同村解、专业问题专家解的“三层次”应对方案，最后即使离开了专家指导，农民自己也能走好可持续发展之路，走上一条科学化的绿色脱贫之路。

（一）提升贫困人口教育技能水平

贫困人口教育技能水平的高低直接影响扶贫攻坚的效果和脱贫可持续程度。因此，积极培养造就一批有文化、懂技术、会经营的甘肃贫困地区本土人才队伍，是实现精准脱贫可持续的积极因素之一。

（1）完善教育制度，合理分配教育投入。教育扶贫是阻断贫困代际传递的治本之策。教育事业的发展一直是甘肃省从根本上应对农村贫困问题的良药。近年来，甘肃省充分发挥教育在精准扶贫中的基础性、先导性作用，着力构建到村、到户、到人的教育精准扶贫体系，组织实施了“9+1”精准扶贫教育专项支持计划，即学前教育、义务教育、普通高中教育、职业教育、乡村教师队伍、民族教育、学生资助、高校招生、留守儿童9个专项支持计划和《支持革命老区教育跨越式发展行动计划》，全力打好教育精准扶贫“组合拳”，促进贫困家庭在根本上脱贫致富，阻断贫困代际传递。但教育事业是一项长期投入、循序回报的复杂系统工程，这样就产生了在短期内教育扶贫工作的效果不明显的现实问题，拉长了甘肃省通过教育治理农村贫困的战线。解决问题的关键就在于要在教育制度、教育投入比例分配上下功夫。第一，必须始终坚持教育资金的投入，从根本上确保各项教育扶贫计划能够高效有序地进行；第二，应该转变思路，农村贫困地区基础教育的发展与职业技术型教育的发展应该得到同样的重视，我们既要考虑长期收益也要考虑短期回报，双管齐下，从教育扶贫的角度加快农村贫困问题治理进程。第三，为有意愿返乡的家庭贫困的大学生提供政策支持和资金支持，优化人才引进政策，吸引优秀人才，“留得住”和“引进来”相结合，增加农村贫困地区的人才储备力量。

（2）搭建服务平台，抓住乡土人才队伍培训。甘肃省贫困地区要实现从根本上脱贫，应该深化贫困地区的乡土人才培养机制。长期以来，贫困地区不重视本地区扶贫人才培养。贫困地区自身培养的高层次毕业生认为留在当地工作没有前途，缺乏自信，缺乏内在动力。地方职业教育专业设置“大而全”，缺乏根据当地经济发展特征对扶贫人才培养的精准定位。这些原因导致贫困地区自身培养的扶贫人才流失严重，不能形成长期稳定的自身扶贫人才骨干队伍梯队建设机制，形成扶贫人才培养投入大—人才流失—加剧贫困的恶性循环。因此，基于精准脱贫可持续性的现实考量，必须要把贫困人口作为脱贫人才进行精准培训，激发贫困人口本身的发展内力。目前，甘肃各地区的职业教育发展仍处于滞后状态，有限的高等职业学校，无法满足贫困地区技术人才的现实需求。因此，在大力发展高等职业教育的基础上，在贫困地区搭建服务平台，全面开展符合贫困地区精准脱贫需要的乡土人才技术培训，从而提升贫困地区人力资源的整体素质，将“人口红利”变为“人才红利”。

按照“干什么、学什么”“缺什么、补什么”的培训原则，实施以增强贫困群众技能为重点的乡土实用人才培养工程，为贫困地区产业发展和群众脱贫致富提供智力支持。首先，搭建服务平台，建立乡土人才培训基地。整合各级人才培育项目资源，建立大数据下“人才信息超市”，为广大群众提供“自助式”服务资源，接受相关政策、技术、信息咨询，为群众生产生活提供便捷服务。积极开展“人才结对，技术帮扶”活动，将每名农村实用技术拔尖人才“签约”基层联系服务点，精准对接到村级扶贫产业和贫困户上，在田间地头进行实用技术现场指导，并为产业大户提供政策咨询、信息服务和预期分析。其次，精准实施个性化技能培育工程。根据省贫困地区的贫困现状分别实施个性化培育工程，不同区域、不同民族结合实际发展分门别类开展精准培训。例如，临夏州等民族地区按照自身产业发展方向和从业人员实际情况，紧盯民族食品、民族用品加工等特色业务培训，其中包括临夏传统木雕、民族刺绣、特色食品加工等技能人才培训。定西着力打造陇纺织、陇建工、陇厨师、陇拾花工等乡土人才品牌。最后，强化电商实用型人才培养，引领带动促致富。电商是精准脱贫不可忽视的一个现代化流通环节，通过整合商务、扶贫、妇联、团委、残联等部门的培训资源，开展各类电商培训班，通过培训企业、合作社负责人、大学生村官、驻村干部、新型农民及致富带头人带动贫困地区农户参与电商交易，可以有效促进农户增收致富，实现脱贫攻坚与可持续发展相结合。同时，组织致富能手、种养大户和专业协会、合作社负责人采取“一对一、一对多、党员对群众、先富带后富”的帮带培育方式，手把手传授技术，面对面介绍经验。

（3）完善人才培训、创业跟踪服务。按照“精准施策、精准帮扶、精准管理”的要求，根据产业发展布局和农村实用人才培训需求，不断创新培训方式，开展订单培训，切实提高培训的吸引力和实效性。同时，加强技术培训、创业指导和跟踪服务，对培训学员统一建档立卡、跟踪服务，通过政策引导、信息服务、资金扶持和技术支持，在创办观光农业园、专业合作经济组织、乡村旅游“农家乐”、小微企业、电商企业等方面提供创业帮助，按照“培训一人，提升一人；就业一人，脱贫一户；创业一人，带动一片”的原则，建立“创业帮扶”“就业帮扶”“技能帮扶”工作机制，通过解决贫困劳动力的创业、就业问题，让越来越多的贫困群众走上就业脱贫之路。例如，甘肃临夏州经济开发区发挥州级实用人才培训基地的引领作用，培训技术研发、企业管理和技能人才750名，引导460名高校毕业生在开发区入驻企业就业。临夏安多集团、燎原乳业等企业均建立起了人才工作站，通过“内培外引”的方式，加强专业技术人员培训培养，促进了企业科研能力和核心竞争力的不断提升。

同时，为使人才培训、创业跟踪服务落到实处，需要不断了解培训对象和受助对象的技能情况和创业情况，并对脱贫致富成效显著者继续给予跟踪扶助，并进行广泛宣传，让更多人能够分享慈善的新成果。对没有成效或没有能力创业脱贫的对象，若有困难的改由其他方式助困。另外，为了防止脱贫户出现返贫现象，对已脱贫群众进行跟踪帮扶，定期回访脱贫户，跟踪他们的生活状态，确保帮扶到位。

（二）完善扶贫人才发展环境

习近平总书记强调，发展是第一要务，人才是第一资源，创新是第一动力。目前，从甘肃贫困地区经济、教育、科技、文化等各项工作来看，贫困地区对职业教育培养的技术技能型人才和对农村通信、物流、电商等实用型科技人才需求迫切。但由于扶贫人才队伍利益链接机制和人才流失预警制约机制等不健全，导致扶贫人才大量流失，不仅对扶贫工作不利，而且更是对扶贫人才的传、帮、带作用发挥造成限制。因此，必须从以下几个方面完善扶贫人才发展环境。

（1）构建本土扶贫人才培养机制。扶贫工作的重要性、持久性和复杂性决定了扶贫人才培养的艰巨性。目前不仅经济因素制约贫困地区发展，而且本土扶贫人才的短缺也掣肘着可持续脱贫。甘肃贫困地区人才优质资源集聚力相对较弱，本土人才流失严重，不能形成长期稳定的扶贫人才骨干队伍梯队。同时，高校高层次毕业生培养存在自我脱贫、独立脱贫教育理念缺失，优质扶贫人才毕业即流失等问题，形成扶贫人才培养投入大—人才流失—加剧贫困的恶性循环。因此，无论是贫困地区本土人才培养还是外部扶贫人才引进，首先需要从培养其长期坚守、合作共赢、扎根基层的扶贫理念着手，打造扶贫人才团队。在此基础上，培养本土人才开展推动扶贫工作的专业技术及自主学习能力，促使其在扶贫工作中实现自身价值和获得尊重。同时，要从情感、利益、制度的三维视角对扶贫人才进行以人为本、共同发展的必要约束，形成有效的扶贫人才流失制约机制。“授人以鱼，三餐之需；授人以渔，终生之用。”啃下扶贫这块硬骨头，应当转变思路，重视扶贫人才自身培养与外部引进相结合，制定和实施相互促进的长效培养约束机制，让扶贫人才的自身价值与社会价值得到共同体现，让扶贫人才的个人利益与扶贫地区的社会利益都能得到保障。从2015年开始，甘肃省采取“人才+项目”“人才+产业”等形式，省级财政每年投入5000多万元人才发展专项资金，用5年时间在58个贫困县建成200个乡土实用人才培训基地，每年选派2000名乡村干部参加省级示范培训，着力打造一支“永不走的扶贫队”。

（2）构建扶贫人才激励保障机制。扶贫攻坚是一场使贫困地区全面脱贫、整体脱贫的持久战役，在这场持久战役中需要经济、科技、教育、文化等各领域的扶贫人才，需要不断汲取前人扶贫经验、精准掌握扶贫需求、创新扶贫思路、开拓扶贫工作新举措。扶贫人才激励保障机制就是人才开发的新思路，可以有效地驱动扶贫工作可持续发展。但贫困地区扶贫人才培养，特别是农村基层干部培养缺乏正向激励机制。乡村基层组织和乡村干部素质是扶贫攻坚的重要条件，他们熟悉贫困地区的风俗人情、资源禀赋及交通道路等状况，同时也存在部分农村干部工作定位不准，只求稳定不重视脱贫能力、发展能力培养，关注外来扶贫资金程度远远高于关注本地发展建设程度，扶贫缺乏成功榜样的正面激励。另外，扶贫工作开展中针对扶贫人才遇到的怀才不遇、用人失当、潜在流失等软性障碍，要给予信仰精神引导、工作方法培训、心理疏导沟通、荣誉表彰激励等正向激励，保障扶贫人才心理有信仰、工作有措施、扶贫有成效。

建立健全扶贫人才激励机制，一是提供优惠政策支持，对农村扶贫人才队伍在建设上，出台相关政策，提供支持；二是在政治待遇上给予肯定，对年纪轻、文化素质高、技能技术过硬的农村扶贫人才，进行重点培养；三是荣誉上的激励，积极开展农村扶贫人才“创先争优”等创评活动，树立典型，加强宣传他们的先进事迹，扩大其知名度和影响力，增强荣誉感。从 2013 年开始，甘肃省加大对扶贫干部激励投入力度，甘肃省级财政连续 3 年稳步提高村组干部报酬补助标准，村干部年报酬补助由原来的 3000 多元提高到 1. 2 万元，组干部年报酬补助从不到 500 元提高到 3600 元。另外，甘肃省级财政每年投入 3000 多万元、市县配套 1000 多万元，为全省所有现任村干部办理了基本医疗保险，61 个县（市、区）还建立了村干部离任生活补助制度。

（3）构建扶贫人才动态管理机制。加强扶贫人才信息的动态管理和监督，一方面避免扶贫应付任务、走走过场、虚造声势等现象；另一方面避免扶贫人才流失加剧现象。构建能够及时了解掌握扶贫人才对贫困地区经济发展、科技利用、教育培训及文化建设等具体推动作用的信息系统，对扶贫人才做到人人有档案、人人有跟踪、人人有进展。监督反馈要做到及时有效，发现扶贫人才培养盲区、工作难点及流失原因，充分利用监督反馈信息指导推动扶贫工作攻坚破难，促使扶贫人才与贫困地区共同发展、利益共享、实现双赢。扶贫人才的培养本来就投入大、见效慢，而扶贫人才的流失更是加剧了扶贫人才动态管理的复杂性。扶贫人才流动也符合人才流动的普遍规律，即人才朝资源丰富、环境良好的大中城市流动。但扶贫人才大量流失不仅对扶贫工作不利，更是对扶贫人才的传、帮、带作用发挥造成限制。要在扶贫工作中发现并及时对关键扶贫人才的流失进行预警和约束，就需要通过扶贫人才动态信息管理，进而通过利用扶贫制度吸引扶贫人才、扶贫环境改变扶贫人才心理、扶贫成果激励扶贫人才发展等模式实现扶贫人才可持续。

（4）构建扶贫人才利益共赢机制。在强力推进精准扶贫工作进程中，要把培育扶贫人才作为助推精准扶贫工作的重要抓手，创新工作方法，找准扶贫人才优势与精准扶贫的契合点，瞄准扶贫人才与脱贫户协作共赢的利益共同点，充分激发外部扶贫人才长期坚守的内在动力，引导贫困人口走共同富裕、集体奔小康之路。但在精准扶贫实践过程中存在相应人才培养机制缺位。一方面政府等部门指定的扶贫人才的培养是基于“输血”式的扶贫方式而进行，缺乏针对性。对扶贫人才的扶贫观念培养不够，扶贫人才内在激励不足，短期应付心理普遍，外部扶贫人才缺乏“下得去、蹲得住、帮得实”的驱动机制。另一方面投资经营型扶贫人才虽然有技术、资金及设备等方面的优势，但缺乏与贫困地区合作共赢的利益分配与共享机制。贫困地区领导干部对外部扶贫人才融入当地发展建设方面缺乏引导，导致对土地、矿产资源等进行掠夺性经营，不仅不能扶贫，反而会激化矛盾。对外来扶贫人才参与扶贫的共赢机制尚不健全，尚未形成内外互动、相辅相成的扶贫共同体。

（三）建构贫困人口能力提升机制

精准扶贫既需要短期的扶贫，又需要长期的脱贫。短期的扶贫可以通过政府的优惠倾斜政策、社会集资等多方面途径积聚力量，以帮扶的形式来实现。而可持续脱贫则主要依赖于贫困人口及地区自我发展能力的提升为动力和保障。自我发展能力增强了，抵御自然灾害、社会变迁的能力才能随之得到提升，从而才能更直接有效地消解各项致贫因素，斩断致贫的各个环节，增强抵御天灾人祸的免疫力，巩固扶贫攻坚的成果，实现脱贫致富的可持续发展。因此，构建贫困人口能力提升机制，就是将精神扶贫、教育扶贫、文化扶贫、技能扶贫等有机地结合起来。

（1）扶志——贫困人口能力提升的前提。导致贫困的原因虽然复杂，但其中一个重要原因，就是长期的贫困生活和封闭环境，影响了人们的奋斗意志和致富信心。例如，一些贫困地区，不少人还存在等、靠、要的思想，只盼着外界的帮扶救济，不愿意主动想办法、找出路；一些贫困群众，既不爱学习新知识，也不去研究新技术，仍满足于“靠天吃饭”，沿用传统的耕作方式。此外，还有个别贫困农村，封建迷信活动盛行，婚丧嫁娶铺张浪费，甚至闲暇时间赌博成风。切实推进文化扶贫，首先就要着力解决这些问题，否则贫困群众缺乏致富的主体意识和自觉行动，必然影响扶贫的长期效果。只有扶思想、扶观念、扶信心，重视培养贫困人口劳动致富、勤劳致富、技能致富的自觉意识，真正帮助贫困群众树立起摆脱困境的斗志和勇气，才能不断加快脱贫攻坚进程，为贫困地区农村发展注入强大的动能。

精准扶贫战略的最终目的就是要让贫困人口拥有自我发展能力。因为脱贫致富在根本上还得靠贫困群众通过自己的辛勤劳动来实现。“幸福不会从天而降，好日子是干出来的。”[①] 要做好扶贫工作，必须极大限度地调动贫困人口的主动性、积极性。与物质方面的贫困相比，精神上的贫困更加可怕。习近平总书记深知，一旦贫困对象不思努力进取，不思勤劳致富，而坐等政府和社会帮扶救济，那才是最可怕的。早在《摆脱贫困》中就提出了“弱鸟先飞”意识，即扶贫立志的重要性。他认为，比物质贫困更危险的是观念贫困，“弱鸟可望先飞，至贫可能先富，但能否实现‘先飞’‘先富’，首先要看我们头脑里有无这种意识”。[②] 这种“弱鸟先飞，贫而先富”的辩证思想表明，实现物质富裕必须要摆脱和战胜观念贫困。正所谓“观念不变原地转，观念一变天地宽”。同时，习近平总书记强调，脱贫致富是一项长期艰巨的任务，要做好打持久战

---

① 中共中央宣传部．习近平总书记系列重要讲话读本［M］．北京：人民出版社，2016：60.

② 习近平．摆脱贫困［M］．福州：福建人民出版社，2014：2.

的思想准备。“要从思想上淡化‘贫困意识’，不要‘言必称贫，处处说贫’。”[①]扶贫先扶志，让我们在脱贫的道路上摆脱“安贫乐道”“穷自在”“等、靠、要”的思想，树立“不怕贫困”的意识。立志脱贫致富，“只要有志气、有信心，就没有迈不过去的坎”。[②]也就是说，精神脱贫先要做到“观念脱贫”，通过先扶后立坚定脱贫信念，才能实现“至贫”而“先富”。当前，部分贫困区、贫困户产生了懒惰的心理，习惯了向政府伸手要钱，以当贫困户为荣。这就提醒我们必须要从思想认识上根除贫困人口的贫困认识，主要通过学校教育和宣传教育等途径实现。

（2）扶智——贫困人口能力提升的基础。教育是让贫困地区的孩子掌握知识、改变命运，摆脱贫困最有效、最根本的方法。习近平总书记指出：“把贫困地区孩子培养出来，这才是根本的扶贫之策。”[③]关注贫困人口、关注贫困地区教育一直是习近平总书记工作的重点。教育落后与经济发展，相互影响、相互作用。如果受教育程度低，必然会影响到农民的致富进程，进而制约地方经济的发展。因此，提升贫困人口能力的基础，首先要抓好农村教育。多年来，党和政府在解决贫困地区教育落后的问题上下了很大功夫，贫困地区的教育设施有了很大的改善，教育水平有了很大的提高。但同时也要看到，教育落后仍然是贫困地区的主要短板，现实中还有许多问题需要解决，比如，贫困地区幼儿教育起步晚，重视不够的问题；贫困地区乡村师资队伍不稳定，流失严重的问题；还有贫困地区财政紧张，教育投入不足的问题，等等。对此，要进一步加大政策力度，推动教育资源继续向贫困地区倾斜，全方位保障贫困地区群众受教育权利，真正从思想上切断贫困代际传递的通道。

（3）扶技——贫困人口能力提升的关键。缺乏致富技能或技不如人是甘肃贫困的重要原因。从多年来农村富余劳动力向城镇转移情况来看，一些贫困地区出来的务工人员，多数受教育程度低、专业技能缺少，在

---

① 习近平．摆脱贫困［M］．福州：福建人民出版社，2014：8.
② 蒋永穆，周宇晗．习近平扶贫思想论述［J］．理论学刊，2015（11）.
③ 习近平论扶贫工作——十八大以来重要论述摘编．党建，2015（12）.

城市中就业门路窄，挣钱不多；在农村的贫困人口普遍缺少相关技能，加之环境条件影响，致富行动往往受到限制。而且，有人即使借助帮扶暂时脱贫，但遇到新的困难又可能返贫。所以，提升贫困人口自我发展能力的关键，就在于大力推进贫困人口的技能教育。一条比较可行的路径，就是优化目前的职业教育和职业培训，以职业农民为培养目标，以绿色发展为导向，坚持政府主导和社会参与，重点培育农业开发人才和技能人才。同时，职业教育必须要体现地域化、特色化和职业化的特色，并要有长期的应对政策和保障措施。

另外，贫困人口自我发展能力的提升，需要一个良好的文化环境。良好的文化氛围，是“自我发展”“我要发展”等贫困人口内生动力激活的重要条件。比如，红军长征在会宁胜利会师，受长征精神的巨大鼓舞，这里逐渐形成了“教师苦教、学生苦学、家长苦供”的“三苦”教育精神，并一度成为甘肃高考“状元县”。还有秦安县石节子村，由于艺术的介入，让原本闭塞的村子整个变了样，成为远近闻名的“艺术村庄”。在艺术的熏陶下，村民们开阔了眼界，增强了接受新事物的能力，脱贫致富的决心和信心也更加坚定。由此可见，注重文化环境的营造，对于贫困人口发展意识、发展能力具有潜移默化的重要作用。在继续建设好乡村文化服务体系的同时，贫困地区应大力实施乡村文明行动，努力改造固有的习惯和落后的社会风气，营造积极健康向上的文化氛围。

因此，无论是扶贫攻坚、脱贫致富奔小康的贫困人口的自我发展，还是社会的整体性进步，内在的力量都是至关重要的，而自我发展能力就是内在的主要因素。任何外部力量的作用，都需要这个内部因素的积极正向配合才能发挥作用。因此，一方面，摸清实际状况，锁定帮扶对象，精准发力，进行精细化管理，通过政策倾斜，从收入、教育、医疗等方面给予财政的补助、优惠和支持。另一方面，着重于“自我发展能力”的提升，把精神扶贫、教育扶贫、文化扶贫、思想扶贫等有机地结合起来，积极实施扶贫“授人以渔”的治本之策，只有贫困人口抵御贫穷、改变贫困的能力提升了，才能既巩固已有的脱贫攻坚成果，又谋求长久的可持续发展。

三、创新基层组织制度建设，实现政治基础可持续

党的十九大报告指出，党的基层组织是确保党的路线方针政策和决策部署贯彻落实的基础。党的工作最坚实的力量支撑在基层，最突出的矛盾和问题也在基层。同理，扶贫开发工作重点在基层，基层组织是扶贫开发的坚强堡垒。习近平总书记强调："要重视发挥广大基层干部群众的首创精神，让他们的心热起来、行动起来，靠辛勤劳动改变贫困落后面貌。"[①] 同时强调，"农村脱贫致富的核心就是农村党组织"。[②] 基层组织是扶贫开发第一线的力量，是确保党和国家的正确路线、方针政策在农村具体落实的核心力量。如果没有一个坚强、过硬的基层组织，就不能取得群众信任，更谈不上带领群众发展经济，向贫困和落后作战。因此，"要把扶贫开发同基层组织建设有机结合起来，抓好以村党组织为核心的村级组织配套建设"。[③]

目前，很多发达地区农村的基层组织制度已经比较完善，在"村民自治法"理念下而产生的基层政权也基本成熟。但是在甘肃省的农村贫困地区，由于领导层素质不高、观念陈旧、缺乏创新意识，使得这种以村为单位的基层政权的优势很难发挥出来，不仅不能在村落经济发展上起到带头作用，甚至有的时候会阻碍村落发展。村级经济组织形式单一，村民没有形成有效的联结机制，抵御外部风险的能力弱，摆脱贫困的能力差。因此，将村民自治法落到实处，完善基层选举制度，知人善用，发挥出基层领导干部和组织机构的带头作用，从制度角度实现农村贫困地区的可持续脱贫。同时，甘肃要不断创新基层组织制度建设，为甘肃省贫困地区的脱贫与发展创造良好的组织条件，提供强大的政治保证。

① 习近平.谋划好"十三五"时期扶贫开发工作，确保农村贫困人口到2020年如期脱贫［N］.人民日报，2015-06-20（1）.

② 习近平.摆脱贫困［M］.福州：福建人民出版社，2014：160.

③ 习近平论扶贫工作——十八大以来重要论述摘编［N］.党建，2015（12）.

（一）加强基层组织体系建设，全面发挥扶贫攻坚组织力

组织力是基层组织生命力的具体体现，基层党组织的组织力反映其引领协调、整合力量的能力，直接关系到党的工作的影响力、凝聚力、战斗力，也体现了党员干部积极性、主动性、创造性的强弱。在甘肃省农村贫困地区，许多村委会和村支部的工作效率低，带领群众发展经济的能力水平不高。而在当前创新发展、加快传统农业转型的新时期，只有拥有一个经验丰富的引导者、一个知识丰富的带头人、一个先进的领导集体，在农村贫困问题的解决上才能起到真正的带头作用。因此，创新基层组织建设机制显得十分重要。

（1）科学设置党组织，发挥党的政治优势。按照“创新组织设置、健全组织网络、理顺隶属关系、发挥组织作用”的要求，积极适应新的社会分工、经济发展、党员流向的变化，依托文化旅游、种植养殖、生产加工等，加强新经济组织、专业合作社、产业链条的党组织建设，实现党的组织和党的工作全覆盖。加强软弱涣散党组织的整顿和提档升级，全面提升基层党组织的政治和服务功能，强化社会管理职能，增强基层党组织服务精准扶贫的能力。首先，突出党组织思想引导优势。当前和今后一个时期最重要的任务，就是不断深化学习习近平总书记精准扶贫、精准脱贫重要讲话精神，围绕绿色发展战略目标，抓好传统扶贫观念转变，组织引导干部进村入户进行绿色脱贫、自主脱贫等思想教育。其次，注重政治引领功能，在改进管理和活动方式中体现党的优势。积极创新组织生活制度和党员教育管理方式，调动党员参与精准扶贫的积极性。从贫困地区生产方式、生活方式变化的实际出发，一手抓组织建设、一手抓作用发挥，探索建立新型农村社区党组织设置方式，抓好农村合作经济组织、非公有制经济组织和社会组织党组织建设，不断扩大党的组织和工作覆盖。坚持政治标准和能人标准并重，加大选派优秀机关干部、聘请各类优秀人才到村任职力度，推进优秀社会人才向基层组织有序流动，形成人往基层走、劲往基层用的良好局面。同时，将教育和引导基层干部增强法治观念、提高依法办事能力，深入推进基层治理法治化进程。

（2）加强基层党支部建设，选拔一个好的支部书记。选好支部书记，当脱贫攻坚的“领路人”。支部强不强，关键看“头羊”。一个好的支部书记，能够带领一个支部干出一番事业，做出一番作为，在脱贫这场攻坚战中，每个基层党组织都必须由优秀的支部书记来带领。基层党支部是扶贫开发的“一线指挥部”，支部书记就是“一线总指挥”，是我们扶贫工作的重要骨干力量。一个好的支部书记，应该是一个政治的明白人、发展的开路人、群众的贴心人、班子的带头人，这样才能带领群众坚定方向、摆脱贫困。正如习近平总书记所言“打铁还需自身硬”①。优秀支部书记的产生，可以通过民主推荐、上级党组织考察等方式选出。也可以选出村里的致富带头人、外出务工返乡人员、复员退伍军人等有知识有经验的优秀人才来任职；在机关干部中选任下派有先进的管理理念和管理技术的“第一书记”，能够更好地激发出基层党组织的脱贫攻坚热情，发挥示范引领作用，带领群众脱贫奔小康。甘肃省靖远县在脱贫攻坚行动中，始终将强化党建引领作为根本保证，动员组织各级力量聚焦精准扶贫、服务精准扶贫，以组织优势凝聚扶贫合力、激发内生动力，形成了“支部带富、党员创富、群众致富”的党建扶贫新格局，有效推进了基层党建与精准扶贫相融互动。

（3）完善基层选举制度，发挥“带头人”的示范作用。精准扶贫要同基层组织建设有机结合，充分发挥基层党组织和党员的带动示范作用。党员干部在扶贫工作中要切实走在前、带好头，调动各方面积极因素，形成共创先锋、共促发展的良好局面。针对农村老党员较多、年轻党员流动性大的特点，进一步拓宽基层党员来源渠道已经迫在眉睫。要注重基层党员的发展和培养，扩大年轻党员所占比重，使基层党组织保持活力。同时，要正确对基层党员进行引导，发挥好老党员、老干部在脱贫攻坚战中的带头引领作用，也要注重开发年轻党员、年轻干部的思维，培养其对工作方法和工作机制的创新能力，创新脱贫攻坚思路，破解脱贫攻坚难题。

从基层带头人选举上看，要做到“三统一”，即符合自身意愿、村民

---

① 李维．习近平重要论述学习笔记［M］．北京：人民出版社，2014：4.

自主选举、上级直接任命三者相统一。其中，“符合自身意愿”说明带头人有想要做好的内在动力；“村民自主选举”是指对带头人的评价要充分且客观，有动力固然重要，但更重要的是有大家认可的能力；“上级直接任命”体现了带头人的能力水平已经被上级认可，能够听指挥、干实事。只有遵循这三点相统一，才能选拔出有能力有水平，既了解村落经济发展的实际情况，又能够在贫困问题的解决上与上级有关部门进行有效对接，将政策落到实处的带头人。只有这样才能使村级组织始终处于一个活力旺盛的状态，带领农村贫困地区积极发展、开拓创新，改变贫困现状。同时，这样的“带头人”不仅能够引发群众发家致富的热情，而且必将促使社会经济走上一条可持续发展的道路。因此，完善基层选举制度，正视新时代对基层工作提出的新要求，并结合党的十九大新理念阐释脱贫攻坚工作，从理论上武装基层干部的头脑，从思想上坚定基层干部的理想信念，发挥党员带头示范作用，鼓舞士气冲刺脱贫攻坚目标。

（二）加强基层组织素质建设，全面发挥扶贫攻坚服务力

火车跑得快，全靠车头带。基层组织要做精准扶贫的“先锋”，必须在思想上先行一步，发展上先干一步，积极发挥在扶贫开发工作中的服务意识。这样就要求全面提升基层组织的思想素质，注重在纠正思想认识不足、认识偏差等上下功夫。

（1）提高基层干部自身素质，打造高水平扶贫队伍。“金奖银奖不如老百姓的夸奖，金杯银杯不如老百姓的口碑。”当前正处于扶贫开发的攻坚期，基层干部作为具体政策的执行者，身兼重任、各司其职，其“所为”直接关乎党的发达、国的兴旺、民的安定。因此，要充分发挥基层党组织带领群众脱贫致富的坚强战斗堡垒作用，强化党员干部队伍建设作为扶贫的重要举措和保证，在扶贫一线不断加强基层组织建设，提升党员干部素质。各级党组织要坚持政治素质好、自我要求严、工作能力强、敢于担当、勇于吃苦的高标准，鼓励干部到艰苦环境和复杂局面中磨砺意志、增长才干。把那些熟悉基层、有想法、有能力的干部放到扶

贫一线，发挥他们的特长，推进扶贫工作取得新进展。“人才到基层去，干部从一线来。”让干部到扶贫一线去锻炼成长，从扶贫一线工作中发现干部、选用干部、提拔干部，注重形成干部在扶贫一线作为，选拔在扶贫一线寻找的导向，本身就是在以组织力量为扶贫攻坚提供重要支撑。

首先，基层干部不仅要思想好、作风正，还要能力强；不仅要有服务群众的意识，而且还要有带动贫困地区经济发展的创新能力。鉴于此，习近平总书记指出，鼓励和选派优秀年轻干部、退伍军人、高校毕业生加入扶贫基层队伍中，以提高贫困地区基层干部的整体素质。其次，强化基层干部责任意识。基层干部是扶贫开发政策、项目的具体执行者，干部只有具备责任担当意识，才能带领群众找到“穷”根，才能更好地贯彻扶贫政策。因此，“要层层签订脱贫攻坚责任书、立下军令状。要把脱贫攻坚实绩作为选拔任用干部的重要依据”。最后，扶贫工作队和驻村干部选派是加强基层组织建设的有效形式。因此，要确保扶贫攻坚目标任务的顺利完成，关键是要打造一批高素质的扶贫开发干部队伍，把绿色发展贯穿到扶贫工作的始终，并在扶贫一线中以身作则，只有这样才能不断推动扶贫工作取得新进展。

（2）强化基层组织成员责任意识，推动扶贫政策精准落地。加强基层组织成员的责任意识，首先要纠正思想认识上的偏差。一是消除“无所事事”思想，强化担当意识。要着力消除在扶贫工作中，对精准扶贫、精准脱贫精神学习不深入等问题，以及在扶贫实践中出现的消极怠工“无所事事”思想。二是消除“难出成绩”思想，增强脱贫信心。有的基层组织扶贫政策落实随意，战斗堡垒作用发挥不突出，存在问题的关键是组织成员缺乏精准扶贫的信心。这就需要基层组织成员摒除畏难情绪和“难出成绩”的错误思想，自觉把扶贫事业与人民群众的幸福生活紧紧相连，不断激发自身扶贫责任担当。三是消除“冒进”思想，夯实扶贫根基。精准扶贫要坚决抵制“短平快”“数字扶贫”等“冒进”思想。一些地区在投资上强调“短平快”，图的是“立竿见影”。有的地方以“授人以鱼”的方式捐款捐物，扶贫工作短期见了效，但长远看来难持续。一些基层干部为达到快速脱贫的目的，不顾贫困人口的实际需求，强迫向贫困户推广所谓的"新技术""新品种"。这样既不容易得到贫困户的配合，又要冒技术和品种有可能失败的风险。要积极引导基层组织成员认清全面建成小康社会的重大意义、绿色发展的本质内涵和精准脱贫的实践要求，不断增强基层组织成员的使命感、责任感。

其次，加强基层组织成员的责任意识，要形成上下贯通的责任体系。扶贫责任以党委主责、政府主抓、干部主帮、基层主推、社会主扶的渠道层层推进，明确基层部门及干部的权责匹配，建立基层干部联乡带村包户责任制，明确定点、定人、定时、定责任、包脱贫"四定一包"责任，实现建档立卡贫困户结对帮扶全覆盖，形成上下贯通的责任体系。同时要把扶贫目标和要求进一步细化和量化，把责任进一步落实到单位和个人，把时间和进度进一步明确，使"八个一批"更具有可操作性，有效推动扶贫政策的精准落地。

（3）注重提高基层组织服务质量，有效凝聚精准扶贫战斗力。精准扶贫是一场任务重、责任大、时间长的扶贫攻坚战，需要有效凝聚基层组织的扶贫战斗力。习近平总书记多次强调："打铁还需自身硬。"其中，基层组织服务质量的高低是影响基层组织的凝聚力、战斗力的关键。因此，要多方着手提高基层组织生活质量，有效凝聚精准扶贫的战斗力。一是加强科学统筹。紧密结合扶贫各单位的性质、担负的任务职能，对扶贫任务进行科学安排，时间上要充足、内容上要充实，力求做到精准扶贫精准落实。二是紧密结合实际。结合扶贫单位和扶贫对象的实际，做到具体问题具体分析，突出扶贫单位的职能特点，把精准扶贫原则性要求具体化，政策性要求明晰化，举措性要求系统化。三是严格落实制度。建立健全基层组织扶贫考评办法，细化扶贫干部精准扶贫任务，保证扶贫目标、时间、人员、质量的"四落实"。把精准扶贫作为基层组织重点工作精心安排落实，把"识真贫、扶真贫、真扶贫"贯穿到基层组织服务活动的全过程，采取结对子、找搭子等形式，积极开展精准服务，推动精准脱贫，实现共同致富。

另外，要切实提高基层组织的服务质量，始终坚持把纪律挺在前面。党员干部要坚守政治纪律、政治规矩，严守精准扶贫的纪律要求，牢固树立勤俭节约、过紧日子、与贫困群众同甘共苦的思想，自觉抵制形式主义、官僚主义、享乐主义和奢靡之风，带头践行“三严三实”，按照中央和上级党委的要求，保质保量地推进精准扶贫工作。始终要改进工作作风，坚持做到“情为民所系，权为民所用，利为民所谋”，真抓实干推动精准扶贫工作，帮助贫困地区、贫困群众找到致富路子、找准致富方法、掌握致富技术。基层组织要教育和引导党员干部当好“攻坚手”，推进精准扶贫工作要像钉钉子一样，保持力度、保持韧劲，以实的作风、实的措施赢来精准脱贫的实效。

（三）加强基层组织作风建设，全面发挥扶贫攻坚领导力

作风是党的形象和生命，作风建设攸关脱贫攻坚成败，要打赢脱贫攻坚战，必须先打赢作风攻坚战。在脱贫攻坚中把作风建设摆在突出位置，用作风建设的成果促进各项扶贫举措的落实。“凡作事，将成功之时，其困难最甚。”随着精准扶贫进入深度贫困地区，致贫原因更为复杂，脱贫更为困难。与此同时，贫困群众内生动力不足、脱贫稳定性不够等深层次问题也在不断显现。脱贫攻坚越深入推进，越需要付出更多的艰苦努力，越需要狠抓基层组织作风攻坚。

（1）加强基层组织作风建设，端正态度是根本。坚决打赢脱贫攻坚战，需要各级扶贫干部将作风建设摆到更加突出的位置，真抓实干，较真碰硬，扎扎实实投入接下来的战斗。脱贫攻坚是民心工程，也是良心工作，扶贫干部的工作作风与贫困群众的衣食住行、幸福指数紧密相关，任何作风上的漂浮，都可能延缓贫困群众脱贫进程，影响脱贫质量和可持续性。尤其是作为扶贫第一线的基层干部，必须要有强烈的事业心和责任感，必须把“三问”常记于心，这“三问”即唯问政于民方知得失，问需于民方知冷暖，问计于民方知虚实。要知道百姓才是生活的先知，是智慧的源泉，是施政的基础。在脱贫攻坚大战略的主战场上，基层干部要把百姓对美好生活的向往作为奋斗目标，以百姓困难为工作切入点，走进百姓生活，与百姓同频共振，为百姓更好地服务。

目前，精准扶贫不精准的问题，在甘肃很多地方仍有不同程度的存在。有些扶贫干部，脑子里装着一笔“糊涂账”，到现在还说不清本地究竟有多少建档立卡贫困户，有多少户需要实施易地搬迁，有多少D级危房户，有多少人饮水不安全；有些扶贫干部，虽然把“精准”说得头头是道，但开展工作时却粗枝大叶，口头上“精准”，行动上“模糊”，甚至弄虚作假、阳奉阴违，继续走“大水漫灌、大而化之”的老路。还有的干部，只盯着上级领导注意到的贫困村，只愿去交通条件比较好的贫困村，其他地方的情况则“一问三不知”，更谈不上精准识别、精准帮扶。扶贫工作中的不精准现象，严重阻碍脱贫攻坚的深入推进。究其原因，主要还是态度、认识和作风的问题。这个问题不解决，扶贫工作就成了摆样子、走过场，根本达不到应有的效果。各级各部门和广大干部，一定要端正态度、提高认识、转变作风，从政治和全局高度切实抓好脱贫攻坚，绝不能有丝毫的轻视和放松。

（2）加强基层组织作风建设，改进方法是关键。贫困地区实现精准脱贫的关键在于激发贫困户的内生动力，这需要基层干部充分传递政策信息，反复做思想工作。以往基层组织进行扶贫工作的时候，缺乏“一对一”的政策讲解和人文关怀，政府有限的物资救助不足以满足贫困户对摆脱贫困、可持续发展的深层需要。精准扶贫“一对一”的帮扶政策实施以后，驻村扶贫干部“一对一”开导贫困户落后的思想，传达能给他们带来利益的政策，让贫困户感受到政府时刻都在关怀着他们，而不是像以往一样只留下救济的物资。同时，一些帮扶干部一开始帮扶思想工作时就缺乏韧性，一遇到挫折或者收效不明显后，便打起了退堂鼓。为如期完成帮扶任务，转而追求短平快的工作方式，要么发钱给物，要么包办代劳，群众脱贫不稳定不说，“等、靠、要”思想还可能进一步滋长。实践证明，帮扶干部只有耐心细致地做思想工作，带着感情帮扶，才能把贫困户的心焐热，才能把他们的内生动力激发出来。思想扶贫如此，很多扶贫工作也如此，作风过硬了，脱贫攻坚很多难题也就不难了。

作为一名贫困户帮扶责任人要提升责任感，敢于担当。思想上和行动上应该保持一致，深刻认识到扶贫工作的任务艰巨意义重大。不能停留在“觉得每个月去走访贫困户只是走走就完事”的思想上，而是要敢于担起责任来，要在帮助他们彻底脱贫上下功夫，要坚持理论结合实际，坚持学以致用，真心实意地去帮助他们。要根据每一户贫困户的实际情况，制定帮扶方案，要真抓实干，抓实抓好各项惠农惠民政策，承担起为群众脱贫致富的责任；要脚踏实地，切忌浮躁心理，一步一个脚印，真心实意为群众办实事、解难题，真正做到群众面前无小事，用心带领群众改变落后的“等、靠、要”思想，走出一条科学的发展之路，让贫困群众过上有尊严的幸福生活。

（3）狠抓作风攻坚，整改问题是保障。脱贫攻坚战打响以来，数以百万计的党员干部把脱贫责任扛在肩上、工作抓在手上，特别是奋战在一线的干部，任务重、压力大。为让贫困群众尽快脱贫致富，很多扶贫干部付出了汗水、泪水，有些甚至还献出了宝贵的生命。笔者采访过不少基层扶贫工作者，深知他们工作的不易。应该说，绝大多数扶贫干部工作作风优良，否则脱贫攻坚也不可能取得如此举世瞩目的巨大成就。

毋庸讳言，一些地区的扶贫干部在工作作风上仍然存在不少问题。有的单位和领导干部抓精准扶贫作风不实，甚至对扶贫款“动脑筋、伸黑手”。有的地方扶贫工作走形式、不扎实，以会议贯彻会议，以文件落实文件，简单给钱发物，不注重激发贫困群众内生动力，扶贫成果不可持续。有的干部平时真帮实扶做得不够，扶贫考核、贫困退出前全靠“精准填表、精准算账”来补。尤其应引起注意的是，有的干部把精准帮扶变成了精准应付，慵懒涣散、敷衍塞责，不积极主动、勇于担当，却信奉多一事不如少一事。对于这些扶贫工作中存在的作风问题，群众看在眼里，也会记在心里，久而久之严重损害党和政府形象，严重侵害贫困群众利益，严重影响脱贫攻坚战进程，对于这样的作风必须坚决予以纠正。因此，脱贫攻坚，作风应当先攻坚，要把作风建设作为脱贫攻坚的重点，严惩严治慵懒涣散、敷衍塞责、不敢担当，以更为扎实、更为过硬的工作作风，赢得贫困群众的信任。同时，要构建作风建设长效机制，加强对重点地区和重点工作的常态化监督，对扶贫领域作风问题的典型案件要严肃查处。

四、健全扶贫资源保障机制，实现扶贫资源可持续

扶贫资源是扶贫工作的关键，也是扶贫工作的基础。保障资源到位，才能有效实施精准扶贫。否则，精准扶贫就是一纸空谈。目前，我国扶贫资源保障机制还不健全，许多资源被冒用，真正需要的人员的贫困现状没有得到有效改善。尤其是在甘肃这样经济发展相对落后的省份，扶贫资源往往被拆东解西，挪为他用，真正需要资源的地区和人口却得不到优质的扶贫资源，因此，保障资源除了要保证国家能够给予充足的资金和物质保障外，还需要建立相应的管理机制，让资源得到有效利用，而不是滥用和浪费。由此可见，健全的扶贫资源保障机制是实现扶贫可持续的重要条件之一。

（一）完善基础设施和公共服务，破除区域发展的硬件资源限制

资金、土地、人才等各种要素是地区发展的重要资源。但是长期以来，资金、土地、人才等要素都是单向由农村流入城市，造成农村严重“失血”“贫血”，制约农村地区的发展。而且，农村的基础设施建设长期落后于城市，公共服务设施和产品单一化，供给结构不够合理，从根本上影响了农村的可持续发展，也制约了贫困地区的可持续脱贫发展。因此，只有完善基础设施和公共服务，破除区域发展硬件资源限制，加大在公共服务设施上的投资力度，才能在根本上破除贫困地区可持续发展的资源限制。

（1）加大交通基础设施建设，着力解决贫困群众出行难的问题。要致富先修路。习近平总书记指出，“交通基础设施建设具有很强的先导作用，特别是在一些贫困地区，改一条溜索、修一段公路就能给群众打开一扇脱贫致富的大门”，他明确指出要把交通一体化作为先行领域，加快形成安全、便捷、高效、绿色、经济的综合交通运输体系。按照国家制定的《“十三五”交通扶贫规划》，到2020年，贫困地区国家高速公路

主线基本贯通，具备条件的县城通二级及以上公路，乡镇、建制村通硬化路、通客车；建设约23万千米的通乡镇和建制村硬化路，到2019年，提前一年实现全国具备条件的建制村通硬化路。交通扶贫除实现以上目标外，尤其需要重视贫困地区的边远地区以及20户以上自然村落的交通建设问题，并通过定性和定量的考核，推动这些区域的交通发展。边远地区以及20户以上自然村落，无论是乡镇还是县级，都是最容易被忽略的地方。在国家层面提出把“出门水泥路，抬脚上客车”的梦想变成现实的时候，这些地方至少保证晴雨路是起码的要求。

甘肃是西部欠发达省份，交通基础建设历史欠账多，成为制约经济社会发展的短板。特别是广大农村地区，由于交通基础薄弱，给群众出行、农产品外运等都带来困难。因此，只有加大贫困地区交通基础设施建设，才能真正担负起经济发展“先行官”的重要使命。坚持共享理念，把公路建设与优化村镇布局、农村经济发展和广大农民安全便捷出行结合起来，通过市场化运作，搞活农村公路的建、管、护、运。依托连着田间地头、串起千家万户的农村公路，带动各地特色农业、乡镇工业、旅游服务业的蓬勃发展，群众出行和农产品外运更加便捷，“农家乐”“乡村游”迅速兴起，农村物流配送、电子商务快速发展，人流、物流、信息流更加畅通。同时，要打通铁路大动脉，为沿线群众摆脱贫困、奔向小康提供新的发展起点。铁路部门要大力推进供给侧结构性改革，主动适应市场需求，增加运力、树立品牌、强化服务，“铁老大”一改往日刻板形象，变成舒适快捷、服务周到、轻松休闲的“丝路快车”。

（2）推进信息基础设施建设，助力信息化精准脱贫。2016年中央印发了《国家信息化发展战略纲要》，对我国未来信息化建设进行规划和指导。《纲要》指出：“没有信息化就没有现代化。适应和引领经济发展新常态，增强发展新动力，需要将信息化贯穿我国现代化进程始终，加快释放信息化发展的巨大潜能。”民生问题的难点和重点是扶贫，精准脱贫便是信息化建设大展身手的好时机。精准扶贫有具体的目标指向，改变了以往“大水漫灌”“撒胡椒面”式的扶贫面广、投入人力物力智力较大，但却成效不显的低效率扶贫方式。随着信息化技术特别是大数据技术的快速发展，对贫困的定位则更为准确。“治贫先治愚，扶贫先扶智”，发挥信息化建设特别是互联网在助推脱贫攻坚中的重要作用，推进精准扶贫、精准脱贫便是一种必要的尝试。

信息化建设中，“互联网+”“大数据”技术作用明显，参与扶贫工作的有关部门可利用互联网建立贫困人口信息数据库，实时了解扶贫工作进展和老百姓的脱贫情况。贫困人员、政府相关部门可以借助互联网了解脱贫信息、外部信息，改变观念，探索新的脱贫方式；通过精确识别贫困人口、家庭、乡村，采取得当的扶贫措施，多措并举，推动精准脱贫工作向前推进。因此，信息化建设及信息技术服务对贫困地区经济和社会发展的带动和助推作用逐步显现。

甘肃不断整合信息资源，协调三大通信运营商，为各镇、村建立互联网和4G网络基站，结束了多数行政村没有网络的历史。随着网络的普及，甘肃省加大了对电商产业的重视，积极适应电子商务发展新趋势，建立健全县、镇、村三级电子商务综合服务体系，注册公共品牌，开通了网络销售平台，通过平台帮助农户销售特色农产品，有力地促进了农村社会经济的发展。但是从甘肃贫困地区来看，由于农村电子商务基础设施滞后，电商人才稀缺，贫困群众网上交易能力还较弱，交易规模较小，直接影响贫困地区农村贫困人口通过电子商务就业创业和增收脱贫。

（3）提供优质均等的公共服务，满足贫困群众的生产生活需求。农村水、电、路、房、灶、厕等基础设施建设是农村发展的基础条件，而农村的教育、卫生、文化等基本公共服务是农村现代化的重要保障。伴随中国特色社会主义进入新时代，人们期待更好的教育、更可靠的社会保障、更高水平的医疗、更舒适的居住条件、更优美的环境、更丰富的精神文化生活，人民群众的公共服务需求，呈现出多样化、多层次、多方面的特点。

但在贫困地区，基本公共服务均等化的问题依旧没有解决。通过调研发现，一些地区公共医疗卫生投入不足，医务人员数量少，卫生机构床位数不足，资金短缺，这就造成了公共医疗卫生水平低的现状；安全饮水未能全覆盖，目前仍然存在一定困难；教育资源短缺，特别是偏远山区、条件差的教学点，优秀教师派不下去，在校拔尖教师留不住，即使在校也不安心教学，导致教学质量提升缓慢，造成农村生源流失严重……以上种种现状，都说明当前甘肃省基本公共服务均等化问题比较突出，并由此使地区之间、城乡之间、不同群体之间在教育、公共医疗、社会保障等基本公共服务方面的差距逐步拉大，这些已成为影响公平、公正的焦点问题之一。

因此，甘肃省不仅要提高公共服务的质量，而且更要实现基本公共服务的均等。具体而言，加大对贫困地区的资金投入，给予政策上的倾斜；采取各种激励措施，鼓励引导教师、医务人员到贫困地区农村工作。大幅度提高农村中小学教师、乡镇医务人员工资水平，并实施岗位津贴制度；在确定优秀农村中小学教师、乡镇医务人员名额时，向农村地区大幅倾斜；改善农村中小学教师、乡镇医务人员工作生活条件，将农村中小学教师、乡镇医务人员住房纳入保障性住房建设体系，全面推进农村中小学教师、乡镇医务人员公转房、周转房建设工程。此外，每年在省属高校招生计划中，单列为农村小学、乡镇卫生院定向培养全科教师和全科医生指标，定向招录高中贫困毕业生。招录的培养对象在校学习期间可享受“两免一补”优惠政策。定向招录的学生在完成学校相应教育计划并取得毕业资格后，需到指定的乡镇卫生院或小学定向就业，且在定向服务单位连续工作至少6年以上，为贫困地区农村提供充裕的师资和医护人员来源保障。只有这样，才能真正实现贫困地区均等共享基本公共服务，为贫困地区可持续脱贫提供长效公共保障。

（二）实现扶贫资源特色化，避免扶贫资源排斥性

立足当地优势、特色资源，结合贫困农户发展愿望，进行特色产业脱贫探讨，避免地区内部出现同质性、竞争性和排斥性，为贫困人口提供强有力的动力与支撑，从而巩固脱贫效果，增强脱贫持续性。

（1）积极发展特色产业，实现扶贫资源高效化。特色产业是部分贫困地区农村贫困人口生活和收入的主要来源，发展特色产业是提高贫困

地区、贫困人口自我发展能力的重要举措。特色产业扶贫便是通过引导和扶持有劳动能力的人，开发当地比较有优势的资源，通过发展特色产业，依靠自己的劳动开创美好生活，实现就地脱贫。2015年《中共中央 国务院关于打赢脱贫攻坚战的决定》提出实施精准扶贫方略，主要内容之一就是“发展特色产业脱贫”，具体内容包括：“制定贫困地区特色产业发展规划；出台专项政策，统筹使用涉农资金，重点支持贫困村、贫困户因地制宜发展种养业和传统手工业等；实施贫困村‘一村一品’产业推进行动，扶持建设一批贫困人口参与度高的特色农业基地。”

为了贯彻中央对产业扶贫的相关政策，甘肃省提出要通过自身努力，以带动脱贫攻坚作用大的牛、羊、菜、果、薯、药六大特色农业产业为重点，把提高脱贫攻坚质量放在首位，力争实现“户有增收项目、村有致富产业（产品）”的目标。在此基础上，坚持精准到户、创新机制、长短结合、店面并举的原则，构建有效利益联结机制，找准产业项目实施与贫困户受益的连接点，确保产业发展惠及更多的贫困户，优先安排和扶持中短期较快见效的产业项目，适当兼顾中长期持续增收的发展项目，在综合考虑贫困地区资源优势、产业基础、市场需求等因素的基础上选定产业，立足贫困村、贫困户实际上项目、强措施。这一举措在有效地发展贫困地区特色产业的同时，积极吸引特色扶贫资源的凝聚，发挥扶贫资源高效助推力。

可以依据甘肃省出台的六大特色农业产业精准扶贫三年行动工作方案，将目标任务细化到县、乡，省、市政府制定详细产业到县、到乡的方案，每个贫困村都要发展一个以上适合自身的特色农业产业或产品，制定到村、到户产业扶贫方案。各地要大力培育、扶持、发展农民专业合作社，推进农业示范社创建，积极发展专业合作、股份合作等多元化、多类型的合作社，保障全省实现贫困村特色产业合作社全覆盖。同时，各地要强化农民特别是贫困户实用技术培训，不断提升农民职业技能水平和就业创业能力，努力培育一批爱农业、懂技术、善经营的新型职业农民，培养一批“田秀才”“土专家”，每个贫困村要培育2—3个农业科技示范户，努力形成能复制、可推广的生产模式和管理经验。此外，还要积极发展订单农业，畅通农产品销售渠道，减少流通环节，坚持以销促产、产销衔接，使贫困户获得稳定的经营性收入，并加快建立健全贫困地区储藏、运输、加工、销售一体化冷链物流体系，大力培育第三方冷链物流企业，彻底改善生鲜农产品外销条件。

（2）开发优势光能资源，发挥光伏扶贫新路径。光伏扶贫是通过在光能丰富的贫困地区建设光伏发电站，将所得收益用于建档立卡贫困村和贫困人口的脱贫，实现贫困户、贫困村集体有长期、稳定、可持续的资产收入的一种脱贫方式。光伏扶贫发电，既发展了新能源，又实现了脱贫增收，一举两得。光伏扶贫工程是长期稳定增加贫困户收入的一种重要方式，是保护环境、转变农村用能方式、改善贫困人口生产生活条件的重要举措。

甘肃的定西、天水、庆阳、临夏、平凉、甘南、白银、兰州、武威、酒泉等地光照条件较好，可以按照政府扶持引导、社会资本参与、农户自愿参加的原则，与新农村建设、易地扶贫搬迁工程及种植、养殖相结合，利用荒山、荒坡等土地资源，有序推进风光电发展。按照“优先存量、优化增量”的原则，坚持“集中式与分散式并举”，采取竞争性方式配置风光电项目，实现资源更优配置，促进风光电技术进步和上网电价降低。稳步推进酒泉、通渭等风电基地建设，加快建设风电平价上网示范项目，积极争取国家支持白银平川、武威等地建设光伏领跑技术基地。促进制造业、农业与光伏发电互补发展，探索分布式光伏发电新模式。大力实施光伏扶贫工程，完善配套电网设施，增加贫困群众的稳定收入。完善光热发电示范项目规划布局，在资源富集、建设条件优越的敦煌、玉门等地，积极发展太阳能光热发电，促进光热发电技术在城市供暖、系统调峰等领域应用。另外，建设长期可靠的项目运营管理体系，加强配套电网建设和运行服务，建立扶贫收益分配管理制度，探索开展飞地光伏扶贫和利用现有光伏电站扶贫工作。利用村集体的闲置土地，投资建设 100—300 千瓦的小型电站，产权归村集体所有，发电收益可用于设立村内公益岗位，为部分贫困户提供就业；可用于村内小型公益事业；也可对完全丧失劳动能力、没有收入来源的贫困人口进行补助。

（3）建构扶贫资源整合协调机制。合作性反贫困理论认为，贫困是包含政府、贫困人口、扶贫企业、非政府组织等共同面对的反贫困行为的“客体”，反贫困不是任何单一主体投入就可以完成的工作，而是需要各扶贫主体之间有效、通力地合作。为确保各主体间合作的开展，就有必要建立一个有效的合作协调平台。扶贫实践已表明，扶贫开发协调机制的缺失已成为扶贫效益优化和目标实现的重要制约因素。扶贫作为一个复杂的系统工程，会涉及政策保障、持续发展、利益分配等多个社会经济和行政领域，是一个典型的跨区域、跨部门、跨行业，政策性强、管理分散、需要多方相互协调与相互配合的工作。因此，扶贫开发必须依赖于一个高效的管理部门运用市场化手段对其进行整体规划、规范、指导和控制。扶贫资源协调机制是一个涉及多个层面的综合体。在协调机制的框架设计中，既要考虑框架内部各机制之间的内在联系，同时又要考虑协调机制的绩效问题。

目前，扶贫工作已经由资金投入扩展到技术、信息、服务、人力、人才培训等多个领域。如果没有一个强有力的资源协调机制，整体的扶贫效果可能就会大打折扣。尤其跨部门扶贫资源的大整合、跨区域行动的大协同更需要一个协调机制。

精准扶贫资源协调机制就是要广泛动员干部群众、企事业单位、社会组织、各界爱心人士参与帮扶，创立扶贫资源共享平台，提高高效扶贫扶持力度，解决贫困人口的就业问题，提高群众的生活质量。但是，这个参与式的精准扶贫机制并不是静态的，而是在多方的努力下，形式多样地进行的，具体可以有以下四种模式：第一，培育扶持扶贫类社会组织，可以通过政府购买扶贫服务的方式来实现，提升社会组织参与精准扶贫的合法性，有效地运用社会组织的社会资源和技术优势，促进政府与社会组织合作的制度化、常态化；第二，政府可以和金融机构在信贷、保险、担保等方面进行合作，降低农户在金融活动中的风险[①]；第

① 中国脱贫攻坚的新探索．中新网，http：//www.chinanews.com/fortune/2016/06-17/7908404.shtml.

三，强化市场与社会扶贫的合作，规范社会组织在扶贫方面的管理，促进市场主体与社会性机构在扶贫资金、技术等方面的合作；第四，加强地区之间的合作。扶贫是一项大工程，单凭一个地区的力量是难以完成的，这就需要其他地区的对口支援。在“先富带动后富”思维意识的鼓励下，为甘肃贫困地区提供资金、技术等方面的支持，帮助贫困户与全国人民一道脱贫致富达到小康。建构精准扶贫资源协调机制是新时代扶贫的大趋势。俗话说“众人拾柴火焰高”，只有协调各方扶贫资源的力量，合理有序地安排扶贫工作，才能让贫困人口尽快脱贫致富。

（三）系统梳理各类政策，保障扶贫政策的协调性

扶贫是一项系统工程，扶贫效益的最大化有赖于各项政策之间的协调、配套。当前农村扶贫政策的协调配套问题比较突出，无论是财政投入、扶贫信贷资金投放、对扶贫龙头企业的扶持，还是对贫困地区人口自身发展能力的开发都存在着一些问题，某些惠农政策、生态工程以及社会保障等政策也还存在着对贫困地区关注不足的问题。因此，财政税收、金融、产业、人力资源、社会保障等各种政策在制定和实施过程中，都应考虑扶贫开发工作的实际需求，做好协调配套。这是提高扶贫效率的必然要求。

（1）完善财政、金融扶贫政策的协调配套。进一步完善财税体制和金融体制，打造财政、金融扶贫政策的协调性，加大财政金融对贫困地区的支持力度。公共财政支出继续向农村倾斜，在继续利用财政资金进行贫困地区基础设施建设的同时，应将财政扶贫的重点向贫困地区基本的教育、卫生、科技推广和城乡一体化社会保障等公共服务集中。各项农业补贴政策逐步与科技扶贫政策结合，向贫困农户倾斜，使贫困农户从增加产出和劳动生产率中获得收益，继续降低与农牧业产品相关的增值税税率。改进资金配套政策，消除贫困地区资金短缺的“瓶颈”。一方面要调动各级政府的扶贫力量，乃至贫困人口的自有资源，齐心协力进行反贫困斗争；另一方面也要根据各个地方的实际情况，根据当地财政

收入与实际生活水平（参照当地的最低生活保障线）分类确定贫困县的资金配套要求，不搞“一刀切”。

同时，要积极完善金融扶贫政策的协调性。实践证明，金融信贷是最有效的扶贫方式之一，小额信贷则是最适合扶贫的金融形式之一。不以营利为主要目的的公益性、准公益性的小额贷款能更好地满足贫困地区经济和社会发展的金融需求。因此，要放宽对公益性、准公益性的小额贷款机构的金融准入，加快村镇银行、资金互助社、小额信贷公司的发展，拓宽民间资金对农村金融的准入途径。逐步放松利率限制，允许政策性银行或商业银行等金融机构给予批发贷款，并在税收上给予一定的优惠，为公益性、准公益性的小额贷款机构创造更宽松的市场环境。着力增加贷款向农村投放的力度，将扶贫信贷资金优先用于支持各行业龙头企业的发展，条件是这些企业负责为无力独自获得扶贫信贷资金的特困户或低收入户提供一定的就业岗位。这种扶贫信贷资金投入模式有利于增强扶贫的针对性，借助企业的市场竞争力优势实现贫困户增收的目标。积极引导民营资本参与扶贫开发。运用市场机制，从经济效益较好的项目入手，以有偿转让等方式，引导民营资本参与贫困地区的基础设施等项目建设。

（2）积极推进社会保障政策方面的配套。社会保障工作需要持续推进，尤其是贫困地区的社保工作更能体现共享发展新理念。在此基础上，逐步实现农村贫困地区社会保障制度规范化和透明化，根据农村贫困人口的统计分布，按照行政区划调整生活费用指数，根据指数的高低，制定保障标准，使低保覆盖面不至于过高、过低和出现区域间过大的不平等。其中，包括农村最低社会保障制度和农村合作医疗制度等基本制度。例如，农村合作医疗制度是解决农村贫困人口中病、残、老群体的医疗保障问题，为贫困人口提供基本的医疗服务。

除此之外，要实现贫困人口的稳定脱贫，必须提高贫困人口就业和创业等发展能力，改变其科教文化落后的现状。科教文化的不发达，既是一些地方欠发达的一个表现，也是造成一些地方贫困的重要原因。扶贫工作的实践证明：教育水平对就业和居民收入有非常显著的影响，普及教育对于减少贫困、防止贫困世代相传具有非常积极的作用。因此，要实现贫困人口的稳定脱贫，必须改变其科教文化落后的现状，提高贫困者的就业和创业等发展能力。第一，要加大财政投入，保障贫困地区基本的教育资源供给。落实对贫困家庭学生的书本费、寄宿生活费实行免除或补贴的政策，逐步将农村义务教育全面纳入公共财政保障范围，保障贫困地区少年儿童受教育权利的实现。第二，通过转移支付等方式帮助贫困地区发展低收费职业技术教育，切实增强贫困人口的就业竞争力。从贫困地区财力、物力有限的现实出发，集中资金和优秀师资，采取几个县区合办或在市区办学的方式，建设规模大、科目全、班次多（含职业技术高中与成人职业技术教育）、学制短、实用性强、收费低的职业技术教育机构。该机构还应兼具联系市场、定向培养、输出劳务的职能。第三，针对贫困地区教师和其他专业人才严重流失的现状，实施“贫困地区人才资源补贴”，用于补助投身贫困地区教育事业和经济社会发展的各级管理人才和技术人才，提高贫困地区的人才吸引力，稳定和壮大人力资源队伍。

（3）推动产业政策方面的配套。贫困地区往往处于小农自给经济的发展阶段，工业基础薄弱，缺乏先进的生产技术和管理大生产的传统，而且也没有可靠的市场来发展商品经济。在这种地区要他们一步跨入工业时代难免困难重重，因此，从农业到发展工业之间要有一个过渡，产业政策要有利于培育当地的经济活力，调动贫困地区最重要的资源禀赋——劳动力资源，鼓励贫困地区从有传统基础的一家一户能生产的副业搞起，让贫困群体参与到当地的经济发展中来，以“公司+农户”“一村一品”或“一镇一品”等专业村、镇的形式，把贫困地区资源开发和社会经济发展结合起来，逐步改变贫困地区经济相对落后的状况。这是中国农村发展的历史实践所证明的规律。此外，各种直接用省级以上财政投资或用各类政策性贷款、国际金融组织低息贷款、外国政府贷款的项目，应有一定比例安排在贫困地区。省级以上政府也要优先在贫困地区安排一些骨干性技术项目，并在项目审批权、地方配套资金比例等方面给予优惠政策。对扶贫龙头企业可尝试实行免交土地出让金，市政基础设施建设费用减半征收等优惠政策。

五、建立绿色经济循环体系，实现经济发展可持续

发展绿色经济，不仅是我国未来经济社会发展和经济结构调整的必然趋势和主要方式，更是贫困地区破解生态困境、实现精准脱贫和绿色可持续发展的必然选择。几十年的扶贫实践和经验证明，扶贫开发一定要遵循人与自然和谐共存的原则，走以生产发展、生活富裕、生态优美为目标的脱贫发展之路，增固精准脱贫的内生力量。发展绿色经济，具体而言就是合理利用绿色生态资源，全面推行生态农业，择优培育绿色产业，有效实施生态项目，紧密联系市场抓住绿色经济增长点。因此，基于绿色经济发展建立良好的经济循环体系，是实现贫困地区经济发展可持续的重要条件。

（一）全面推行高效生态农业，满足市场经济的客观需求

高效生态农业是以绿色消费需求为导向，以提高市场竞争力和可持续发展能力为核心，具有高投入、高产出、高效益与可持续发展特性，集约化经营与生态化生产有机结合的现代农业。生态农业的发展和推广，一方面可以满足市场对优质生态农产品的需求；另一方面可以保护和改善农村生态环境。更主要的是可以增强贫困农村地区的承载能力，充分利用贫困人口的人力优势。

（1）创新农业经营模式，发展高效生态农业。创新是农业发展的原动力，也是引领农业农村发展的根本动力。以创新引领特色现代农业发展，是带动欠发达农村地区经济、实现贫困农民脱贫致富的必由之路。在农业产业化经营模式创新方面，应尝试建立多形式的农业纵向一体化的利益联结与分配机制，以形成家庭经营、合作经营、公司经营与行业组织四位一体、资源互用、有机结合的现代农业产业化经营体系。将原来的企业主导的“公司+农户”的产业化经营模式转变为公司与合作社共同主导的“公司+合作社+农户”的产业化经营模式，这也将是未来探索

经营模式创新的新路径。

在新型农业经营模式的基础上，积极推动高效生态农业的发展，不仅有利于从根本上保证农业增效、农民增收，而且还有利于提高劳动生产率、土地和资源利用率，拓宽农民增收渠道。生态农业是劳动和技术密集型综合产业，涉及种养加、农工贸多种生产经营，可为农民提供新的就业空间。同时，发展生态农业，可以促进粮食增产，确保粮食安全。因此，要积极探索生态农业发展与本地优势相结合，寻求最优化的资源组合方式，保证在注意生态环境保护的同时，实现农业的可持续发展。在发展生态农业的基础上，逐渐培育环境友好型的生态产业，加快实现贫困地区脱贫致富。如鼓励民营企业加入生态农业产业链，依靠现代技术和管理模式，实现生态农业及生态产品的深开发和深加工，从而推动生态农业向产业化、精细化和集约型发展。另外，通过民营企业的营销模式打造区域农业品牌定位，以品牌效应提高农产品的市场竞争力。总之，大力发展高效生态农业是实现贫困地区农业可持续发展的有效途径，可以促进生态与扶贫的良性互动，能够尽快地从根本上摆脱贫困、实现可持续发展。

（2）发展生态农业规模化，实现农业规模化效益。甘肃农业现状仍以分散的农户经营模式为主，很难形成规模效应，而且产品科技含量低、信息化程度低、抗风险能力低、创新能力低。同时，甘肃农业生产企业产品单一、渠道单一、资金筹措困难、创新投入动力普遍不足。虽然有些具有一定规模的农业企业的封闭经营模式，能部分克服分散小规模农户的弊端，但农业是一个社会效益高而经济效益偏低的产业，只有尽可能地规模化与产业集聚区化，才能实现规模效益。生态农业规模化经营能有效地克服小规模分散经营的弊端，通过采用种养加、农工贸和产供销一条龙的经营体制，可以将农业的产前、产中、产后组成一个较完整的产业体系。分散的农户通过与龙头企业或农民经济合作组织签订合同的方法组织起来，形成各种不同的专业性的产业链条，原来分散的小农户变成了产业链上的一个个“生产车间”，龙头企业依托市场指挥农民进行有计划的生产。在种植或养殖的过程中统一生产资料供应，统一技术要求和产品检测标准，统一销售。生态农业生产不再局限于一家一户的生态小系统，而是在更高层次上和更大规模内实现了组织协调。生态农业产业化经营走的是“小群体—大规模，小农户—大基地”的发展路子，这种经营方式在总体上既能获得优质、安全的绿色产品，又能使这一生产产量最大化，从而实现经济和生态运行的良性循环，实现生态环境与经济社会的相互协调和可持续发展。

因此，通过建设从事生态优质农副产品生产的大规模绿色生产基地，将众多分散的农户联结起来，形成全循环体系，促进农业产业一体化和产业化经营的发展。这样生态农业规模化不仅可以提高农业生产效率，保障农产品在生产过程中的安全，而且还能在解决当地就业问题的同时实现城镇化，有效地推动农村、农业的可持续发展。

（3）健全高效生态农业服务体系，提高农业规避风险的能力。实现生态农业高效化、规模化，必然要求健全生态农业服务体系，提高农业规避风险的能力。具体而言，一是要加强农产品质量安全体系建设。制定生态农产品的生产标准和技术规程，加强对农产品生产过程的质量监测，保证农产品生产技术生态化、生产过程标准化。二是要加强农业信息流通。一方面制定信息进村进户实施方案，使农业新技术、农产品供需信息及时进村入户；另一方面依靠网络推动农产品网络销售业务，让甘肃省的生态农产品进入全国各地。三是在各个乡镇建立农村生态环境监测点，加强农村生态环境的监测、预警、治理、保护、合理利用和改善。四是加强农民合作组织体系建设。在相对集中的区域内形成农户的自我管理、自我服务、自我发展的组织形式，充分发挥农民合作组织在农业技术推广、农产品销售、品牌塑造等方面的优势，保护农民利益，有效规避农业生产风险。

例如，近几年兴起的电商扶贫就让贫困地区特色优质农产品借助互联网在市场走俏。2015 年年初，甘肃陇南成为全国电商扶贫首个试点市。到 2016 年年底，陇南市 750 个电商扶贫试点贫困村开办网店 980 家，带动 15 万名贫困人口增收。电商扶贫的“陇南模式”可以为甘肃其他地区的发展提供有益借鉴。按照市场需求的标准，打造生态农业产业及品牌，通过电商信息精准化的筛选，有效地降低农产品生产、交易等风险。

（二）培育绿色生态产业链，加快实现贫困地区绿色发展

绿色生态产业注重整个产业链的相关配置，通过利用广泛的社会资源，搭建了“产供销”一条龙式的完整市场关系，实现了绿色产业的良性发展，从而使生态产业的效能得到最大限度的发挥。在推动贫困治理的过程中，充分挖掘地区生态发展潜力，打造生态产业品牌，构建区域生态产业，充分调动社会资源，支持生态产业的长久发展，贯彻落实绿色发展理念，进一步完善科学管理体系，构建人与自然和谐互动的全新扶贫格局，从根本上压缩贫困产生的空间，从而真正地解决贫困问题。

“绿水青山就是金山银山”，坚持把生态文明建设贯穿到经济发展各领域和全过程，积极培育绿色生态产业链，实现经济效益和生态效益的双赢，是贫困地区摆脱贫困、实现绿色可持续发展的重要途径之一。因此，甘肃的发展应该以环境承载为前提，立足产业基础和资源禀赋，建设一批优质绿色生态产品供应基地和绿色生态示范产业园，实施一批绿色生态示范重大工程，引领产业向绿色化、智能化、服务化、高端化转型发展，整体推进生态产业体系建设。

（1）打造绿色生态产业示范区、经济带。绿色生态产业链发展路径主要体现在更大范围地依托绿色生态产业，来培育和发展农业循环经济的有效载体。绿色生态产业经济带主要是以生态要素为基本纽带，把在生产过程中有上下游及共生关系的生态业、农业等产品加工生产企业集中在一个经济带之内，进行协同构建绿色生态循环经济产业链。长期以来，由于甘肃生态产业发展滞后且分散，并没有形成有效的规模经济，更有甚者，出现经济发展和生态保护之间恶性对立的矛盾。“绿水青山就是金山银山”科学地阐释了“生态保护就是经济发展”这一命题，甘肃不断立足本地实际，积极探索和发展绿色生态产业发展。近年来，甘肃省加快发展生态经济产业，以林下经济、种苗花卉、本木油料、森林旅游、沙产业为主形成五大绿色生态产业。在此基础上，甘肃逐渐形成绿色生态产业示范区、经济带。根据《甘肃省推进绿色生态产业发展规划》，甘肃围绕兰州新区、兰白国家自主创新示范区建设，整合聚

集创新要素，培育壮大节能环保、数据信息、通道物流等重点产业，加快石油化工、有色冶金等传统产业的清洁化改造，强化黄河流域甘肃段综合治理和生态修复，打造以兰白城市群为重点、城乡一体化的绿色生态产业示范区。在河西走廊地区，甘肃将以构建河西内陆河流域生态屏障为重点，加快祁连山生态环境修复和保护，大力发展清洁能源、文化旅游、通道物流、戈壁农业和以核能循环利用为主的军民融合等特色优势产业。在陇东南地区，甘肃将以加强黄土高原综合治理、构建长江上游生态屏障为重点，强化生态环境监测和科学技术支撑，突出生物多样性保护、水土流失防治、流域综合治理和防灾减灾，发展壮大先进制造、文化旅游及保健养生等特色优势产业，提升农产品生产、加工、储运绿色化水平。

同时，甘肃还将通过推进祁连山国家公园体制试点、加快实施生态系统保护与修复重大工程和加快构建生态文明制度体系等工作，筑牢生态安全屏障。在政策保障方面，通过产业规划引导、构建绿色金融体系、加强财税支持等举措，促进各类要素有效聚集，为构建生态产业体系提供支撑。

（2）建设绿色农产品生产加工基地。近年来，随着新型城镇化进程的加快，消费者对无公害、绿色、有机农产品的需求不断增加，优质农产品刚性需求稳定增长，特色农业规模优势凸显。甘肃省“十三五”农业现代化规划指出，要发挥耕地、气候资源多样性特点，发展多元化特色农业，建设具有全国影响、地域特色明显的绿色生态农产品生产加工基地，积极推进农业供给侧结构性改革，努力走出一条产出高效、产品安全、资源节约、环境友好的甘肃特色农业现代化道路。就目前甘肃发展形势而言，已具备建设优质绿色农产品加工生产基地的优势。一是独特的自然条件提供基础优势。甘肃省生态和气候类型多样、光热资源丰富、昼夜温差大、土壤无污染，“上风上水”的独特自然条件具有建设绿色生态农产品生产加工基地明显的比较优势。二是特色优势农业区域化布局初步形成。河西地区基本形成了粮、棉、酒、瓜果、蔬菜、制种六大主导产业；中部地区基本形成了淀粉、蔬菜、百合、肉类、中药材五大主导产业；陇东地区基本形成了果、菜、烟、肉四大主导产业。陇南地区基本形成了干果、食用菌、中药材三大主导产业。甘南、临夏地区的草食畜产品基地不断发展壮大，基本形成了以牛羊肉、皮毛、乳品为主的特色畜产品生产基地。三是特色优势产业市场竞争力不断增强。经过多年发展，马铃薯、草食畜、中药材、现代制种等已成为甘肃省特色优势产业，种植面积达 3000 多万亩，占农作物播种面积的 50%，为全省农业可持续发展奠定了基础。四是特色优势农业经营组织快速发展。多年以来，甘肃省农业产业化发展迅速，带动作用明显。全省现有农业产业化龙头企业 2920 个（其中国家级 27 个、省级 368 个），龙头企业固定资产 533 亿元，销售收入 800. 6 亿元，已形成“企业+基地+农户（家庭农场、合作社）”的产业化经营模式，促进了区域经济跨越式发展，加快了农民脱贫致富的进程。

（3）积极打造乡村生态旅游产业链。党的十九大报告指出，既要创造更多物质财富和精神财富以满足人民日益增长的美好生活需要，也要提供更多优质生态产品以满足人民日益增长的优美生态环境需要。优质生态产品已经成为人民美好生活的需要，其中乡村生态旅游产业是重要的产品之一。2018 年国家提出“乡村振兴战略”，即到 2050 年全面实现农业强、农村美、农民富的乡村振兴目标。这一目标赋予旅游业以光荣的使命——打造绿色生态旅游产业链。首先，乡村生态旅游能在充分利用乡村本土资源的基础上，构建以旅游业为主体的现代乡村服务经济体系，促进乡村经济的发展。实践证明，乡村生态旅游是新常态下旅游业和乡村经济发展新的增长点，乡村生态旅游的发展，是有效解决“三农”问题、破解城乡二元结构、实现城乡互补协调和一体化发展的有效途径，是促进农民就业增收、改善农民生活条件、促进乡村转型发展的重要手段。其次，乡村生态旅游已然成为促进乡村发展、实现乡村复兴的重要途径。这种新的“上山下乡”运动，促使我们需要对“三农要素”进行重新组织和对城乡关系重新定位，实现城乡优质资源的良性互动、融合发展、共建共享，最终必将推动城乡公共服务体系、经济发展水平、文明进步程度的均等化。最后，乡村生态旅游开发切合绿色发展理念的思想精髓。习近平总书记深刻指出：“绿色发展，就其要义来讲，是要解决好人与自然和谐共生问题。”和谐绿色发展将使乡村环境更加优美，乡村景观更加美丽，乡村空间更适合人居，乡村生态休闲、度假、康养等新兴乡村经济业态必将成为最有市场前景的朝阳产业和幸福产业。

（三）创新绿色项目扶贫模式，促进产业融合

我国新时期的扶贫方式不能以牺牲生态环境为代价，而是要将产业扶贫与生态保护相结合，大力发展生态产业。绿色生态项目不仅可以化解环境保护与经济发展之间的矛盾，而且也能促进贫困群众增收，为贫困地区提供长效的发展动力。因此，甘肃要通过“建立一批、扶持一批、引进一批”的模式，促进地方绿色生态项目的建构，积极拉升生态农业产业价值链。

（1）扶持绿色生态项目发展，有效提高产业发展动力。甘肃省由于地理位置特殊，自然资源比较丰富。这就使得甘肃发展绿色生态产业有了得天独厚的条件，而发展产业必须依托项目。在项目资金和资源的支持下，产业发展会更加强劲。因此，适当放宽绿色生态项目申报条件，鼓励地方积极申请绿色生态项目，在资金等方面予以支持和倾斜，引导项目发展集中走向生态领域，为地区的生态保护和产业发展规划可持续发展路线。譬如在林业资源丰富的地区，可以从林业项目开发、林业生态补偿、护林管理、林副产品等方面着手，建立起生态资源与经济发展之间的紧密联系；在自然风光秀美的地区，大力发展旅游观光产业和养生休闲产业，充分利用自身优势，搭建绿色发展之路。同时，有效保证绿色生态项目落地生根，探索特色化、本土化的绿色生态项目，持续拉升贫困人口的收入水平。当前，甘肃探索绿色生态项目已经初见成效。景泰县打造绿色生态养殖园项目，甘南“生态立州”战略，陇南退耕还林项目等都是绿色生态项目。持续推动绿色生态项目落地生根，可以有力地促进甘肃经济社会的发展。因此，以绿色生态项目为依托，把发展设施农业、生态移民、水源涵养、植树造林作为生态建设最重要的工程，

大规模进行封山育林、退耕还林、荒山造林、退牧还草、生态移民等，不仅促使甘肃的生态环境逐步步入良性发展的轨道，而且还为甘肃贫困地区可持续发展提供了发展路径。

（2）全面调整产业结构，促进一、二、三产业融合。长期以来，甘肃省一直面临着“农业基础薄弱，工业大而全，第三产业发展滞后”的局面，虽然甘肃省经济近年步入了历史上最好的发展时期，但是产业结构还存在着诸多问题。因此，做强农业、做大工业、做活服务业，延伸农业产业链条，促进产业融合，是甘肃农业可持续发展的必然要求。首先，发挥农业产业的保障基础作用，改善第一产业基础薄弱的局面。一方面发展特色农业、牧业、林业等基础产业；另一方面注重对基础产业进行深加工，把农业产品生产、加工、销售进行有机结合，有效吸纳更多农村剩余劳动者。其次，鼓励劳动密集型轻工业发展，给予轻工业企业更多政策优惠和补助，并在提高第二产业内部结构升级的同时，带动甘肃省工业内部就业人数增长，引进新技术、鼓励创新，最终实现第二产业产值和就业结构的协调。最后，科学发展优质第三产业。充分利用甘肃丰富的旅游资源优势，大力发展旅游业。在政策上引导鼓励发展旅游业，打造精品旅游品牌，发展旅游、餐饮、住宿、娱乐等一条龙服务产业，提高服务的质量和品质，创造新型支柱产业和富民产业。

实践可见，通过延长农业产业链和价值链，精心打造一、二、三产业融合的全产业经济链，即以农业发展为基础，融合第二、第三产业，创造出新的附加值，将极大地促进生态、生产、生活质量的全面提升。

（3）推动“互联网+”休闲农业项目，创新精准扶贫。2015 年，农业部召开了休闲农业工作会议，提出推动休闲农业成为繁荣农村、富裕农民的新兴支柱产业。并提出利用“互联网+”等新信息技术渗透融合，将电子商务、加工体验等新业态引入，实现网络链接，大大缩短了供求距离，降低了经营成本。由此可见，发展“互联网+”休闲农业就是以信息技术为载体的线上交流与线下运作模式。在精准脱贫实践中，各地也逐渐摸索出一条政府引导、企业主导、市场化运营项目的新路径，运用“互联网+”的设计理念和现代营销技术，通过线上线下相结合的营销方式，实现智慧农业与智慧旅游业相融合的全新经营思维。打造“互联网+”休闲农业项目需要积极探索可操作性强的扶贫模式。具体从三个方面设计：第一，在项目建设和主题设计过程中所使用的农业原材料优先面向贫困地区进行采购，在贫困地区合理设置“互联网+”休闲农业的产业链点；第二，深挖休闲农业的产品服务资源，从产品设计、统一品牌、统一形象、统一包装、统一管理等方面为贫困地区提供无偿帮扶，实现贫困地区休闲农业品牌化；第三，打造线上线下交易平台，在产品销售方面为贫困地区无偿提供技术支持和信息支持。

这样的运作模式已经在一些贫困地区得到认同和协助，通过借用“互联网+”的新理念和技术丰富休闲农业发展的科学内涵，同时以“精准扶贫”延伸休闲农业发展的功能。对于不同地区根据当地实际情况，用“精准扶贫”差异化、持续性的扶贫理念来指导发展休闲农业项目。与此同时，休闲农业旅游“精准扶贫”项目的启动与实施，在目前社会经济发展极为不平衡的大背景下，可以说也是休闲农业功能的一种延伸。

六、保护和建设生态环境，实现生态可持续

党的十九大报告强调，我们要像对待生命一样对待生态环境。这个表达形象、深刻地阐释了生态环境与人类生存发展之间的依存关系。没有生态环境的可持续就没有人类社会可持续发展的空间。因此，实现社会可持续发展不仅要消除贫困，而且还要积极保护生态环境、建设生态环境。生态建设和脱贫攻坚的任务目标是一致的，即生态建设既要注意当前又要考虑长远，脱贫攻坚也是既要完成脱贫攻坚的任务，又要考虑脱贫的可持续性，脱贫攻坚和生态建设丝毫不矛盾。

因此，消除贫困不以牺牲环境为代价，而以生态保护为前提已经成为贫困地区可持续发展的共识。甘肃作为全国扶贫开发的重点区域，也是生态环境敏感区域、脆弱区域，所以同时面临着两个突出的短板问题，

一是贫困短板的问题；二是环境短板的问题。核心是处理好保护和发展的问题，在适度开发减少贫困的同时，也为贫困地区留足持续发展的生态资本，走出一条发展经济、消除贫困、优化环境的新路子。

（一）加大生态环境保护力度，严守生态红线

“一方水土养一方人”，“一方水土”就是贫困地区摆脱贫困、可持续发展的基础。面对精准扶贫、精准脱贫攻坚任务的不断推进，加大对“一方水土”的保护力度，牢牢守住生态红线，是甘肃实现可持续脱贫和发展的重要生态资本。

（1）加大环保宣传教育力度，提高贫困人口的环保意识。对于生态环境比较脆弱的甘肃而言，打好贫困地区生态环境保卫战，首先，要加大环保宣教工作力度，为环保工作营造良好舆论氛围和社会氛围。一要做好舆论引导工作。通过多元扶贫主体，通过新闻媒体加大环保舆情引导，积极宣传生态环境保护的重要性、必要性和紧迫性，为环保工作营造良好的舆论环境。二要持续引深环保社会宣传，开展丰富的社会环保宣传活动，提升环境保护公众参与水平。三要加大违法行为曝光力度。争取宣传部门支持，在主流媒体上开设环保专栏，加大对环境违法行为的曝光力度，推动党政部门环保责任的落实，推动重点难点环境问题的解决。

其次，要提高贫困人口的环保意识。精准扶贫理念强调“绿水青山就是金山银山”，同时精准脱贫追求“留得住绿水青山，系得住乡愁”的脱贫效果，即贫困地区既要摆脱贫困走向富裕，也要保护环境实现乡村美丽。这就需要不断提高贫困人口本身的环保意识，加大对贫困地区的资源保护和污染防治。在精准扶贫实践中，充分利用精准扶贫干部走村入户帮联贫困户的有利机遇，向广大群众宣传农村环境保护知识，倡导和推广健康文明的生产方式、生活方式和消费方式，引导广大农民逐步树立生态文明理念，并针对农村环境保护工作现状和农民群众的特点，采取符合农村实际、贴近农民群众的形式，把环境保护法律法规送到农

民身边、农户家中，使环保法律法规家喻户晓、深入人心，在农村营造浓厚的环保政策宣传氛围，提高干部群众的环保意识。

（2）科学开发生态资源，发挥生态资源脱贫致富的助推作用。贫困人口脱贫和解决区域整体贫困问题，关键是经济稳步发展，增加贫困群众收入。因此就必须坚持“发展”这一要务，只有经济持续健康发展，整体脱贫和区域发展才能实现。要坚持可持续发展的科学发展观，核心是生态，底线同样是生态。同时，要发展就必然要合理利用现有的资源，而特色的生态资源是甘肃省可利用的最好资源。生态资源是一个地区发展的重要资源，科学合理地利用自然资源，有效保护生态环境与生态系统功能，可以有效治理美化乡村生活环境。让良好生态环境成为贫困地区脱贫致富的支撑点，贯彻“绿水青山就是金山银山”的发展理念，将生态系统保护、资源持续利用贯穿于农业绿色发展之中。真正使乡村成为山清水秀、生态宜居的美丽乡村。首先，因地制宜，盘活资源，用好资源。甘肃省地域辽阔，生态环境多种多样，生物资源种类繁多，特别是珍稀的活化石生物，如大熊猫、金丝猴、连香树等极具考察、观光价值。丰富的自然资源禀赋，需要甘肃盘活资源、用好资源，实现经济效益、社会效益、生态效益的有机统一。其次，提高生态资源利用效率。生态资源没有替代品，一旦消失就很难恢复。因此，在利用生态资源的过程中，一定要统筹考虑生态资源的使用。在保护生态环境的前提下考虑资源的使用成本和效能，减少人为的资源浪费。由于我国工艺技术装备水平低，所以造成了资源的回收率低、生产使用的利用率低、单位产品的资源消耗高等一系列问题；如何解决这些问题，可以做到如下几点：一是有效储备资源，防患于未然；二是进行制度变革，减少和杜绝因制度或体制原因造成的对浪费资源麻木不仁的现象；三是从每个人做起。临渊羡鱼，不如退而结网。从每个人做起，少浪费资源，多开发特色资源，提高资源的利用效率。

（3）践行绿色发展理念，严守生态保护红线。破解甘肃地区贫困难题，厚植贫困地区发展优势，必须牢固树立并切实贯彻绿色发展理念，绝不能让精准扶贫成为触碰生态红线的借口。精准扶贫是一段时期内的重要任务，它关系着贫困地区、贫困人口能不能与全国同步实现小康。但精准扶贫发展产业也要有大局观念，边发展、边保护，并力争把良好的生态变成贫困地区发展的优势，这才是正确的思路。精准扶贫发展产业一定要牢固树立生态红线的观念，不能越雷池一步。正如习近平总书记所指出的，“在生态环境保护上，一定要算大账、算长远账、算整体账、算综合账，不能因小失大、顾此失彼、寅吃卯粮、急功近利。生态环境保护是一个长期任务，要久久为功。”生态保护红线是指在生态空间范围内具有特殊重要生态功能、必须强制性严格保护空间边界与管理限值，是保障和维护国家生态安全的底线和生命线，通常包括具有重要水源涵养、生物多样性保护、水土保持、防风固沙、海岸生态稳定等功能的生态功能重要区域，以及水土流失、土地沙化、石漠化、盐渍化等生态环境敏感脆弱区域。在发展中要避免污染的产业进驻到这些地区，要守住一些非常必要的生态空间保护区。另外，严守生态保护红线，认真开展生态保护红线后续勘界定标工作，通过定好界、打上桩、竖起碑，让人们划明确红线在哪里、怎么管、谁来管。要严格属地管理责任，强化刚性约束，建立协调机制，加强执法监督，确保生态保护红线划得准、能落地、守得住。

（二）持续建设重大生态工程，提高贫困人口的参与度

加强贫困地区生态保护与修复，在各类重大生态工程项目和资金安排上进一步向贫困地区倾斜。组织动员贫困人口参与重大生态工程建设，提高贫困人口受益程度。精准扶贫不仅要精准地扶持贫困户，而且还要培养贫困户自力更生、自强不息的精神，将精准扶贫与生态保护有机结合起来，这样既能完成减贫目标、改善贫困户的生活条件，又能建立一个可持续发展的生态修复和保护模式，促进生态文明目标的实现。

（1）持续建设重大生态工程。甘肃省生态环境脆弱，地理条件等省情复杂，要实施重大生态工程，必须因地制宜。以敦煌为例，敦煌位于甘肃河西走廊西端，随着经济社会的发展，敦煌生态问题日益严峻。治

理敦煌生态，主要采取节水和调整农业种植结构等措施，推行在禁止开荒、禁止打井的基础上退耕的措施，同时推广滴灌、管灌等节水措施。另外，贫困地区高山、深山区易地搬迁后退出的坡耕地调整为非基本农田，并纳入新一轮退耕还林还草工程实施范围。加强山、水、林、田、湖综合整治，严格保护基本农田，推进沙化土地封禁保护，采取小流域综合治理、淤地坝建设、生态修复等措施，有效防治水土流失，提高农田质量，建设高标准基本农田，为贫困村、贫困户提供农业产业发展和增收的基础。近年来，甘肃省联动实施退耕还林还草、“三北”防护林、天然林保护、特色林果产业、生态护林员五项林业重点生态工程项目，国家和省级下达的计划任务也向深度贫困地区优先安排、重点倾斜。

同时，在甘肃推进生态工程建设，必须团结各民族力量。面对民族地区贫困问题与生态恶化问题交织的现状，要求甘肃省努力实现民族地区经济发展、生态改善和农牧民增收同步推进。实施游牧民定居工程，健全对征地农牧民的合理补偿机制，创建生态建设与保护岗位，有序引导当地贫困农牧民加入森林、草原保护队伍。建立完善生态脆弱地区贫困人口向重点开发区域流动迁移的综合性配套政策，鼓励生态脆弱地区与重点开发区域合作建立“飞地经济”，推动扶贫开发与区域发展相结合。实施精准扶贫与生态建设、服务业发展相结合的新举措，发展文化旅游、生态农业、林下经济、农产品加工等绿色富民产业，不断拓宽农民增收渠道，确保如期实现脱贫目标。

（2）健全生态保护补偿机制。坚持生态保护优先理念，全面建立、完善、落实多元化生态保护补偿机制，逐步扩大补偿范围和对象，合理确定、提高补偿标准，有效调动全社会参与生态保护和建设的积极性，进一步筑牢生态安全屏障。

健全生态保护补偿机制，首先要创新补偿机制，将生态保护补偿与集中连片特困地区脱贫攻坚等有机结合，引导生态受益地区与保护地区之间、流域上游与下游之间，通过资金补助、产业转移、人才培训、共建园区等方式创新补偿机制。其次，探索政府购买生态产品及其服务，鼓励生态损益双方自主协商补偿方式。最后，不同生态区域采取不同的生态补偿标准。对于湿地，建立干旱地区湿地生态用水补偿机制；对于荒漠，实施防沙治沙、沙化土地封禁保护补偿机制；在水流和耕地方面，全面落实“河长制”，实施最严格的水资源管理制度，加大水土保持生态效益补偿资金筹集力度，不断加强水源保护力度，进一步建立完善跨界流域水污染联防共治的协作机制；同时，实行最严格的耕地保护制度和土地节约集约利用制度，建立以绿色生态为导向的农业生态治理补贴制度。2017 年，甘肃实现退耕还林工程 22. 67 万亩，“三北”防护林工程 19. 9 万亩，天然林保护工程 2. 1 万亩；对接落实国家支持政策，推进深度贫困县区非基本农田范围内的 25 度以上坡耕地退耕还林，制定了退耕还林每亩现金补助 1200 元，每亩种苗补助 400 元的补助标准。

通过健全生态保护补偿机制，加强贫困地区生态保护与修复，在各类重大生态工程项目和资金安排上进一步向贫困地区倾斜。在此基础上，逐步实现森林、草原、湿地、荒漠、水流、耕地等重点领域和禁止开发区域、重点生态功能区等重要区域生态保护补偿全覆盖。争取国家在甘肃开展生态补偿标准体系、生态补偿资源渠道和建立利益双方责权相配套政策框架的试点工作，推进祁连山生态补偿示范区建设，探索建立黑河流域、渭河流域上下游间补偿机制。

（3）提高贫困人口的参与度。生态保护和扶贫开发都离不开贫困人口的参与，参与度和获益度的高低直接影响着生态保护和扶贫开发两大事业的持续程度，即贫困人口的参与度和获益度越高，生态保护和扶贫开发“双赢”的持续性越久，反之亦然。

参与生态保护并助力贫困人口脱贫，最主要的方式主要有以下四种：一是通过参与工程建设获取劳务报酬。推广扶贫攻坚造林专业合作社、村民自建等模式，采取以工代赈等方式，组织贫困人口参与生态工程建设，提高贫困人口参与度。政府投资实施的重大生态工程，必须吸纳一定比例具有劳动能力的贫困人口参与工程建设，支付贫困人口合理的劳务报酬，增加贫困人口收入。二是通过生态公益性岗位得到稳定的工资性收入。支持在贫困县设立生态管护员工作岗位，以森林、草原、湿地、沙化土地管护为重点，让能胜任岗位要求的贫困人口参加生态管护工作，实现在家门口脱贫。在贫困县域内的国家公园、自然保护区、森林公园和湿地公园等，优先安排有劳动能力的贫困人口参与服务和管理。在加强贫困地区生态保护的同时，精准带动贫困人口稳定增收脱贫。三是通过生态产业发展增加经营性收入和财产性收入。在加强保护的前提下，充分利用贫困地区生态资源优势，结合现有工程，大力发展生态旅游、特色林产业、特色种养业等生态产业，通过土地流转、入股分红、合作经营、劳动就业、自主创业等方式，建立利益联结机制，完善收益分配制度，增加资产收益，拓宽贫困人口增收渠道。在同等质量标准条件下，优先采购建档立卡贫困户的林草种子、种苗，增加贫困户经营性收入。四是通过生态保护补偿等政策增加转移性收入。在安排退耕还林还草补助、草原生态保护等补助资金时，优先支持有需求、符合条件的贫困人口，使贫困人口获得补助收入。

近年来，甘肃通过加大重点生态功能区及集中连片特困地区、国家扶贫开发重点工作县生态护林员选聘力度，将生态建设与促进贫困群众就业有机结合在一起。2017 年，全省已安排生态护林员 9440 人，今后，生态护林员还会将管护范围扩大到湿地、沙地及国家级森林公园和国有林场。

（三）加大生态统筹力度，协调推进生态保护和扶贫开发

实现生态建设与脱贫攻坚互促双赢，需要放眼长远，统筹发展。在理念上，脱贫攻坚要把生态保护放在优先位置，不能以牺牲生态为代价，而要让更多贫困人口从生态建设和修复中得到实惠；在政策上，强化措施、因地施策，提高贫困群众的参与度和收益水平；在规划上，优化布局、延伸链条，大力发展森林康养、旅游、林下经济，打造产业融合；在机制上，改革创新，完善措施，调动企业、合作组织、造林大户的积极性，构筑绿色屏障。对缺水的甘肃来讲，还要推动兴水富民，尤其是在水土管护、流域治理等方面，着力改善贫困群众生产生存发展环境。

（1）构建和创新生态扶贫机制，确保脱贫攻坚可持续。生态扶贫旨在用可持续发展的观念，通过生态功能的提升为扶贫工作提供服务。贫困地区创新生态扶贫模式需要从以下几个方面进行深入：一是坚持产业扶贫，促进生态保护与扶贫开发良性互动。一方面要突出特色，因地制宜，发展资源环境可承载的种养、加工、商贸、旅游等特色优势产业；另一方面要不断加强联合，壮大规模，追求规模经济效益。二是充分利用国家生态政策，提高生态系统服务功能和扶贫效益。用好、用足、用活国家有关生态环境保护的各种政策，如退耕还林、生态修复、生态补偿、森林碳汇等，深入实施生态环境工程建设，在提升可持续发展能力的同时，拓展生态经济的高效扶贫效应。三是创新扶贫工作责任制，完善干部扶贫工作的考核机制。健全干部驻村帮扶机制，确保帮扶到村到户。建立驻村扶贫工作队制度，组织县、乡干部参与驻村帮扶工作。加大奖惩力度，对扶贫工作成效明显的乡镇，给予项目资金安排上的倾斜，对工作不力的单位和个人通报批评，限期整改。

（2）建立协同整合机制，提升环境治理水平。以甘肃省农村环境综合治理为例，贫困地区的主要污染源不是工业源，而是农业源和生活源。农业面源污染点多面广，农药化肥除草剂大量使用，农村生活垃圾和生活污水难以处理。甘肃省贫困地区大部分是山区半山区，多数村与村之间相距较远，居住分散。农村环境连片整治，在有限的资金条件下，实施效果比较差。整治速度不能满足群众的需要，整治工作显得杯水车薪。对此，建议整合农村连片整治资金，加大额度，有针对性地安排整治资金。给予甘肃农村污水管网、垃圾池等农村“两污”建设项目支持。在县城污水处理设施全覆盖的基础上，特色小镇、建制镇污水处理设施实现全覆盖。推动特色小镇和建制镇生活垃圾处理场和收转运设施建设，完成生活垃圾治理示范工程建设，彻底关闭所有简易垃圾堆放场，对停止使用的填埋场进行规范化封场绿化，防止二次污染。对农村环境整治提供技术指导，支持响应农村环境整治培训。

（3）统筹生态建设布局，加快美丽乡村建设。加快建立系统完整的生态建设布局，引导、规范和约束各类开发、利用、保护自然资源的行为，吸引农民群众参与到生态建设中来，携手实现美丽乡村建设。首先，将生态建设与经济建设一并统筹规划布局，以吸纳社会资金为根本，充分发挥市场机制作用，调动企业的积极性，进而发展生态农业、乡村旅游等新的产业，从而带动更多的农民群众参与到生态建设中来。其次，完善县域村庄规划，强化规划的科学性和约束力。加强农村基础设施建设，强化山、水、林、田、路综合治理，加快农村危旧房改造，支持农村环境集中连片整治，开展农村垃圾专项治理，加大农村污水处理和改厕力度。加快转变农业发展方式，推进农业结构调整，大力发展农业循环经济，治理农业污染，提升农产品质量安全水平。依托乡村生态资源，在保护生态环境的前提下，加快发展乡村旅游休闲业。引导农民在房前屋后、道路两旁植树护绿。加强农村精神文明建设，以环境整治和民风建设为重点，扎实推进文明村镇创建。

具体而言，在甘肃美丽乡村建设中，需要不断加大投入资金用以改善村容村貌，设计规划好污水排放，加大宣传力度，开展垃圾治理专项行动，做好生活垃圾源头分类收集，配备保洁员和垃圾清扫车，定时进行清扫保洁和清运等工作，确保村庄垃圾得到全面有效治理。有条件的村子可以实行村企共建，由企业来做后期支撑。农村环保问题其实也是扶贫问题，没有一定经济基础，农村的环保、卫生问题都很难得到根治。因此，在大力发展村集体、进行产业扶贫、帮助村民脱贫的同时，还要加强农民环保素养的提升，更加注重避免与根治环境污染问题。只有这样，甘肃贫困地区才能呈现出既发展又美丽的新面貌。

参考文献

[1] 唐任伍 . 习近平精准扶贫思想阐释 [J]. 人民论坛，2015(10)：28.

[2] 马克思，恩格斯 . 马克思恩格斯全集（2）[M]. 北京：人民出版社，2005：118.

[3] 马克思，恩格斯 . 马克思恩格斯选集（4）[M]. 北京：人民出版社，1995：383.

[4] 邓小平：邓小平文选（3）[M]. 北京：人民出版社，1993：373.

[5] 刘永富 . 深入学习贯彻习近平同志系列重要讲话精神——以精准发力提高脱贫攻坚成效 [N]. 人民日报，2016-01-11.

[6] 曾伟 . 习近平的“扶贫观”：因地制宜“真扶贫，扶真贫”[EB/OL]. 人民网，2014-10-17.

[7] 陈锡喜 . 平易近人——习近平的语言力量 [M]. 上海：上海交通大学出版社，2014：43.

[8] 中共中央　国务院关于加快推进生态文明建设的意见 [N]. 人民日报，2015-05-06.

[9] 郑瑞强，曹国庆 . 基于大数据思维的精准扶贫机制研究 [J]. 贵州社会科学，2015（8）：166.

[10] 李小云 . 把深度性贫困的治理作为精准扶贫的重中之重 . 光明网

http：//theory.gmw.cn/2017-04/24/content_24284434.htm.2017-04-24.

［11］［印度］阿马蒂亚·森．王宇，王文玉译．贫困与饥荒［M］．北京：商务印书馆，2001：24.

［12］王三秀．国外可持续生计观念的演进、理论逻辑及其启示［J］．毛泽东邓小平理论研究，2010（9）：79.

［13］［美］马尔科姆·吉利斯，德怀特·H.帕金斯等．发展经济学［M］．北京：经济科学出版社：1992.

［14］中共中央文献研究室．毛泽东文集（第八卷）［M］．北京：人民出版社：2009.

［15］蒋永穆，周宇晗．习近平扶贫思想论述［J］．理论学刊，2015（11）：11-18.

［16］［英］戴维·皮尔斯，张世秋译．世界无末日——经济学·环境与可持续发展［M］．北京：中国财政经济出版社，1966.

［17］［苏联］Э．В．基鲁索夫，余谋昌译．生态意识是社会和自然最优相互作用的条件［J］．哲学译丛，1986（4）.

［18］林毅夫．贫困、增长与平等：中国的经验与挑战［J］．中国国情国力，2004（8）.

［19］王萍萍，闫芳．农村贫困的影响面、持续性和返贫情况［J］．调研世界，2010（3）.

［20］刘晓霞，周凯．我国农村贫困标准的政策演进与立法研究——基于生存权、发展权的视角［J］．甘肃理论学刊，2013（4）：159-165.

［21］杨龙，汪三贵．贫困地区农户脆弱性及其影响因素分析［J］．中国人口·资源与环境，2015（10）：150-156.

［22］高帅，毕洁颖．农村人口动态多维贫困：状态持续与转变［J］．中国人口·资源与环境，2016（2）：67-76.

［23］国务院扶贫办．全国7000万贫困农民42%因病致贫［EB/OL］．2015-12-16.http：//news．sina．com．cn/c/2015-12-16/doc-ifxmpnuk1595176．shtml.

［24］罗卫东．经济学基础文献选读［M］．杭州：浙江大学出版社，

2013：157.

［25］乔治·施蒂格勒.产业组织［M］.上海：三联书店，2006：8-26.

［26］习近平.绿水青山就是金山银山［R］.人民日报，2014-07-11.

［27］［印度］阿马蒂亚·森，王磊等译.正义的理念［M］.北京：中国人民大学出版社，2012：214.

［28］白朝阳.全世界约有12亿人处于极度贫困——世界贫困人口"版图"［J］.中国经济周刊，2013（19）.

［29］蔡荣鑫."包容性增长"理念的形成及其政策内涵［J］.经济学家，2009（1）.

［30］陈玉萍等.贫困地区农村劳动力大病经济成本分析——来自湖北省红安县的证据［J］.中国农村经济，2008（11）.

［31］陈华亨等.新形势下民族地区反贫困问题——四川省三州地区调研报告［J］.社会科学研究，2007（1）.

［32］程振源，剑玉阳.中国经济增长的亲贫性［J］.统计研究，2013（7）.

［33］方迎风.中国贫困的多维测度［J］.当代经济科学，2014（4）.

［34］高梦滔，姚洋.健康风险冲击对农户收入的影响［J］.经济研究，2005（12）.

［35］来仪."参与式"农村扶贫模式在四川民族地区的实施及非经济性因素分析［J］.西南民族大学学报（人文社科版），2004（10）.

［36］胡建国.全面建成小康社会背景下精准扶贫实践的难点与对策——基于安徽省安庆市精准扶贫的调查［J］.重庆广播电视大学学报，2015（4）.

［37］王洪涛.中国西部地区农村反贫困问题研究［D］.北京：中央民族大学，2013.

［38］刘冰心.吉林省农村可持续性脱贫问题研究［D］.长春：吉林大学，2017.

［39］郭世优."藏区新居"精准脱贫持续性研究——以理县为例［D］.成都：四川省社会科学院，2017.

［40］邹波，刘学敏，王沁．关注绿色贫困问题研究新视角化［J］．中国发展，2012（4）．

［41］芦千文．我国贫困地区低碳扶贫模式研究［D］．北京：中共中央党校，2013.

［42］李慧．我国连片贫困地区生态扶贫的路径选择［J］．四川行政学院学报，2013（4）．

［43］刘峰．宁夏六盘山片区扶贫开发路径与对策研究［D］．银川：宁夏大学，2013.

［44］李坤．长顺探索扶贫开发绿色路径［J］．当代贵州，2013（3）．

［45］北京师范大学绿色减贫指数课题组．贵州省绿色减贫指数特点及分析［J］．贵州社会科学，2014（11）．

［46］杜晓山．普惠金融根在农村［N］．上海证券报，2014-01-08.

［47］史代敏，宋艳．居民家庭金融资产选择的实证研究［J］．统计研究，2005（10）．

［48］王聪，张海云．中美家庭金融资产选择行为的差异及其原因分析［J］．国际金融研究，2010（6）．

［49］高明，刘玉珍．跨国家庭金融比较：理论与政策意涵［J］．经济研究，2013（2）．

［50］史清华．农村家庭储蓄与借贷行为及演变趋势研究［J］．中国经济问题，2002（6）．

［51］朱守银．中国农村金融市场供给和需求——以传统农区为例［J］．管理世界，2003（3）．

［52］潘功胜．以普惠金融理念为引领创新服务助推脱贫攻坚［N］．金融时报，2015-12-25.

［53］周孟亮，彭雅婷．我国金融扶贫的理论与对策——基于普惠金融视角［J］．改革与战略，2015（12）．

［54］刘西川等．贫困地区农户的正规信贷需求：直接识别与经验分析［J］．金融研究，2009（4）．

［55］李毅．精准扶贫研究综述［J］．昆明理工大学学报（社会科学

版)，2016（4）.

［56］汪三贵，刘未.“六个精准”是精准扶贫的本质要求——习近平精准扶贫系列论述探析［J］. 毛泽东邓小平理论研究，2016（1）：40-43.

［57］李元洪，桂华. 村级治理中的组织脱嵌与谋利结构［J］. 东南学术，2016（6）：83-88.

［58］鲁文杰. 大学生村官现状及在农村经济社会发展中的作用发挥研究——以武威市为例［D］. 兰州：兰州大学，2016.

［59］武汉大学，中国国际扶贫中心等. 中国反贫困发展报告（2015）：市场体参与扶贫专题［M］. 武汉：华中科技大学出版社，2015.

［60］徐勇主编，邓大才等著. 中国农村村民自治有效实现形式研究［M］. 北京：中国社会科学出版社，2015：8-12.

［61］徐勇主编，邓大才等著. 反贫困在行动：中国农村扶贫调查与实践［M］. 北京：中国社会科学出版社，2015：6-7.

［62］莫光辉，张玉雪. 大数据背景下的精准扶贫模式创新路径［J］. 理论与改革，2017（1）.

后　记

甘肃作为西北内陆省份，生态脆弱是最大的自然特点，贫困落后是最大的社会问题。“三分山、三分草、二分沙、一分林、一分田”是甘肃的基本生态格局，“一方水土难养一方人”是甘肃贫困地区真实的写照。因此，甘肃面临着双重压力：一面是精准脱贫，抓住与全国一道全面建成小康社会的最后“期限”；另一面是实现绿色发展，满足国家越来越高、越来越严的环境保护约束性指标。如何正确处理和化解经济发展与环境保护的矛盾，如何实现生态建设和扶贫开发齐头并进共同发展是甘肃迫切需要形成的发展逻辑。以绿色发展理念为旨向，提升贫困地区可持续发展能力，处理好生态保护与扶贫开发的关系，探索绿色生态脱贫新模式，是甘肃化解双重压力的重要途径，也是研究甘肃精准脱贫可持续性的必要性所在。

甘肃省陇南市地处陕甘川三省交界，是甘肃唯一全境属于长江流域的地区。由于山大沟深，基础脆弱，加之自然环境恶劣，过去交通不便，造成了陇南贫困人口多、贫困程度深、贫困发生率高，是甘肃省乃至于全国扶贫开发的主战场之一。陇南地区的贫困问题一直备受关注。近年来，陇南市在扶贫攻坚中取得了很多成就，形成了具有显著特色的“陇南模式”，总结陇南脱贫攻坚的地方经验，提炼和推广陇南的做法，对于甘肃省乃至全国精准脱贫工程具有重要的现实意义。

本书在多年研究的基础上，深入甘肃陇南贫困地区进行大量调研，力求探寻甘肃贫困地区绿色可持续发展之路，将摆脱贫困的短期目标与持续发展的长远目标相结合，为甘肃在2020年与全国同步实现小康提供一些理论与实践帮助。

近年来，兰州理工大学马克思主义学院持续开展“教师走基层”活动，把马克思主义理论和中国特色社会主义建设的实践经验相结合，探索马克思主义中国化的新路经、新方法，通过组织思想政治理论课教师深入农村、深入基层实地考察和调研，收集鲜活的案例，丰富教师课堂教学，寻找科学研究的灵感。2018年，学院确定“教师走基层”的主题是“绿色发展理念下甘肃精准脱贫可持续研究”。同年7月，由本人带队，苟颖萍教授、李明珠副教授、喻兴龙副教授、陈红老师和3位研究生组成的“教师走基层”实践教学活动小组赴陇南市武都区、成县、礼县等地进行调研。调研组在陇南市委宣传部的大力支持下，实地考察了陇南在精准扶贫方面开展的实际工作和成效，走访了当地村落，收集了鲜活的第一手资料。在此，特别感谢陇南市委宣传部、成县县委宣传部及相关部门给我们提供的宝贵资料。

“教师走基层”活动的顺利开展以及本书的如期出版，得到许多部门和许多人的热情帮助。感谢兰州理工大学党委夏天东书记对此项活动的关怀和指导，感谢马克思主义学院饶旭鹏院长的策划和支持，感谢学院党总支马凤英书记、陈以庆副书记、杨莉副院长对本次“教师走基层”活动的关心和帮助，感谢马克思主义学院“教师走基层系列丛书出版计划”为本书提供的资助。

本书由马克思主义学院杨文静老师负责总体框架构思，并负责撰写。其中，权丽华副教授参与第三章部分撰写。苟颖萍教授、李明珠副教授、喻兴龙副教授、刘海霞副教授、陈红老师多次参与本书提纲的讨论和修改，研究生王雪梅、刘婷婷、刘洋洋、王茜在本书撰写过程中进行了大量资料收集整理和文字校对工作。全书由杨文静负责最后统稿、修改和校订工作。

本书的研究参考了众多国内外学者在相关学科的研究成果，参考了大量的中央文件、领导人讲话和统计系统的文献资料，由于体例所限，未能一一列出，特此说明并表示诚挚谢意！

由于水平能力有限，加之甘肃贫困地区扶贫开发实践涉及经济、政治、文化、社会、生态等各方面问题，是一个十分复杂的课题，虽然数易其稿，但也感觉意犹未尽，难免有肤浅和不当之处，敬请专家学者和广大读者批评指正！

杨文静

2018 年 5 月